云南省高等学校民族团结进步理论与实践协同创新中心资助项目
中国特色民族团结进步事业智库资助项目

中国特色民族团结进步事业丛书
主编 王德强

国民团结：
法国的理念与实践

陈玉瑶/著

社会科学文献出版社
SOCIAL SCIENCES ACADEMIC PRESS(CHINA)

总　序

王德强

20世纪末以苏联解体、东欧剧变为开端，在"冷战"体系下长期压抑且得不到释放的族裔主义，开始全面复苏和爆发，伴随着国家裂变、民族纷争、种族仇杀、宗教复古、原住民运动、泛民族主义运动等，形成了声势浩大的"第三次世界民族主义浪潮"，民族问题的普遍性、长期性、复杂性和国际性再次凸显。

超级大国美国"种族主义"重新泛起，"黑白之争"连续升温并持续发酵；特朗普的"穆斯林禁令"让全世界哗然。在英国寻求脱欧之际，2014年苏格兰举行了独立公投，仅两年之后，苏格兰宣布再次"脱英"公投，"分还是合"的古老命题仍困扰着昔日的日不落帝国。欧洲浪漫之都巴黎的恐怖袭击震惊世界，折射出自由法国乃至欧洲深层次的民族宗教矛盾。美国等一些西方国家对西亚北非局势的蛮横干涉，导致的欧洲难民危机，反射出冷战之后的霸权主义仍挥之不去。叙利亚问题已经成为大国角力和博弈的竞技场。乌克兰危机既凸显出"向东走"还是"向西走"问题上的深度对立，又折射出该国民族问题的复杂性。因民族问题引发的缅北冲突持续不断，昂山素季重启21世纪彬龙会议的计划，步履维艰。

民族是客观存在的实体，而不是"想象的共同体"。人类社会是民族的大千世界，当今世界仍有两三千个民族。民族多，国家少；多民族国家多，单一民族国家少，是当今世界的常态。如何处理统一性和多样性之间的关系，实现"尊重差异、包容多样"的国民整合，是世界性的难题。

在漫长的历史发展进程中，解决民族问题的观念和实践多以消除差异为目标，其手段不外乎武力征服、强迫同化、驱赶围困，甚至赶尽杀绝。这种手段或政策，在西方殖民主义时代形成了通则，并被推向极致，为今天世界民族问题留下了诸多的"历史遗产"。

殖民时代结束后，随着同化、熔炉政策的整体性失败，多元文化主义开始成为西方国家解决民族问题的普遍性潮流，但是好景不长，"多元文化主义已经过时"的论调接踵而来，与之相呼应，"文明冲突论"甚嚣尘上。世界许多国家似乎对多样性失去了兴致，对处理统一性和多样性之间的关系失去了耐心、穷尽了智慧。

与此形成鲜明对照的是，中国共产党始终坚持把马克思主义基本原理同中国多民族国情相结合，开辟了中国特色解决民族问题的正确道路，缔造了中国特色民族团结进步辉煌事业。实践证明：只有坚持马克思主义的立场、观点和方法才能正确处理民族问题。

新民主主义革命时期，中国共产党根据马列主义关于民族问题的理论与国家学说，结合中国民族问题的现状，明确提出了民族平等、民族团结这一马克思主义正确处理民族问题的原则。民族平等是民族团结的前提和基础，民族团结是民族平等的目标和实现形式。1922年，中共二大宣言指出：中国的反帝国主义运动要并入世界被压迫民族的民族革命浪潮中，与世界无产阶级革命运动联合起来。"世界无产阶级联合起来"的主张是中国共产党民族团结进步思想的萌芽。在第二次国内革命战争时期，中国共产党明确提出了民族平等政策，中华苏维埃第一次全国代表大会决定：凡是居住在苏维埃共和国的少数民族劳动者，在汉人占多数的区域，和汉族的劳苦人民一律平等，享有法律上的一切权利，并履行相应义务，而不加任何限制。1934年5月5日，中国共产党在《党团中央为声讨国民党南京政府告全国劳动群众书》中首次提出了民族团结的主张，指出不分党派、职业、民族、性别、信仰都团结起来，一致抗日。在长征途中，中国共产党始终团结各民族，并建立了少数民族自治政权，积累了民族团结和民族工作的宝贵经验。抗日战争全面爆发后，中国共产党提出了联合国内各种力量建立广泛的抗日民族统一战线的主张，1937年8月15日《中国共产党抗日救国十大纲领》中明确提出"抗日的民族团结"，主张全民族的联合和一致对外。在整个抗日战争时期，中国共产党都坚持民族团结、一致抗日的主张和政策。从第一次国内革命战争到第二次国内革命战争，中国共产党解决民族问题、处理民族事务的政策主张从民族"联合"走向民族"团结"，并在抗日战争的历史背景下，实现了从民族"联合"到民族"团结"的根本转型。

解放战争时期，中国共产党客观分析当时的形势，把抗战时期民族团结、抗日救国的政策主张，发展为各民族团结起来，共建独立、自由、和平、统一和强盛的人民民主共和国的主张。1947年5月，针对当时一些人提出的内蒙古"独立自治"的错误倾向和分裂活动，中央明确提出建立第一个省级自治区——内蒙古自治区。新中国成立前夕，在总结新民主主义革命胜利的经验基础上，中国共产党继承和发展了马克思主义的民族团结观。《中国人民政治协商会议共同纲领》明确规定："中华人民共和国境内各民族一律平等，实行团结互助，反对帝国主义和各民族内部的人民公敌，使中华人民共和国成为各民族友爱合作的大家庭。反对大民族主义和狭隘民族主义，禁止民族间的歧视、压迫和分裂各民族团结的行为。"丰富和深化了中国共产党关于民族团结理论与政策的内涵，并成为新中国处理民族问题的基本原则。

中华人民共和国成立后，中国共产党全面开创中国特色民族团结进步事业。创建统一的多民族国家，实行民族区域自治保障民族平等和各民族团结；在民族地区政权建设进程中把民族因素与区域因素相结合，历史与现实相结合，政治与经济相结合，因地制宜，实行民族区域自治，增强各民族的团结，维护国家统一。派出中央民族访问团，毛泽东手书"中华人民共和国各民族团结起来！"为访问团壮行，访问团累计行程8万多公里，足迹遍布除西藏、台湾外的所有民族地区，宣传党的民族政策，消除民族隔阂，化解矛盾纠纷，促进各民族的团结。继而又开展了民族大调查、民族识别等工作，极大地丰富和深化了对多民族国情的认识，为全面实行民族区域自治和促进民族团结创造了条件，分类指导，改革少数民族地区社会经济制度。中华人民共和国成立以来终结了民族压迫、剥削、歧视的历史，全面建立了促进民族平等团结、共同繁荣发展的崭新的政治经济社会文化制度，民族团结达到了全新的水平。从新中国成立到"文化大革命"前这段时期，各民族的团结达到了空前的高度，民族工作迎来了"第一个黄金时期"。

20世纪70年代末，真理标准的大讨论和党的十一届三中全会，拉开了思想解放和改革开放的历史帷幕，同时开辟了巩固和加强我国民族团结进步事业的正确航道。1979年全国边防工作会议重申了党的民族政策，确定了新时期民族工作的主要任务："在全党、全国各族人民中间、普遍地、深入地、大张旗鼓地进行民族政策再教育，认真检查民族政策的执行情况，切实解决存在于民族关系方面的问题，消除不利于民族团结的因素"，各地在贯彻落实中央的这一精神过程中，创造性地开展了形式多样的民族团结进步宣传活动，取得良好的效果。改革开放以来，中国共产党高度重视民族团结进步事业，以邓小平为核心的第二代中央领导集体开创性地提出了"汉族离不开少数民族，少数民族也离不开汉族"的重要思想，并在党的十三届四中全会以后最终形成了中国共产党关于中国民族关系"三个离不开"的基本认识。同时，根据党和国家中心工作的历史性转变，及时将民族工作的中心转移到社会主义现代化建设上来，加大民族政策贯彻落实力度，特别强调了发展是解决民族问题的核心，并逐步形成了"各民族共同团结奋斗，共同繁荣发展"的新时期民族工作主题。"两个共同"的思想深刻阐释了维护民族团结和加快民族地区发展的辩证关系。在实践层面制定并实施西部大开发战略，制定实施人口较少民族发展、兴边富民、少数民族事业发展三个专项规划，采取一系列重大举措加快少数民族和民族地区发展；专门研究部署加快西藏、新疆等边疆民族地区经济社会发展，推进民族团结进步事业；定期召开民族团结进步表彰大会，总结经验，表彰先进；全面、深入地开展民族团结进步创建活动；等等。在改革开放的进程中，在复杂多变的国际环境中，我国不仅保持了民族团结、边疆稳定和国家统一，而且将中国特色民族团结进步事业全面推进。

党的十八大以来，以习近平同志为核心的党中央，深刻洞察世界政治经济格局的走向与变化，全面分析和科学研判我国民族工作新的阶段性特征，深入研究党和国家事业发展对民族工作的时代要求，提出了一系列关于做好民族工作的新理念、新思想、新战略，科学回答了新形势下推进中国特色民族团结进步事业发展的一系列重大理论和实践问题，全面阐释了中国特色解决民族问题的正确道路，彻底澄清了近年来民族工作领域理论上的一些模糊认识，切实纠正了实践中的一些不当做法，开启了中国特色民族团结进步事业的新航程。民族地区的五大文明建设全面推进，各民族之间的交往交流交融全面展开、深入发展。

在理论层面，深化了对多民族国情的认识，强调多民族是"特色"、是"有利因素"，多元一体是"重要财富"、是"重要优势"。这一新定位、新认识，为族际交往从"各美其美"走向"美人之美，美美与共"，提供了内在根据；强调中华民族和各民族的关系，是一个大家庭和家庭成员的关系，各民族之间是大家庭里不同成员之间的关系，一家人都要过上好日子，全面建成小康社会，一个民族也不能少；为增强中华民族共同体意识、加快共有精神家园建设，为夯实民族团结进步事业的物质基础指明了方向。

在实践层面，多措并举，综合施策。强调推动民族工作要做到物质力量和精神力量并用，一把钥匙开一把锁：物质层面的问题要靠物质力量、靠发展来解决；精神层面的问题要靠精神力量、靠思想教育来解决。强调法律保障和争取人心并重：习近平总书记既强调要用法律来保障民族团结；又强调"做好民族工作，最管用的是争取人心"，要"绵绵用力，久久为功"，强调人心是最大的政治，强调要在全社会不留死角地搞好民族团结宣传教育。

民族团结宣传教育应少做"漫灌",多做"滴灌"和精耕细作。强调城市民族工作中对少数民族流动人口既不能搞关门主义,也不能放任自流,关键是要抓流出地和流入地的两头对接,着力点是推动建立相互嵌入的社会结构和社区环境。党的十八大以来关于民族事务治理的新理念、新思想、新战略,从理论和实践层面科学回答了新的历史阶段民族工作中面临的新问题、新挑战,丰富和发展了马克思主义民族理论。

由云南省高等学校民族团结进步理论与实践协同创新中心和中国特色民族团结进步事业智库推出的"中国特色民族团结进步事业丛书"全面总结中国特色民族团结进步的成功经验,深刻阐释中国特色解决民族问题的正确道路,深入揭示各民族共同团结奋斗、共同繁荣发展的内在逻辑,深入研究推进中国特色民族团结进步事业面临的新情况、新问题,期冀不断巩固和加强中国特色民族团结进步事业,并通过讲述中国故事,传播中国声音,彰显中国特色民族团结进步事业的普世价值和意义,为化解"文明冲突"和民族纷争,促进文明互鉴、族际和谐提供借鉴。

2017 年 4 月 22 日于临沧

序 一
在比较中坚定自信

郝时远

看到陈玉瑶所著《国民团结：法国的理念与实践》一书的校样，为她学术研究取得的新进展而高兴。作者以法国"国民团结"为主题，对"团结"的概念及其理论流变进行了系统梳理，在厘清"国民团结"的指向——"人民团结"内涵的基础上，从公民民族主义的视角分析了法国"一个不可分"的"国族"属性，揭示了法兰西"国族"观念所遮蔽的本土少数民族、外来族裔（移民）差异性和文化多样性的问题。作为"中国特色民族团结进步事业丛书"之一，这项研究的一个重要的意义，是围绕"团结"这一关键词，为中国的"人民团结""民族团结""民族政策"理论与实践，提供了一个可资比较的西方案例。

"国家的统一，人民的团结，国内各民族的团结，这是我们的事业必定要胜利的基本保证"这一论断，是新中国成立以后，毛泽东对统一的多民族国家人民大团结及其在社会主义事业中的重要意义作出的经典阐释。其中，"人民的团结"是包括中国社会各党派、各人民团体、各阶层等成分在内的全体国民的团结，体现了中国共产党领导的统一战线传统；而"各民族的团结"，则专指组成中华民族大家庭的家庭成员之间的团结。这是立足中国的基本国情，涵盖各种社会关系，纵横交织、相互影响、交互作用的双重团结机制。

毫无疑问，"人民的团结"包容着"各民族的团结"，但是"各民族的团结"又决定着"人民的团结"的面貌。对此，作者通过法国的案例也给予了清晰的论述。就这一辩证关系而言，在中国，国内各民族的团结既是人民团结的题中之义，又决定着人民团结的实现程度。从民族学的意义上讲，中国五十六个民族的团结是中华民族大团结的基础。或引申一步说，中国五十六个民族的相互认同，是实现中华民族认同的根基。这是中国在多样中维护统一，在差异中实现和谐的"团结"之道。

中法两国国情迥异、历史文化不同、社会制度不一、现代化程度有差，但是就"国民团结"的理念与实践而言，则有相互比较的空间，这是本书立论的题中之义。法国作为西方民族－国家的先驱，秉持"一个不可分"的国家－民族建构理念，并从20世纪80年代初成立"社会事务与国民团结部"以巩固"国民团结"，通过税收、福利制度的改革将"国民团结"的理念渗透到各项"社会政策"之中。诸如，向富人阶层征收"社会团结税"（富人税）以实现"财富再分配"的社会福利"平权"，取消鼓励外来劳工回归故里的援助措施等。然而，前者未能助力"社会团结"的财政支持，反而引发了富人"避税外逃"的风潮；后者则使劳工居留、新移民潮以及非法移民问题接踵而至。移民的"社会融入"问题，在关涉就业、福利、教育、语言、文化适应和宗教传统以及违法犯罪等方面，在法国经济低迷不振和高福利制度难以为继的矛盾作用下，与各种社会问题交织在一起、形成气候。

法国社会所谓大众民主"纳什均衡"的福利博弈，加剧着政党政治的选票争夺，左派的多元文化"政治正确"与极右翼歧视排外的社会观念冲突日益激烈，加之作者考察和论及的科西嘉、布列塔尼、巴斯克等民族问题的消长，无不反映着法国"国民团结"成效不彰的社会裂变态势。

当下的法国，仍陷于"黄背心"抗议的危机之中。这场在马克龙改革中爆发的社会危机，并非因政府为吸引富人投资的"回归"而取消了"社会团结税"等税种，也未因其肇始于布列塔尼的一位农民而与"布列塔尼问题"相关，而是以加重民生负担的"燃油税"为导火索。但是，在彰显贫富差距扩大而爆发的社会矛盾中，无疑也包括了种族、民族、族群（移民群体）关系恶化的因素。正如"黄背心"抗议中极左、极右、无政府主义和民粹化的共声"交响"，也使"反犹"的种族主义声浪再度高涨。这些看似与"燃油税"等并不相干的社会冲突，在凸显法国社会不平等弊端的同时，激发着法国社会裂变中的各种思潮、情绪的非理性和极端化，其中也包括了近年来法国社会遭受内源式恐怖主义重创的动因。

2015年1月7日，巴黎发生血洗《查理周刊》编辑部的恐袭事件后，法、德、英等40多个国家及欧盟的领导人手挽手地走上了巴黎的街头，以宣示团结、合作打击恐怖主义和维护"新闻自由"价值观的共同意志。然而，这一前所未有、举世瞩目的街头"政要游行"效应，却在11月13日巴黎多处恐袭和造成197人死亡的重大惨案中成为过眼烟云。随之而来的是法国南部伤亡惨重的多次恐袭事件，穆斯林妇女"布基尼"泳装的禁止令，政坛极右翼势力的亢奋和民间社会民粹化的愤怒，以及从社会融入、多元文化失败论到《巴黎声明》反移民、反全球化的偏执和重返民族－国家的声张，移民—穆斯林—恐怖主义的"等式"效应弥漫于社会。且不论这种"捆绑"效应对"国民团结"理念与实践的危害性，就制造恐袭的恐怖主义分子是法国公民、加入"伊斯兰国"恐怖主义"圣战"的西欧国家公民中法国人位居榜首这一事实而言，无疑也是观察和评判法国公民打造"国族"认同、倡导"国民团结"成效的一个因素。可以说，法国社会的分裂态势可谓前所未有。

《国民团结：法国的理念与实践》一书，从选题立意上并不谋求全景展示法国社会问题的图式，而是聚焦于"团结"这一概念，集中讨论了"国民团结"在广义民族问题方面涉及的内容。但是，作者对"平等是团结的前提和基础，不平等的社会是难以凝聚和团结一致的"结论性认识，则从民族问题这一路径展开了观察社会总问题的视野。种族、民族、宗教、语言、移民问题，并不是各自孤立的社会问题，抑或官方规避、学界熟视无睹的问题，而是构成社会总问题的必然组成部分，也是法国"国民团结"理念与实践绕不过去的话题。况且，作者所论及的"国族"、"少数人"、"移民"、"社会融入"、"宗教"、"人权"和"多元文化主义"等问题，正是包括法国在内的西方发达国家需共同面对的现实问题。这也是这部著作"见微知著"的特点之一。

从基础性研究而言，书中对法国"团结""国族"等一系列基本概念的溯源追流，就其思想来源及其蕴含的价值、道德、人权等观念进行的梳理和分析，不仅体现了基本理论研究的学术价值，而且在学术研究特别是国际比较研究中也是重要的思想方法。所谓"概念是理论的支点"，其意在于引进和应用西学概念，尤其是对应中国同类概念时，都要明了这些概念的原初意思及其随着社会发展发生的变化，以及它们在相关的思想理论中所指代、所表达的意义。如"团结"一词,作者从价值和事实层面进行的概念史研究,对理解法国"国民团结"的社会契约性等特点大有助益。

比较而言,古汉语中的"团结"一词,是对分散的事物聚拢在一起的动作和状态的描述。历史文献中主要应用于军旅之属的"募兵买马,团结训练"或民间自卫的"团结丁壮,以保乡井"之类,意为"组织""集结""结团"。或者用以描述自然现象的云气、山石"团结之状",其中对蔬菜之属的花菜(菜花)"团结成顶"的状貌描述最为形象直观。直到清代,才有"民情团结""团结人心"等精神层面的应用,及至晚清革命志士歃血为盟的"众志即团结矣",接近了现代意义。从这个意义上说,作者对法国"国民团结"这一主题的研究,事实上也提出了一个值得重视的问题,即如何从概念上解读中国话语中的"团结"一词,以及它在现代应用于人民的团结、国内各民族的团结和中华民族的大团结等话语中的理论意义。

在这部著作中,作者对国内学界有关"民族团结",包括中文"团结"概念的研究给予了关注。不难看出,与本书对法文solidarité(团结)的名实辨析、思想源流、应用实证和当代意义的研究比较,国内学界对中国"团结"概念及其理论性的系统研究尚付阙如。正如作者意识到的,在中国,"'团结'似乎是一个不言自明的道理,很少有人对这个概念本身去加以界定和分辨"。的确如此。对概念本身的研究缺失,往往导致思想阐释和理论逻辑的不足。事实上,就中文"团结"所蕴含的思想而言,不能局限于"团结"的字眼儿及其应用,在中国古代"和而不同"、"合而不离"的"和合"之理,以及"审异而致同"的思想方法,都蕴含着承认多样而"和""合"共生的团结理念,需要学界去梳理、提炼和研究。

习近平总书记关于构建中国特色哲学社会科学体系的论述中，强调了善于融通古今中外各种资源的问题，即融通马克思列宁主义基本原理及其中国化的成就、中国优秀传统文化、国外哲学社会科学成果。就中国"民族团结"这一主题的研究而言，同样需要从这三种资源中去汲取养分，丰富和发展中国特色民族团结进步事业的理论。

事实上，在中国共产党的历史上，在新中国成立七十年来的进程中，老一代无产阶级革命家对民族团结思想理论的阐释十分丰富，国家基本政治制度、基本法律、政策措施为民族团结进步事业提供的保障十分充分，全国各地、各民族人民创建的"民族团结一家亲"故事十分感人，研究中国特色的民族团结进步事业的资源十分厚重。在当代，民族团结进步事业在各项社会事业中占有极其重要的地位，关系着新时代实现中华民族伟大复兴目标的进程和前景，需要学界从中国特色解决民族问题正确道路的"四个自信"高度去系统研究。

党的十八大以来，习近平总书记对民族团结的理论与实践作出了一系列重要阐发，为中国特色社会主义新时代的民族团结进步事业提供了全方位发展的思想指导。特别是2014年中央民族工作会议以来，中国统一的多民族国情，中华民族大家庭多元一体，尊重差异、包容多样，各民族守望相助、交往交流交融，构筑各民族共有精神家园，铸牢中华民族共同体意识等一系列重大理念，与推动经济社会发展、脱贫攻坚、全面建成小康社会"一个民族都不能少"的实践，从精神和物质两个层面前所未有地聚焦于民族团结这一主题，民族团结进步进入了新的思想境界。

例如，从"像爱护自己的眼睛一样爱护民族团结，像珍视自己的生命一样珍视民族团结""像石榴籽那样紧紧抱在一起",到"把民族团结落实到日常生活工作学习中,贯穿到学校教育、家庭教育、社会教育各环节各方面";从"民族团结说到底是人与人的团结"和"民族团结重在交心",到"切忌把一个民族整体作为防范对象,那种简单化、伤害民族感情的做法只能是为渊驱鱼、为丛驱雀,效果适得其反";从"中华文化是各民族文化的集大成",到"认同中华文化和认同本民族文化并育而不相悖";从"维护民族团结、反对民族分裂,必须依靠包括少数民族群众在内的各族人民",到"加强民族团结,要坚决反对大汉族主义和狭隘民族主义";从"发展是解决民族地区各种问题的总钥匙",到"一个人没有就业,就无法融入社会,也难以增强对国家和社会的认同";从"中国共产党的领导是民族工作成功的根本保证,也是各民族大团结的根本保证",到"用法律来保障民族团结"和"加强民族团结,根本在于坚持和完善民族区域自治制度";等等。可以说,这是对中国特色民族团结进步事业理论和实践的集大成之论,也是中国特色民族团结进步事业学术研究的着力点。

如果说,法国的"国民团结"理念与实践,聚焦于"国族整合"的"一个不可分"的原则;那么,中国的"民族团结"理念与实践,则立足于中华民族大家庭多元一体,在精神家园和物质田园的共建共享中"一个民族也不能少"。显然,这是两种不同的理念。从这个意义上说,《国民团结:法国的理念与实践》一书,在为"民族团结"研究提供了一个可资比较的域外案例的同时,也提出了"民族团结:中国的理念与实践"这一命题。

启发颇多、有感而发,是以为序。

2019 年 2 月 25 日于北京

序 二
国族－国家建构与民族权益保障的国际比较

朱 伦

2019年元旦，陈玉瑶博士在电话中说她写了一部有关法国国民团结研究的著作，并邀我作序。法国被国际上视为现代国族－国家（nation-state）建构的样板，其基本理念是将权利平等的公民共同体作为国族－国家建构的基础，也就是奉行"公民国族主义"，本书作者称其为"公民国族"观。众所周知，法国也存在一些在我们看来是"少数民族"的少数人群体，但法国的政治制度是围绕公民权利形成的，对少数人群体权益没有特别的界定与制度承认。法国少数人群体是否只满足于公民权利平等的保障，是否没有其他群体权益诉求或对其不甚看重？事实不是。但法国如何处理这些问题，我一直有兴趣了解。因此，得知一直研究法国并到法国实地考察过的陈玉瑶博士就此写了一本新书，很是期待拜读，并答应若读后有感，不讳笔拙，乐意为序。

法国大革命提出人人"自由、平等、博爱"，这是大家都熟悉的；但半个世纪后法国社会为何又产生出旨在加强国民或国族整合的"团结"理念，其具体内容和发展过程是什么，目前的实施情况如何，本书作者向我们作出了比较清晰的展示：国民团结的理论基础是法兰西国族的"一个不可分"；国民团结的实践内容是国家主导的对弱者的社会救助；所谓弱者，是公民个体意义上而非"少数民族"群体意义上的弱者；而这一切，都根源于法兰西的"公民国族"观。在作者看来，法国国民团结的理论与实践不从制度上回应"少数民族"群体性权益诉求，这是法兰西"少数民族"有所不满的问题所在。任何社会问题研究，都有研究者的价值判断，这种判断或是有意识的或是潜意识的比较结果。就本书的主题和内容来说，作者主要是以中国经验为比照的，这也是作者研究法兰西国民团结的初衷。

该书的立意是回答法国国民团结的实践在何种程度上实现了社会和谐，并以案例研究讨论少数人群体的特别权益诉求及政府的回应，史论结合，显示出其在研究国族-国家建构与民族问题这类重大复杂课题上的把握能力。而在涉及如何评价国民团结的理论与实践，我们应该从中得到什么启示时，作者则秉笔直书，体现了实事求是的科研精神。本书的学术价值，在于对民族政治学或民族理论的如下三个基本问题及其相互关联，以法国为案例进行了有益的探索。这三个相互关联的问题是：一是如何解释现代国族-国家的理论设计与实际形成；二是如何解释国族-国家的公民共同体社会基础与民族差异问题；三是如何认识国族-国家与公民共同体社会条件下民族群体的特别权益以及族际整合。法国讲的"国民团结"，我国讲的"民族团结"，都是在回答这三个相互关联的问题。我最近也在思考这些问题，并就涉及法国的一些问题电话请教过作者。在通读并对相关章节反复阅读后，我在这里拟就本书主题及其涉及的上述问题略谈几点看法，以履邀序之约！

一　法国"国民团结"与中国"民族团结"的含义与立意

"生活在现时代世俗社会中的人们，不论男女、职业与阶级，都有三种共同的群体身份——国籍、公民、族属；这些身份虽不构成人们生存的物质根本，但赋予人们实实在在的生活意义，让人们在诸如传统与现代、权利与义务、私利与公益等问题上，时时处在恪守与开放、自律与他律之中。"这句话取自我尚未完成的一篇论文，我搬到拙序中不算离题：法国的国民团结理念，中国的民族团结理念，其缘由和道理皆在于人们的上述三种身份使然，或者说是这三种身份相互作用衍生出来的现实命题。

但同样是如何处理国籍、公民和族属身份的关系，法国提"国民团结"，中国提"民族团结"，二者的内涵有何异同？为此，作者首先对法文的"solidarité"与中文的"团结"进行了语义辨析。法语"solidarité"的本义是"休戚与共"，作者认为可译为汉语"团结"，因为"团结"在汉语中也有"休戚与共"的意思。但汉语"团结"的语义可宽可窄，以往外译多为"unity"或"union"。这两个词，前者为"统一""单一性"之意，后者为"联合""联盟"之意，这与"solidarité"的语义有所不同。不仅法国在讲到全体国人的关系时使用"solidarité"，西班牙、墨西哥等西语国家也在同一意义上使用"solidaridad"。因此，作者对"solidarité"一词的语义阐释，是我们应当特别注意的，不可以广义的汉语"团结"来理解。汉语的"团结"，多指不同主体间良好的"彼此关系"，这种关系不一定是"休戚与共"的。所以，当我们把"团结"用于族际关系时，应取"休戚与共"之意，外译为"solidarity"比较贴切。我们在讲民族团结时，常用"三个离不开"加以解释，实际上就是取"休戚与共"之意。作者对"solidarité"所作的概念辨析，不是咬文嚼字，而是要与中文的"团结"确立基本的等值关系，为比较研究奠定概念的语义同义基础。

作者将"solidarité nationale"译为"国民团结"（也可译为"国族团结"，"国民"与"国族"都是对 nation 的汉译，作者在文中也使用"国族"一词），这也显示出作者对国际比较研究中概念界定的用心。nation 在中文中也有"民族"的译法，而且很常见，如"民族主义"（nationalism）、"民族－国家"（nation-state）、"民族解放"（national liberation）、"民族运动"（national movement），等等。若将"solidarité nationale"译为"民族团结"，仅从翻译学上说，也无可挑剔。但是，作者知道"民族团结"在汉语语境下，现在指的是 56 个民族间的"族际团结"，若译为"民族团结"，极易产生概念混淆。而概念混淆，也就说不清法国的"国民团结"与我国的"民族团结"在主体立意上有何不同了。"国民团结"是指全体法国人的团结，没有"族际"之意。"国民团结"与"族际团结"的着眼点与立意不同，决定了中法两国相关政策的导向与内容不同。不过，二者的目标和预期是相同的，只是选择的路径不同，可以用"殊途同归"来概括。

法国的国民团结强调不论族裔的公民主体，从理论上说，不同族裔公民之间实现了团结，族际团结也就自在其中了；中国讲的族际团结，从理论上说，其基础也在于不同民族的人都是中国人，都是中国公民，实现了族际团结，也就实现了"中华国民团结"（或曰"中华国族团结""中华民族团结"）。对二者作此辩证分析，当不属于诡辩。我国之所以突出"族际团结"，主要在于历史国情，在于中华民族的现代建构曾经面临各种内外因素产生的民族分离主义挑战，现在也要通过族际团结来共同反对分离主义。当然，族际团结最根本的内涵，是各族人民共同繁荣发展，共同当家作主，为实现"中华民族伟大复兴的中国梦"共同努力奋斗。因此，族际团结说到底，本身就是一个从属于"中华民族团结"或曰"中华国民团结"的命题。我国民族理论界经常讨论"国族认同"与"民族认同"的关系，一般结论是二者不矛盾，但这种不矛盾是并列关系还是从属关系？不矛盾的"统一体"是什么？我们讲民族问题与族际团结，其前提设定是同一"国族"和同一"公民共同体"内的问题与团结。世界上所有国家都强调"国民团结"和"公民共同体团结"，族际差异、族际关系和族际团结，都是受二者制约和规定的。

本书作者对法国所言的"solidarité nationale"与我国所讲的"民族团结"进行的概念沟通，值得肯定。作者是法语硕士出身，在世界民族研究领域浸淫近10年，有对中外学术概念的敏感，这种敏感是从事世界民族研究特别是民族问题与民族政策国际比较研究应持有的基本遵循。但这个遵循并非人人那么自觉。比如对"少数民族问题"的研究，各国的"少数民族"族情并不一样，我国各个少数民族的族情也不一样，相互间的可比性与不可比性问题，就需要精耕细作，而不能大而化之。说到这里，使我想起参加我国《消除一切形式的种族歧视国际公约》首次履约报告修改意见征求座谈会的情形。我国的首次履约报告被发回修改，问题不是我们没有说出成绩，包括特别值得强调的成绩，而是如何以《公约》的话语体系阐释这些成绩。中国的好故事，还要讲得好。毋庸讳言，我国"民族研究"的学科体系、学术体系和话语体系，还有待规范化建设，以利于国内外交流。例如，作为学科名称的"民族"一词，其所指就没有共识，外译时"各村有各村的高招"，有的译为 nation，有的译为 nationality，有的译为 people，有的译为 ethnic group，还有的干脆使用汉语拼音 minzu，如此等等。不仅不同作者说"民族"时读者不易辨别所指，同一作者在同一篇文章里使用的"民族"，其含义也前后不一。同一术语而含义不一，势必影响理论质量，势必影响学术交流。有在国外攻读政治学、社会学或历史学的研究生，虽都是外语本科毕业，面对外国老师轮换使用上述那些词，还有 nation 与 state 和 country 交叉使用，经常向我诉苦说，"自己都听晕了，不知中文怎么讲"！这不怪他们没学好，是我们的学术话语不科学，让他们在国际学术交流中感到茫然。

二 法兰西国族的"一个不可分"与中华民族（国族）的"多元一体"

人类社会的历史发展到现代，形成了"国族－国家"的政治单位，虽然全球化进程目前在深入加速发展，并且出现了诸如欧盟等区域一体化组织，但在未来的几百年乃至更长的时间里，国族－国家将依然是人们基本的认同与生存共同体。所以，加强国族－国家建构和国民团结，是一个世界性的命题。而绝大多数国族－国家面临的最实际的挑战是，人们对"国族"这种现代人们共同体的认识，依然受到历史形成的各种人们共同体认同遗产的影响，"国族"所具有的一些新内容、新理念和新规范，不仅需要人们逐渐适应，而且这些新东西也还继续处在不断丰富与建构中。法国讲国民团结建设，我国讲族际团结建设，原因与道理都在于此。

法国的国民团结命题，是基于法兰西国族的"一个不可分"理念。这一理念是法兰西国族－国家形成过程的产物，是同周围其他欧洲国族－国家比较的强调。英国、西班牙、瑞士、比利时、意大利等国族－国家，在统一过程中都不同程度地承认内部的族体差异，如英国是英格兰、苏格兰、威尔士等几个"国族"（nations）的"联合王国"，西班牙的主体是卡斯蒂利亚人，同时承认加利西亚人、巴斯克人、加泰罗尼亚人等"民族"（nacionalidades）的存在；与此同时，日耳曼人则分成了德意志、奥地利等国族－国家。法兰西还是开启现代民主共和制先河的国家，是在否定君主、贵族与教会特权以及封建割据等"旧制度"后形成的，凝聚法兰西人认同的是人民主权与权利平等的公民共同体，所谓"公民国族主义"，由此而得名。人们虽然也把美国视为建立国族－国家的先行者，但美国建国之初不脱英国模式，是"合众国"，只不过没有了国王，其政治制度依然是英国的联邦主义而非国族主义。但是，美国后来的发展，是国族主义上升、联邦主义下降的趋势，"美利坚人"成了共同的身份认同。目前的世界，不论是联邦制国家、君主立宪制国家还是保持王权的国家，都宣示自己是公民权利平等的统一的国族－国家。不过，也有突出民族构成多样的说法，如"中国是统一的多民族国家"，就是一例。但"多民族国家"之说，是对"中华人民共和国"人文面貌的解释，即"中华人民"是"多民族的人民"，也就是费孝通先生概括的"多元一体"。

中华民族"多元一体"说，好像与法兰西国族"一个不可分"之说有所区别。但在这两个表述中，"中华民族"与"法兰西国族"在政治法律意义上是同位的，都是以统一国家为基础的人们共同体，国际上叫"nation"。法国讲的"一个"是"国族"一个，我们讲的"多元"是"民族"多元：法国讲国族是一个，但也存在不同"民族"；我们讲56个民族，但"中华民族"也是一个，也不可分。国内有学者说，中国"只有56个民族，没有中华民族"，这是概念混淆产生的问题，与20世纪30年代末费孝通先生质疑顾颉刚先生"中华民族是一个"之论的思路无异。顾先生认为中华民族是一个，费先生认为是多个，主要在于对"民族"概念的理解不同。但在50年之后，费先生改变了自己，把自己的观点调整为"多元一体"。这个表述，首先是承认中华民族的统一（一体、一个），然后再谈其形成过程的族类多样性。作为一种超越历史族体的现代人们共同体，中华民族（国族）有同其他现代国族一样的发展与建构逻辑，也存在其他国族-国家同样存在的历史留下的族类差异遗产。但内部族类差异的大小多少，不是判定现代国族的标准。我们还应记住，汉语的"国家"，既有欧洲语言中的country和state之意，也有nation之意；因此，我们在政治法律意义上讲"多民族国家"时，准确的译法是"nation of multiple peoples（或nacionalidades）"，是"多民族的国族"之意；而在人文地理意义上讲"多民族国家"时，这"国家"才是country或state。拉美有一个国家叫玻利维亚，不久前把国名改为"Estado Mulitinacional de Bolivia"，这在西语世界也是特例。"Mulitinacional"既可理解为许多nación，也可理解为许多nacionalidad。在西班牙，2006年加泰罗尼亚修改自治条例时，因想推翻宪法界定的nacionalidad身份便自我界定为nación，说西班牙这个nación是由多个nación组成的nación de naciones，这被西班牙法学家批得一塌糊涂，宪法法院后来也断然予以否定。我们的工具书如《中国大百科全书》在解释"中华'民族'"时，将其定义为"中国各'民族'的总称"，颇有nation of nations之嫌。当年参与起草该条目者对我说，这个界定是"民族学"与"民族理论"两个专业的专家经多次争论达成的妥协。当然，我国法学界与政治学界无人参与讨论，但至今也无人提出异议。

最近几年，我国许多学科特别是民族学界和史学界，对"中华民族"（nation）共同体形成的讨论颇为热闹。有些学者拿几个近代"因异求独"的分离主义案例来质疑中华民族的统一性，特别是拿一些少数民族入主中原建立的王朝如"清王朝"来说事。清王朝建立时，欧洲的国族 - 国家格局也还处在动荡、沉淀与形塑过程中，甚至还没有形成后来的国族 - 国家概念与理念，不同人民也相互发生争夺领土的"王位继承"战争；因此，用后来的国族 - 国家框架来套解过往历史，解说历史中国，这不符合学术研究的逻辑。凡国族 - 国家，都有其前期复杂的族际互动历史，也都有现实的民族差异存在。欧洲的法兰西、意大利、西班牙等老牌国族 - 国家，没有人质疑；美利坚、巴西、墨西哥等新兴国族 - 国家，也没有人质疑；20世纪90年代独立的立陶宛、乌克兰、哈萨克斯坦等最近的国族 - 国家，还是没有人质疑。这些国家哪个不是多族体、多语言、多文化的？其统一过程哪个没有遇到或大或小的反对，哪个没有借助文武两手的整合？这些国族 - 国家在形成与独立之前，也没有人说自己是国族 - 国家，有些人为什么以这样那样的理由提出这时或那时的中国不是国族 - 国家的伪命题？

一些学者否定这时或那时的中国是国族 - 国家，并不是从社会制度入手的，而是把想象的族类同质、语言同一视为国族 - 国家的条件，但这并不是现代国族 - 国家（nation-state）的本质特征，也不是国际学术界国族主义理论的主流，更不是欧洲和世界各地国族 - 国家形成与建构的实际。法兰西学者勒南，早已在他的著名演讲《国族是什么？》一文中说得明明白白；德意志学者费希特在《对德意志国族的演说》一文中提出文化国族主义，但德意志人并没有统一在一个国族－国家中；从孙中山到毛泽东等政治家，毫不动摇地维护中华民族（国族）的统一，中华民族也实际地自立于世界民族之林了。现代国族－国家的本质，其外在特征是领土主权的独立统一，而内在的生命系统则是公民共同体的牢固团结；不同民族的差异性的存在，不是国族－国家统一建构的障碍，只是为公民权利平等团结建设提出了如何对待和整合差异的问题。我们周围有些学者不看本质，而是搬来当代西方一些学者的标新立异之说，如"原初论"（primordialism）、"符号论"（symbolism）和"族裔国族主义"（ethno-nationalism）等，生搬硬套地对照中国和质疑"中华民族"，如同亨廷顿那般提出"我们是谁？"的问题，除博取眼球外，实无任何理论贡献，更无积极意义。

还有学者认为，中国的"多民族国家"论述，在理论上是受苏联影响，这未免过于意识形态化。苏联（"苏维埃社会主义共和国联盟"）的建立，凝聚力是"苏维埃"意识形态，基础是斯大林的 nation 理论，以及各个 nation 的加盟与退盟自由。斯大林的 nation 观念（即 nation 的几个"共同"界定），包括奥地利马克思主义理论家奥托·鲍威尔和卡尔·伦纳的观念，本质上是德意志"文化的和族裔的 nation"观，而非法兰西"政治的和公民的 nation"观，其目的是把 nation 与 state 分开，为建立由 nations 组成的"苏维埃联盟"提供理论支持。但是，斯大林的理论，也为苏联的解体埋下了伏笔。世界上的"国族"都以地名为名，如法兰西与法兰西人、西班牙与西班牙人等，"人地合一"，因为人们的一切政治、经济、社会、文化活动都是在一定地域上形成并相互分野有别的，地域或曰"生存空间"就成了促使人们产生"祖国之情""精神家园"的因素。但是，"苏联"没有共同地域认同，也没有创造这种地域认同,结果就是有"苏联"而无"苏联人",或者说"苏联人"是"虚体";组成联盟的国族共和国界限分明,各有各的认同,联盟靠的是"苏维埃"意识形态,意识形态一崩溃,联盟也就解体了。

中国共产党接受"十月革命"送来的马克思主义,但最后并未接受斯大林的 nation 观念及其联盟理论。如果说中国共产党早期还对苏联"国族共和国联盟"理论难以提出不同的论述,那在反对日本帝国主义侵略面前则明确提出了包括各阶级、各民族在内的中华民族的"民族统一战线",把所有中国人视为统一的 nation-state(国族－国家)。这种理念,与苏联国族共和国联盟理论没有关系,而是与西欧的公民国族主义与国族－国家发展大势吻合,是自梁启超 20 世纪初提出"中华民族"后中国的主流理念。"中华"是各族人民共同的地域归属、精神家园和祖国。"民族理论"界有专家说"中华民族不是实体而是虚体",是受斯大林理论及苏联影响太深了。"中华"的特点在于地域广大,差异群体众多,既有长期密切的互动联系又各具文化传统,这决定了中华国族－国家统一建构的理念是明确的,但在具体操作上则奉行中国政治文化中的"审时度势"哲学。世界上没有哪个国家实行不同的社会政治制度,但中国就提出以"一国两制"来解决港、澳、台与大陆的统一;在对民族差异问题的处理上,中国也有自己的一套略与术、言与行,其中有的也让一些机械主义者一时不可理解。

三 "少数民族"群体权益保障的国际比较

放眼世界,任何国族－国家的建构过程,都存在族际互动历史的恩恩怨怨与现实权益之争。本书作者以很大篇幅及几个具体案例来论述这个问题，给我们许多启示。作者肯定国民团结的实践对弱势公民的社会救助，但同时指出对弱势公民的救助，忽视了少数人群体的特别权益诉求，具体说就是法国没有在政治制度上设立专门的少数人群体权益保障机制。并且，作者从对法国"公民国族"观的分析入手，指出了法国没有这种保障机制的缘由。对少数人群体权益为什么要保障，保障的界限在哪里，是非标准是什么，纯公民权益保障与另加民族特别权益保障的实践效果优劣如何，则是需要精耕细作的学术园地，而且需要多方面的可比性研究。

　　法国国民团结理念，也是欧洲许多国家的理念，这与法国和欧洲的社会发展实际有关。个人主义的自由、平等、博爱，回答不了现代国族-国家的团结统一问题，而没有这种团结统一，公民个人的自由、平等、博爱也就没有可靠的保障平台；法国大革命的公民概念，是以人们的文化同质化与素养均衡化为基础设定的，但现实中的人们不仅文化多样，素养也参差不齐，国民团结恰是应弱者的呼吁、为救助弱者而产生的命题。正如作者指出的，国民团结的源头是教会性与社会性的慈善与道义，后来才变为公共权力的责任与政府施政要求。法国国民团结的实践以救助弱势公民为对象，当然包括少数民族中的弱势公民，但不突出少数民族整体，这是有国情和族情原因的，一些少数民族公民不一定是需要救助的社会弱者。

　　大多数欧洲国家在现代化发展过程中，各地区、各民族的发展和发达程度比较均质，公民个人能力不相上下。例如语言能力，欧洲语言大多是同一语族、同一语支，甚至是同一语言的方言演变（各种新拉丁语便是如此），从一种语言到另一种语言的掌握不费什么力气，操小语言的公民几乎都是熟练的双语或多语者。在这种情况下，不同族体的公民可能不需要特别照顾，这甚至被认为是瞧不起人。但是，对于民族差异较大的社会来说，如何实现公民平等，特别是如何保障权益的实现过程，面临的问题大不一样。在语言文化差异较大的社会里，公平竞争的起点不一样，对少数民族的特别照顾可能在一定时段里有助于他们平等权利的实现和平等权益的保障。这一点，我们在研究法国一类国族－国家建构侧重公民共同体建设和公民权利平等时应当予以特别注意。同时，我们也不应忘记，民族特别权益保障也不只是弱势民族提出的命题，有这种保障也并非就解决了民族问题。

例如作者也提到的西班牙，少数民族巴斯克人和加泰罗尼亚人的经济发展水平超过整个西班牙平均水平，他们不是需要国家特别帮助而是需要他们帮助其他地区。由此，这两个地区就特别要求扩大自治权，认为自己受全国拖累，要自己单独"腾飞"。而当中央政府基于地区互助与国民团结原则否定这种自治诉求时，加泰罗尼亚地方政府竟以推动"独立公投"来回应。巴斯克地区，也是与中央争议不断。所以，少数民族权益的内涵、保障机制与边界，是一个没有世界标准的问题。西班牙1978年宪法确定"民族和地区自治共同体"制度及自治事项时，包括当时的少数民族政治家和民众都表示满意，但不到40年，也就是两代人的时间，现在却变成了理论上众说纷纭、实践中争论不休的话题。可以说，西班牙的"自治共同体"制度，在一些"民族地方"已发展为"民族自利"，并没有很好地保证西班牙"国民团结"。当然，如同本书作者展示的，我们也不能说法国以公民为立论基础的国民团结就很好地解决了民族问题。要不，人们对民族问题也就没有"复杂性"的认识与感叹了。

但是，民族问题不管多么复杂，处理民族问题还是有一些原则的，必须坚持与承认。民族问题的核心是民族权益，人们可以对民族权益列出许多清单，但性质与内涵就难有共识了。例如西班牙的自治共同体制度，其性质是政治自治还是行政管理自治，就一直存在争议。在巴斯克地区，曾经发生要求把巴斯克族服刑人员从全国各地监狱解回巴斯克地区监狱执行的请愿，表面理由是便于服刑人员家属探望，而这涉及司法统一及案件属地化管理的问题。在巴斯克和加泰罗尼亚，要求地区法院终审权是他们理解的自治，但马德里则绝不赋予这种权力。西班牙的自治共同体制度，个别地方的政治人物总想把它往所谓真正的"民族自治"，实际上是往中世纪的独立王国上靠，但"往事越千年"，"换了人间"，那"灯火阑珊处"的美人儿只可遐想了！2018年加泰罗尼亚分离主义者发动独立公投，参加投票的公民只占加泰罗尼亚公民总数的42%（国内有学者将其演绎为人口总数，这不确切），而58%的公民不参加投票，这说明加泰罗尼亚人口的民族结构不如中世纪那样纯了。我们不能说参加赞成独立公投的公民都是"纯加泰罗尼亚人"，同样，我们也不能说不参加公投和投反对票的公民都是"非加泰罗尼亚人"。但这个比例说明，现代化过程已使各民族高度杂居，任何历史上的民族王国，现都无可能"以民族名义"要求全体公民。例如，巴斯克和加泰罗尼亚对民族语言都很看重，但当以此提出当地公务员要通过两种语言水平考试时，则没有得到法律或法规支持。著名加泰罗尼亚学者米格尔·西关（Miquel Siguan）认为，在大语言与小语言的关系及使用上，人们"应在恪守与开放之间保持平衡"。

  法国的国民团结不作少数民族群体权益保障的制度安排（但这不等于对任何群体权益都拒不保障），可以认为是对少数人群体差异及权益不重视，可以作为解释少数人群体多有不满的原因；

西班牙对少数民族群体权益有多方面的制度安排，但也不是天下太平、万事大吉了。对族体差异及其群体权益的制度性承认与保障，这与国情、族情乃至时代发展有关，承认的方式、内容与程度也没有国际标准。而实际效果，则需要实践检验。西班牙加泰罗尼亚地区从自治走向独立公投，我们不能说是实行自治共同体制度的结果，但至少与人们对自治的内涵、理据、边界与功能看法不一有关，分离主义者便借着这些争议撕裂社会直至鼓动独立。与此同时，西班牙政府则宣布中止自治、通过权力接管来遏制加泰罗尼亚地方政府不接受约束的行为。在现代国族建构、公民共同体建设与民族权益保障问题上，只要能做到毛主席说的"国家的统一，人民的团结和国内各民族的团结"，采取什么方式不重要，因地制宜、因时制宜就好。

在我国民族问题研究界，有些学者把"民族自治"视为解决少数民族问题的出路，实际上是在进行理论演绎，现实没有试验场。提出"民族自治"的奥匈帝国不用说，加泰罗尼亚主义者按自己理解的"民族自治"走，马德里则绝不妥协；达赖集团提出"大藏区高度自治"，中国政府也直接予以否定。但在学界，以肯定态度把"民族区域自治"往"民族自治"上解释的论说，与以否定态度认定"民族区域自治"是"民族自治"的判断，始终存在；前者把出现民族问题归因于对民族自治权尊重不够，后者则把出现民族问题归因于民族区域自治制度赋予了民族自治权，但二者都不是实事求是的态度。从理论阐释、制度设计与实际操作结合上说，我国的"民族区域自治"绝不是"民族自治"，不管人们怎样设想"民族自治"有多少种样子。那么，该怎样认识"民族区域自治"？它与少数民族权益保障有何关系呢？

在内蒙古自治区成立70周年庆祝大会上，前全国政协主席俞正声讲话说,"要落实好民族区域自治制度,保证各族人民共同当家作主";在宁夏庆祝自治区成立60周年大会上,现任全国政协主席汪洋则说,"各民族共同当家作主"。国家主席习近平说,"民族区域自治不是某个民族独享的自治,民族自治地方更不是某个民族独有的地方",则是对"民族自治"论者的直接回答。三位党和国家领导人的话,说得明明白白。从学术理论阐释的角度,郝时远研究员曾以《中国民族区域自治不是单纯的"民族自治"》为题,发表过专门论文。我也曾发表几篇论文,论证我国的民族区域自治是"民族共治",是"各族人民共同当家作主"。民族区域自治不是民族自治,客观因素是各民族的杂居;各族人民共同当家作主,理据是各族人民都是权利平等的公民。我们讲民族平等团结互助,道理在于各族人民都是中国人;而平等团结互助的实现,则需各族人民共同当家作主做保障。各族人民共同当家作主,是各族人民最大和最实际的权益保障,是民族区域自治制度的理论与实践品质,是中国社会主义民族关系的具体体现,是巩固中华国族－国家统一的基石。

　　本书的主题是研究法国的国民团结,为我国的民族团结提供启示。民族团结是"中华民族伟大复兴"的题中之义,将二者联系起来是民族研究和民族工作者目前关注的焦点。作者揭示法国通过社会互助以求国民团结或国族团结,团结的基础是公民身份与公民权利平等,这有助于我们开阔国际视野,正确认识民族差异,找到促进民族团结(族际团结)的现实道路。而这种研究视野,以往我们重视不够。对民族团结与民族关系的研究,人们通常是将其与国家统一联系起来,很少有人从国族与公民共同体建设的角度看问题,包括费孝通先生的"中华民族多元一体"研究,也缺少对公民共同体维度的论证。现代国家的形成基础是国族共同体和公民共同体的二合一建设，这种建设规定了民族问题与民族关系的内涵与性质，以及权益保障的环境与边界。我们讲民族团结，是"中华民族"团结与中国公民共同体团结下的命题，后二者是前者的方向和依托。法兰西"公民国族"论被视为现代国族-国家的核心理念，世界各地群起效仿；法兰西的"国民团结"强调公民共同体建设维度，理论上也站得住脚；然而，法兰西不作少数民族群体权益保障的公共制度安排，尽管有其背景与理由，但未必是现代国族-国家建构的必须遵循，未必合乎积极保护文化多样性发展的当代国际社会共识。陈玉瑶这部著作，对此作出了有理有据的分析，不辜负我国世界民族研究事业对她的期待，可谓"十年磨一剑"！

　　十多年前，在中国社会科学院民族学与人类学研究所建设规划下，我作为世界民族研究室主任，先后物色几位懂俄语、西语和法语的人才，承担相关国家和地区民族问题的研究任务，陈玉瑶同志作为法语文学硕士，是最后调入的。不久，她考上了郝时远研究员的"民族理论"专业博士生，我则应邀参加了她的导师组，对她的学术成长过程历历在目。读博期间及毕业以后，陈玉瑶同志勤于思考，不断有论文、译文、译著发表，且在发表前大多惠赠我一睹；近几年我离京索居时多，与她学术交流虽趋少，但她写出这部著作，我并不觉得意外，只有欣喜。不过，作者邀约写序，则出乎意料，只好勉为其难；东拉西扯写多了，倘不合序，权当读后感吧！

序于江苏师范大学寓所
2019 年 1 月 30 日初稿，3 月 11 日定稿

目 录

导 论 1

第一章 基本概念 18
 第一节 "团结"概念的内涵 18
 第二节 "国族"概念的演变与特点 36
 第三节 "民族团结"与"国民团结" 46

第二章 法国"国民团结"的理论源流 53
 第一节 从"慈善"到"团结"的观念转变 53
 第二节 法兰西的公民国族观 64

第三章 国民、语言多样的法兰西 82
 第一节 法兰西人的形成与演变 82
 第二节 现代法兰西人：多样的国民成分 86
 第三节 多样的语言 95

第四章 公民个体政治社会权利平等的推进 113
 第一节 国民身份的认定 114

第二节　公民政治权利平等的逐步兑现 …………… 119
　　第三节　团结原则下公民的社会权利保障 ………… 130

第五章　少数群体文化权利不平等的固化 …………… 140
　　第一节　不平等的语言权利 …………………………… 141
　　第二节　少数民族集体身份的制度性缺失及其后果 …… 147
　　第三节　对多元文化主义的否定 ……………………… 159

第六章　移民融入与法国宗教政策 ……………………… 171
　　第一节　移民宗教习惯引发的争议 …………………… 172
　　第二节　法国宗教政策的核心原则及其形成 ………… 180
　　第三节　旧政策的保持与新机构的成立 ……………… 191

结　论 ……………………………………………………… 199

参考文献 …………………………………………………… 206

后　记 ……………………………………………………… 221

导　论

一　需要说明的几个问题

（一）为什么使用"solidarité"而不是"union"或"unité"作为"团结"的对应表达？

汉语"团结"既是名词，又是动词和形容词。比如"人民的团结""各民族的团结"，这里的"团结"是名词；而在"党中央团结带领全国各族人民"中，"团结"是动词；"这些人很团结"中的"团结"又是形容词。这样一来，就意味着汉语的"团结"要对应多个外文表达，其中就包含了动词性质的"s'unir""se grouper"和形容词性的"solidaire"等法文单词。而本文谈论的主题是"国民团结"，将主要涉及名词性质的"团结"。名词"团结"在法文中较为常见的有三种，分别是"solidarité"、"union"和"unité"，选用"solidarité"而不是后两者的原因主要有两点：首先，法国政治话语中本来就存在"solidarité nationale"的表达，而且"solidarité"在社会政策领域的出现频率很高，那么选取"solidarité"就是必然了。其次，"union"和"unité"只是在个别情况下被意译为"团结"，比如法语中常见的"L'union fait la force"虽然被译为"团结就是力量"，但"union"在更多的情况下表示"联盟""联合",比如"Union Eeuropéenne"(欧洲联盟,简称欧盟)。而"联盟"并不必然包含"团结"之意,例如欧盟相关条约中就规定了"不救助"原则,并且欧盟及其成员国在2009年希腊出现主权债务危机后也确实都很有默契地践行了这一原则。相互"不救助"与"互助友爱"之间显然还存在距离。至于"unité"(英文是 unity),虽然国内也有学者将"民族团结"对译为"national unity"[①],但是在更多的情况下,"unité"指"统一(性)"、"单一(性)"、"单元"或"单位"。"统一"与"团结"显然也存在一定差距。正是出于以上原因,在谈论法国的"团结"概念时,笔者选取了"solidarité"作为研究对象。

(二)"民族":术语的困扰

汉语"民族"是一个含义宽泛的概念,它可以指英文中的"nation",也可以对应"nationality"、"people"甚至"ethnic group"等。这既是它的优点也是它的缺点。说这种宽泛性是优点,是因为我们可以将国家民族、族体、人民、族群、土著人等概念和问题统一纳入到"民族问题"研究的框架内,以彰显这类群体同质性的一面;但是也同样由于这种宽泛性,导致"民族"作为概念工具去服务于问题的讨论或理论的阐释时,总是出现难以对话和理论变型的困扰。最典型的例子就是"中华民族"和"56个民族"虽然都使用了"民族",但是前者却代表"国家民族"(nation),后者是国家民族之下的次级族类群体(nationality)。

法国也存在相同的问题。为了避免概念工具本身可能带来的歧义性,对于"nation",在很多情况下,笔者选择了专业性较强

[①] 参见马英杰《铸牢中华民族共同体意识:作为民族团结的少数民族文化发展》,《云南民族大学学报》(哲学社会科学版)2018年第5期。

但社会接受度较弱的译法——"国族",该术语的历史界限鲜明,是继王朝国家之后的政治共同体新形态,通常也称民族国家或国家-民族。而在个别情况下,当"nation"仅指文化学意义上的"同源共同体"时,则被译为"民族",这一点在第一章的相关部分有具体说明。由于书中主要涉及"nation"和"nationality"(法语是"nationalité")这两个外文术语,在前者得以明确澄清的前提下,"nationalité"就多被译为"族体",即具有语言文化特殊性的世居性群体。而对于不会出现歧义的惯用词,笔者则选用了大家广泛接受的译法,比如"少数民族"(nationalité minoritaire)。

法国有"少数民族",但没有"少数民族"这个概念。这一矛盾让笔者困惑多年,始终对"少数民族"这一术语有所犹豫。直到2015~2016年笔者前往法国少数民族地区调研时亲耳听到当地学者说出"nationalité minoritaire",并在一本研究布列塔尼地区的专著中看到这一术语才敢放心使用。这是一个仅得到少数民族学者认可,而不被法国大众所熟悉的概念。在调研过程中,一位学者向我讲述过他们合编出版《法国语言社会史》(*Histoire sociale des langues de France*)一书的故事,这是一本系统而全面地研究法国所有少数民族语言以及少数族裔语言的合著文集,长篇累牍,十分珍贵。按照惯例,新书的出版都可以得到媒体的宣传支持,但却没有一家媒体愿意对此书进行宣传推广。想必法国的"新闻自由"也是有"宣传纪律"的。

(三)"solidarité nationale"为什么被译为"国民团结"?

经常在官方政治话语中强调"团结"(solidarité)的国家并不多,在强调个人主义的资本主义国家中更不多见。而法国却因其相对浓厚的社会主义氛围而成为一个特例。历史上,19世纪"三大空想社会主义者"之中有两位都是法国人(克劳德·昂列·圣西门和夏尔·傅立叶）；今天，法兰西第五共和国宪法第一条关于共和国的性质中仍然规定："法兰西共和国是一个不可分的、世俗的、民主的和社会的（social）共和国。"其中，"社会的"的内涵就包括平等、团结、注重社会保障之意。

在当代法国政策话语中存在的"solidarité nationale"（national solidarity），字面上看，似乎完全可以对译为"民族团结"或"国族团结"。为什么还是选择"国民团结"的译法？这是因为后者更符合法国官方使用这一术语的本意。在实际应用中，该术语是指国家旨在促进公民个体平等与团结的经济社会救助政策，也就是法国人通常所讲的"社会政策"。既然这里的"nationale"指公民而不是国族整体，那么译为"国民"显然更恰当。

（四）法国"国民团结"为什么是"社会政策"而不是"民族政策"？

为什么法国的"solidarité nationale"指向"公民的团结"，落实为"社会政策"，而不是像中文"民族团结"一样指向民族关系，落实为"民族政策"？对于这两点，本书均有说明。所不同的是，从篇幅上讲，对于"为什么是"的阐释要少于"为什么不是"。因为后者更难回答，原因也更复杂。

法国"团结"理念落实为社会政策尤其突出"救济弱者"内涵的主要原因需要从天主教与世俗政权之间的关系发展史去理解。法国是一个深受基督教文化影响的国家，对弱者、穷人的关怀，原本是教会义不容辞的责任和使命。因此，"救济弱者"的思想渊源由来已久，只不过在很长时间之内都是以天主教"普世""慈善"（charité，亦可译为"慈悲"）的名义去实践。这里的"慈善"不仅包括慈善事业，还包括慈悲的同情心，彰显的是天主教"普度众生"的情怀。而"团结"对"慈善"的取代，只是法国政教分离过程的一个侧影：直到19世纪下半叶，由于国家职能的不健全，导致世俗政权没能完全取代教会在这方面发挥的作用，而教会在世俗主义意识形态潮流的冲击下不再像从前一样得到认可。在这种背景下，工农阶层主导的"团结主义"社会运动爆发，让团结理念最终落实为一系列社会政策，于是"团结"便成了"慈善"的世俗化表达。名义原则的改变，只是导致救济弱者的形式发生变化，原来具有教会性质的慈善机构多被替换为世俗机关以法律制度形式确立的社会政策。然而所要彰显的核心要义仍然是对弱势群体的社会经济关怀。今天的法国，许多社会政策都是"团结"原则的产物，以至于"社会与团结经济"（économie sociale et solidaire，又译作民间互助经济）已经成为一个重要的经济生活门类，得到了民间和政府的共同关注。

"solidarité nationale"为什么没有指向"民族关系"？对绝大多数法国人和许多了解法国的人而言，"民族关系"恐怕是最不可思议的研究对象，因为法国"没有少数群体"。这里的"少数群体"（minorité）概念，既包括本土世居的"少数民族"，也包括由移民构成的"少数族裔"。既然"没有少数民族"，又何谈"民族关系"和"民族团结"呢？这种答案和逻辑都正确，但又都不符合事实。说它正确，是因为法国政府的确多次公开声明过，"法国没有少数群体"；法国宪法也明确规定：法兰西是"一个不可分的共和国"。说它不符合事实，是因为真实的法兰西实际上拥有多个语言文化差异性群体，不仅包括外来移民群体，还有本土世居少数民族，如科西嘉人、布列塔尼人、巴斯克人、阿尔萨斯人等，他们主要分布在法国的边境地区，彼此互不相邻。在同一国族空间内，内陆主体法兰西人与这些边疆少数民族的互动、本土法兰西人与外来移民之间的交往，必然产生成员彼此间的友爱与疏离、互助与排斥以及相伴而生的国族整体的凝聚与分裂现象。友爱与疏离、互助与排斥、凝聚与分裂，显然都是"团结"研究的题中之意。但这些却不是法语"solidarité nationale"所包含和指代的范畴。

的确，按照法国官方逻辑，在制度安排上，无论是"少数民族"还是"少数族裔"，都没有集体的行政、法律身份，因此可以认为，在法律、制度体系中，"法国没有少数民族"。既然指代这类社会存在的概念被刻意抹杀，那么公共话语中有关少数民族的话语体系自然就无法建立起来。官方对"少数群体"事实的否认，实际上是对其共和国价值观中包含的"一个和不可分"原则的恪守，该原则与大革命以来就确立的"公民国族主义"（亦译作"公民民族主义"）具有同样悠久的历史，并共同构成了代表资产阶级执政理念的法兰西"公民国族"观。"一个和不可分"指国家、人民、国族都只有"一个"，且"不可分"；"公民国族主义"则是对平等公民根据共同意愿形成国族这一观念的高度提炼。"公民构成国族"与"国族是一个且不可分"就这样产生了理论契合，并顺理成章地推导出了"法国没有少数群体"的结论。然而，没有话语体系并不意味不存在差异文化群体的事实。对于"少数民族"这个话题，法国政府可以"讳其名"，但难以"避其实"。

（五）"讳其名"还是"究其实"？

法国的官方立场和多民族多族裔事实给我们提供了两种研究选择：是根据官方立场对"少数民族"和"少数族裔"不予讨论，让本书的研讨范围仅限于法国"国民团结"本身，还是根据现实"不讳其名"地继续追问法国国内的群体关系状况？如果选择继续追问，这两部分内容会不会由于彼此不相关而导致研究主题的不统一?

仅从定义上看,法国"国民团结"与我国语境中的"民族团结"的确不存在交汇点。然而在真实社会中践行这些理念原则的人却是彼此关联的。两个看似不相关的理念由于人的社会活动而发生关系。笔者通过对"国民团结"社会实践的考察,发现其与"民族团结"之间至少存在两个方面的交叉点。

第一个方面涉及外来移民的融入。法国"国民团结"观念的出现实际上是传统宗教关怀的世俗化变型,这一观念最终落实为一系列"社会政策"及其构成的法律制度体系,充分彰显了国家和社会对公民团结平等的重视。然而随着移民的到来,法兰西社会结构发生了变化,移民促进了本土法兰西人的社会升迁,而自己却成为新的社会弱势群体。在这种背景下,原本体现"平等""团结"的各种措施,尤其是社会福利政策的目标群体,也就是"团结"的对象自然就要向移民群体倾斜。这种转变让一些本土法国人感到"不公平"和"吃亏",排外主义思想以及依托于这种思想的极右翼政党由此发展起来。当"团结"对象变为移民,"平等"原则却引发了不满。"平等"政策落实得越到位,内部群体关系反而变得越发紧张。这是法兰西当前甚至今后很长时期内需要面对的"国民团结"的主要问题和挑战。

第二个方面与移民和少数民族均有关。平等是团结的前提和基础。按照法兰西资产阶级"公民国族"的逻辑,既然国家保障原子化个体成员的身份一致、权利平等,那么就应该能看到一个团结凝聚的法兰西社会。然而为什么一些有碍团结的"不和谐"现象还是始终存在?比如移民被视为"问题"遭到排拒,本土少数民族分离主义运动时隐时现。难道"平等是团结的前提和基础"是一个错误命题吗?当然不是。历史上,民族国家形态取代王朝国家后，人民的身份就已经由"臣民"转变为"公民"。在当今西方社会，公民权利的地位更是重要到成为"时代精神的一部分"的程度。作为最先提出和践行"公民国族"理念的法国，对公民权利的保障是由来已久的思想传统和政治实践。然而法国观念中的公民权利内容仅包括公民的民事权利、政治权利和社会权利，而不包括"文化权利"。具体而言，是不包括"差别文化的发展权"（简称"差别文化权"）。"差别文化权"是相对主导文化权而言的，指的是发展主导文化以外的文化的权利。具体到法国来讲，就是国家法律仅保障公民使用和发展法语语言文化的权利，而具有双重文化特点（即既拥有法语文化又拥有少数群体文化）的少数民族与移民只有在选择法语文化时才能得到国家保障，而他们的另一种文化则由于没有得到制度性承认而丧失了法律保障。由此造成了多数人与少数人文化权利的不平等。

文化积淀涉及人的自我认同，是无法从个人身上剥离的东西，作为人之尊严的一部分，文化权利理应得到尊重。当多数人和少数人的语言文化发展权处于失衡的不平等状况时，社会的凝聚、人民的团结、各群体之间的团结就难以得到保障。因此，现代法兰西在保障公民民事、政治、社会权利平等，促进国民团结的同时，文化权利的不平等却在扮演着国民团结的阻碍角色。所以不是"平等是团结的前提和基础"这个命题错误，而是法国在公民身份平等方面做得还远远不够。如果我们选择相信法国官方宣示，也"讳其名"而"不究其实"地加以研究，那么就无法看到移民被排拒的真相和那些所谓"特殊地区"产生各种文化诉求的真正原因。

二 研究方法与内容架构

科学研究必须有正确的方法论指导。对法国"国民团结"和内部群体关系的研究，正像本书副标题所昭示的那样，既涉及相关思想理念的内涵与生成过程，又要对理念的落实与践行进行长时段的历史考察，需要始终保持辩证唯物主义与历史唯物主义的马克思主义方法论意识。在理念与实践两个板块中，本书更侧重实践部分，因为"马克思主义者认为，只有人们的社会实践，才是人们对于外界认识的真理性的标准"①。理念和理论是人们对外界认识的凝结和升华，然而理念和理论并不一定都正确，这就涉及理念或理论的"真理性"问题。所谓"实践是检验真理的标准"，就是针对理论的真理性而言。"许多自然科学理论之所以被称为真理，不但在于自然科学家们创立这些学说的时候，而且在于为尔后的科学实践所证实的时候"；"人类认识的历史告诉我们，许多理论的真理性是不完全的，经过实践的检验而纠正了它们的不完全性。许多理论是错误的，经过实践的检验而纠正其错误"。②

那么，对于隐藏在法兰西"国民团结"观念背后的更为深刻的资产阶级"公民国族"理论体系及其实践，应该怎样去认识？资产阶级"公民国族"观认为，法兰西国族是由文化同质、身份平等的法兰西人构成的公民国族。这种观念实际上是对国族共同体的价值追求，这种价值追求当然具有积极的进步意义，但法国资产阶级共和国派执政者利用国家强力，用强制同化的办法去实现这一理想的做法，却是不顾社会现实的错误实践。

在真实社会生活中，法兰西少数民族的语言文化与经济社会发展问题并没有因为身份的缺失而消失，他们对于自身文化的认

---

① 毛泽东：《实践论：论认识与实践的关系——知和行的关系》，《毛泽东选集》第1卷，人民出版社，1991，第284页。
② 毛泽东：《实践论：论认识与实践的关系——知和行的关系》，《毛泽东选集》第1卷，人民出版社，1991，第292、293页。

同意识更没有因为经年继世的"同化"政策而消亡。由于法国不存在"少数民族"或"少数群体"的行政、法律身份，这类事务自然无法通过系统性、制度性方案解决，而是各少数民族地区与中央政府以单独谈判的形式解决。其语言文化发展权的实现程度则取决于少数民族与中央政府博弈的结果。比如科西嘉人取得了宪法层面承认的特殊安排；阿尔萨斯取得了变通执行国家相关法律（如《政教分离法》）的特权；其他少数民族地区的相关立法则多停留在地方立法层面。

因此，如果从认识、实践和价值追求三个方面来说明大革命以来法国资产阶级共和派执政者的国族建构经验，那么就可以得出以下结论：第一，追求公民平等的价值导向是正确的、进步的、值得肯定的，成员的自由、平等不仅是像法国这样的资本主义国族的追求，也是以马克思列宁主义为指导的社会主义国族的追求，是我国社会主义核心价值观的题中之意；第二，执政者对社会现实及其蕴含的巨大能量存在严重认识不足；第三，大革命以来的国族建构实践往往正确与错误并存。比如国家推动通用语言——法语的普及，以便于更广阔范围内的公民交往，这是正确而符合历史发展趋势的举措，没有一个法国人不以法语为骄傲，但是政府在推动法语的普及过程中把地方语言和少数民族语言视为阻碍，则引起人们的反感和抵触，是不顺应人心的表现；国家推动公民政治权利、社会权利不断走向平等，这也是符合历史趋势的正确做法，但是国家对少数公民的"差别文化发展权"视而不见，甚至加以抑制，这显然不符合人民的期待；为使法语在国际文化产业竞争中占据有利地位，国家对外提倡"文化多样性"，也承认自身是"文化多样"的社会，这符合事实也符合法国人民的利益，但是国家承认的文化是将"人"的维度剥离后的抽象文化，于是回过头来坚决拒绝为"活文化"谋求制度性存在，拒绝"多元文化主义"政策，这就不是实事求是的态度了。

马克思主义者对民族现象和民族问题的论述，是有别于资产阶级自由主义民族理论的重要思想体系。从历史唯物主义视角探析家庭、氏族、部落、族体乃至民族国家的源起与未来，是马克思主义者有别于资产阶级自由主义者的认识论特点；实现无产阶级的解放是马克思主义者的价值追求；将民族问题纳入无产阶级革命这一总问题进行思考，是马克思主义者的实践论特点。因此，马克思主义者的世界观和方法论体现的是认识论、价值论和实践论的统一。在革命阶段如此，在建设阶段也如此；在解放全人类的问题上如此，在一国内部民族问题的解决之道方面也如此。

整体上运用辩证唯物主义和历史唯物主义的方法论进行分析的同时，也需要使用一些具体的学科方法加以配合。在学科视角层面，笔者主要运用历史学、政治学、民族学相结合的多学科交叉方法进行研究。具体而言，从历史学与政治学视角的研究主要利用大量资料进行文献分析，对于法国世居少数民族问题的研究则需要民族学的实地调查方法，利用考察之便利，与法国学者的交流与访谈自然也必不可少；此外，在将法兰西情况放在世界范围内进行对照分析的过程中，则多处运用了比较的方法，比如法国"公民国族主义"与德国"族裔国族主义"的比较等。

在内容与架构方面，法国"国民团结"的理念与实践是本书探讨的核心主题。除导论和结论外，共包括六章，分别按照概念、理论、概况、实践与问题的顺序先后铺展。

第一章主要探讨"团结""国族"和"国民团结"三个核心概念，笔者不仅分析了这三个概念的内涵，还梳理了它们在法国的发展历程。最后，为了使读者更好地理解法国"国民团结"概念的特点，笔者将其与中国语境中的"民族团结"概念进行了简单比较。

第二章集中于理论渊源的追寻和梳理，分别介绍了法国"国民团结"概念的两大理论源流——"公民国族"观和"团结主义"思想的由来和内容特点，指出19~20世纪之交，法国在完成世俗化改革的社会背景下，原本由教会承担的救济责任改由世俗社会和国家承担，从这时起救济弱者的思想原则也由"慈善"转变为"团结"。"团结主义"的思潮虽然只生成了昙花一现式的社会运动，但这股潮流的影响十分深远，是创建法国社会保险和保障制度的最初推动力。而法国"国民团结"之所以仅体现对个体公民的救济，不理会差异文化群体之间的关系，与法国的"公民国族观"有着更为直接的关联。法兰西的"公民国族观"包括两方面内涵：一是"公民国族主义"，二是人民、国族、国家的对等和"一个不可分"。

第三章是对法国多语言、多民族、多族裔情况的展示和说明，为读者呈现了一个真实而多样的法兰西社会，它不仅拥有多个少数民族群体，还有来自多个国家地区的移民群体，并且国民的多样也导致今天的法国仍然保有多种地方语言和少数民族语言。笔者通过这一章想表达的只有一点，那就是法兰西绝不是一般认为的那样，是一个单一族裔的国家。语言、族裔的多样性必然会在国民交往互动中产生各种关涉国家统一、社会团结的事务。

接下来的第四、五、六章都是在探讨这种"多样性"产生的各种事务尤其是政府在"公民国族"观指导下制定的有利于国民团结和各群体团结的政策实践及其问题。其中，第四章立足于公民个体维度,重点讨论法国大革命以来,国家致力于公民权利平等的多方面努力,包括确认公民身份、促进政治权利和社会权利平等的种种举措,并指出这些制度性保障措施,是促进法兰西国民团结的推动性因素。第五章则是站在差异文化群体角度的审视,揭示了法国少数群体文化权利不平等的事实,指出当多数人和少数人(科西嘉人、布列塔尼人、巴斯克人等少数民族)的语言文化发展权处于失衡的不平等状况时,社会的凝聚、人民的团结、各群体之间的团结就难以得到保障。这种文化权利不平等表现为:法语的"统治性""排他性"地位以及对少数民族语言使用权发展权的抑制,少数民族集体身份的制度性缺失以及政府对多元文化主义的公开否定。第六章则仅关涉移民群体,尤其是穆斯林移民带来的新的社会治理考验。本章不仅梳理了法国宗教政策核心原则"世俗主义"的主要内容与来龙去脉,还展示了法国政府为缓解本土法兰西人与穆斯林移民之间因宗教文化差异产生的冲突所做的努力,主要表现为"世俗主义观察所"(Observatoire de la laïcité)和"法国穆斯林信仰理事会"(Conseil Français du Culte Musulman)的创设,指出这是法国政府本着务实目的为争取社会团结和谐的一项创举,但是在宪法明确规定的"世俗共和国"的前提下,"法国穆斯林信仰理事会"的建立却引发了褒贬不一的评价。

三 有待深化的问题和不足之处

(一) 如何走进"团结"概念的内部世界?

在我国,"团结"似乎是一个不言自明的道理,很少有人对这个概念本身去加以界定和分辨。比如,在中国民族理论界,"民族团结"是一个重要研究对象。从研究视角看,有的学者将"民族团结"视为理念①，有的将其视作思想②，有的认为它是理论③，还有人探讨"民族团结"政策或事业④。只有个别学者致力于解读"民族团结"概念本身。⑤ 从理念、思想、理论、政策、事业视角进行探讨的学者，通常是就一些具体情况而言，因而对"民族团结"和"团结"的内涵往往不加界定。而专门探讨"民族团结"概念的学者，不仅数量很少，而且也没有形成完全一致的看法。⑥ 但是总体而言，"团结"多指群体之间或个体之间和谐融洽、互助友爱的关系。

而在西方自由主义学者那里，"团结"则被视作私人情感，因而在西方学界并不常见。⑦ 其实更准确的说法，应该是在当代西方英语国家不太常见。在19世纪的法国，"团结"曾被推崇为贯穿整个时代的道德哲学主题。⑧ 也就是说，"团结"首先是作为道德

---

① 参见陈建樾《激荡与互动：中国共产党民族团结思想的提出与清晰化》，《西南民族大学学报》（人文社会科学版）2017年第2期；陈建樾：《民族团结：习近平治国理政思想的核心理念》，《中国边疆史地研究》2016年第3期。
② 如杜君、韩波《继承与发展：新时代民族团结思想创新观点论析》，《西北民族大学学报》（哲学社会科学版）2018年第3期。
③ 如金炳镐《论邓小平同志关于民族团结、维护祖国统一的理论》，《云南民族大学学报》（哲学社会科学版）2004年第5期。
④ 李艳荣教授曾专门就民族团结主题的研究情况做过综述，参见李艳荣《民族团结问题研究综述》，《实事求是》2012年第2期。
⑤ 例如郑杭生《民族团结与和谐社会建设——一种社会学的解读》，《创新》2009年第12期；陈坤：《"民族团结"概念释义》，《西华师范大学学报》（哲学社会科学版）2017年第5期。
⑥ 这方面可参见陈坤对"民族团结"概念所做的研究综述：陈坤《"民族团结"概念释义》，《西华师范大学学报》（哲学社会科学版）2017年第5期。
⑦ 参见陈坤对"民族团结"概念所做的研究综述：陈坤《"民族团结"概念释义》，《西华师范大学学报》（哲学社会科学版）2017年第5期；以及〔英〕劳伦斯·王尔德《团结概念：从理论阴影中产生？》，李义天主编《共同体与政治团结》，社会科学文献出版社，2011，第196页。
⑧ 参见 Charles Chabot, *Morale théorique et notions historiques*, Paris, Librairie Hachette et Cie, 1904, préface. 书中讲道：18世纪道德哲学（philosophie morale）的主题是权利、公正与宽容，19世纪则是人道主义与团结。

哲学，即伦理学概念得到关注的。这种关注表现为直到19世纪末期，"道德团结"的主题仍然备受追捧，尤其表现在《论道德团结》①先后两次再版上。"团结"从伦理学进入社会科学，发端于19世纪中叶哲学的转型。随着实证主义哲学的诞生，孔德将"团结"概念带到了其哲学著述中②。作为孔德的学生，迪尔凯姆（又译作涂尔干，或杜尔凯姆）成为第一位也是目前为止唯一的一位将"团结"概念领入社会科学显著位置的学者。"团结"由此成为一个立基于社会事实的科学概念，这一社会事实便是人与人之间的相互依赖关系。遗憾的是，"团结"概念的科学化道路在此后并没有得到持续而深入的推进。而肇始于19世纪最后几年的"团结主义"运动却又让法语"团结"狭义化为体现"救助弱者"的社会政策。

与英语国家"团结"的边缘化、法语"团结"的狭义化相比，"团结"术语在中国政策话语中虽然频繁出现，但却总显得有种"只可意会，不可言传"的风格。然而不深入解剖"团结"的内涵，就无法理解为什么中文"团结"既是名词，又是动词和形容词；既可以是理念思想，又可以变身为政策事业。由于学力有限，笔者仅根据法文资料梳理总结了"团结"包含的五层内涵，对中文和英文"团结"概念的学术史尚无力驾驭，这既是笔者的遗憾也是本书的不足之处。

（二）"团结"是不是一个可以在共同生活中缺席的观念？

如果说法国是因其自身较为深厚的社会主义积淀才导致公共话语中"团结"术语的频繁出现，以至于我们可以通过其"国民

---

① Henri Marion, *De lasolidarité morale. Essai de psychologie appliqué*, Paris, CERMER BAILLIèRE et Cie, 3e édition, 1890.

② Emile Corra, *Le fondateur du positivisme: Auguste Comte et son oeuvre*, Paris, Revue Positiviste Internationale, 1923, p. 35.

团结"进一步引申到"各群体团结"的话题,那么对于强调个人主义、自由主义的其他西方国家而言,似乎只有依靠"民主""自由""人权"概念搭建起来的话语才能与之匹配。而"团结",这个颇能彰显集体价值观的术语,是不是与资本主义国家毫不相干,它们是不是根本不在乎整个国家民族的团结?

实际上,国家民族层面的团结(包括人民的团结和差异文化群体间的团结),是当今国家的共同追求,只不过各国在术语运用方面各有特色和侧重:比如法国的"国族整合"(intégration nationale)研究是专门探讨移民融入问题的;英国在这方面则提倡"共同体凝聚"(Community Coheion)[①]。相对于移民而言,法国和英国的本土少数民族问题,其实更是直接关涉国家统一的重大议题,设想苏格兰如果通过公投而独立,那么对整个英国的影响将是地震式的和不可估量的。然而无论是英国还是法国,在世居少数民族方面的"团结"研究却没有形成一个有如移民整合那样鲜明凸出的主题。然而我们还是可以从英法政府的态度中确定,西方多民族发达国家,也同样存有"国族团结"的期待,只是自由主义话语体系并不引导民众从这个角度去考虑问题,或者说这不是自由主义者思考这类问题的习惯和方式。

团结观念源起于共同体成员对自身命运一致性的认识,反映的是命运共同体成员"利他"的个人品质,这是明显高于西方个人主义、自由主义"利己"追求的一种精神境界。因而"团结"既有其客观性的一面,也有主观性的一面。在我国,中华优秀传统文化早已为中国社会奠定了重道德、讲奉献的基因,而"团结"观念的活跃则是传统文化"活"在今天的表现。可能正由于此,

---

① 参见韦平《多元文化主义在英国的成与"败"》,《世界民族》2016年第3期。

中国的"团结"才会发展到"意会足矣,无须言传"的地步。因此,对于"团结"观念是不是可以在共同生活中缺席这样的问题,笔者的回答是,这取决于我们希望达到哪种精神境界。

  导论以问题开始,以问题结束。这说明"团结"的确给我们提出了许多有待解释和深化的问题。今天,"中华民族命运共同体"和"人类命运共同体"的号角已经吹响,对共同体"命运一致性"的客观认识已经形成并在逐步推广,这是"团结"的基本性、客观性前提。接下来希望能有更多的人加入到"团结"研究的队伍中。

第 一 章
基本概念

"民族团结"是中国民族政策的一个重要理念,"国民团结"(solidarité nationale/national solidarity)则是法国社会政策领域的常用术语。两者近似,却又存在差异。"民族团结"的主体是中国的各民族,"国民团结"的主体则是每个法国公民。它们的共性在于,都包含了"团结"这个核心概念;而它们的差异则在于国家民族观念各异,"民族团结"承认国家民族的多族裔事实,"国民团结"不承认国家民族的多族裔事实,只强调相同的国家公民身份。因此,本章将先从共同的"团结"概念入手,通过追溯该术语在法国的学术发展史,结合现代人对"团结"的认知,梳理总结它的全部含义。然后再阐述法语"nation"概念从"民族"到"国族"的含义演变,以及法国"公民国族"观念的特点。在此基础上,对中国的"民族团结"与法国的"国民团结"概念进行比照,目的在于加深读者对本书主题"国民团结"的理解。

第一节 "团结"概念的内涵

"团结"是一个频繁出现于社会生活和政治话语中的词语,在各种语境中昭示的含义似乎明确无误,然而它在社会科学研究领域的位置却十分边缘化，研究者至今未能给出一个全面准确的"团结"内涵。因此，对"团结"概念进行深入研究，找出它的全部含义十分必要。实际上，这一研究领域并非无人涉足。法国曾在19世纪末期出现过一次"团结"研究热潮，涌现了多种有关"团结"的政治理论学说。本节将从法语"团结"概念的学术发展史入手，梳理和总结它的全部内涵。

一 法语"团结"的学术史

西方话语中的"团结"（solidarity）一词源自法国。从术语对应的角度讲，中文"团结"对应的只是法语"solidarité"的部分含义。在法语中（英语也如是），"solidarité"有广义和狭义之分，在广义层面，它表示"团结""连带性""休戚与共"，其狭义所示则被限定在法律领域，专指《民法》中常见的"连带责任"。

从词源角度讲，"solidarité"由形容词"solidaire"演化而来，而"solidaire"则来自拉丁语中的"in solidum"，这个拉丁语是一个法律术语，意为"为了全体"（pour le tout）。根据法国学者的考察，最早表达过"团结"这一含义的是孟德斯鸠（1689–1755），但他用的却不是"solidarité"一词。"孟德斯鸠在他的《论法的精神》中曾经讨论过团结，他说过'同一小镇居民的solidité'，该词表达的肯定是同一个含义，但同时也证明这个词汇在当时还不存在。"[①] 但是不久后，"solidarité"就被辞书编纂者发明了："1765年，百科全书派使用了这个词语，后至1798年，学院派也将该词列入了他们的大辞典中。"[②] 但"solidarité"并没有

---

① Stéphane Becquerelle, *Individualisme et Solidarité*, Amiens, Imprimerie du Progrès de la Somme, 1903, p. 51.
② Stéphane Becquerelle, *Individualisme et Solidarité*, Amiens, Imprimerie du Progrès de la Somme, 1903, p. 51.

立即流行开来。

从 19 世纪中叶开始，无论是"solidarité"的广义含义或狭义内涵都引起了学术界陆陆续续的关注：在法学研究领域，巴黎法学院的多部法学博士学位论文都以此为题：比如 1854 年的《论连带责任》[1]、1856 年的《论罗马法和法国民法中的连带责任》[2]、1864 年的《论立据于罗马法和拿破仑法典原则的合同领域民事连带责任》[3]、1865 年的《论罗马法和民法中的连带责任》[4]、1866 年的《论罗马法和法国民法典中的连带责任》[5] 以及 19 世纪 70 年代的类似论文[6]。此外，一些法学专著也讨论过同一主题：比如 1852 年的《论连带责任与不可分责任》[7]、1885 年的《连带责任研究》[8] 等。

从法学角度看，"连带责任"与"义务"（obligation）密不可分，义务又是随约定（convention）而产生的一种道德纽带。立法者为了强化这种纽带，便给它配以法律制裁，一旦拥有法律的强制力，义务就不再只是属于诚实和公平范畴的道德纽带，而是成了一种被法律规定的必要。义务的产生可以是单个债权人和单个债务人自愿创立约定的结果，也可以是多个债权人和多个债务人

---

[1] Ernest Planchenault, *De la Solidarité*, Thèse pour le doctorat, Faculté de droit de Paris, 1854.

[2] P. -E. Crequy, *De la solidarité en droit romain et en droit civil français*, Thèse pour le doctorat, Faculté de droit de Paris, 1856.

[3] Jules Ferlet, *Da la solidarité civile en matière de contrat d'après le droit romain et les principes du code Napoléon*, Thèse pour le doctorat, Faculté de droit de Paris, 1864.

[4] Raymond-Camille Lanuss, *Da la solidarité d'après le droit romain et le code civil*, Thèse pour le doctorat, Faculté de droit de Paris, 1865.

[5] J. -V. -L. Lewandowski, *Da la solidarité en droit romain et en code civil français*, Thèse pour le doctorat, Faculté de droit de Paris, 1866.

[6] 如 Norbert-Aristide Galliot, *Da la solidarité dans le droit romain et dans le droit français*, Thèse pour le doctorat, Faculté de droit de Paris, 1872, 等等。

[7] Aimé Rodière, *De la solidarité et de l'indivisibilité*, Paris, CHEZ A. DURAN, 1852.

[8] M. Gérardin, *Etude sur la solidarité*, Paris, L. LAROSE ET FORCEL, 1885.

创立约定的结果。而连带责任就属于后一种情况，是"一种复数主体的义务模式，在这种模式中，每个债权人都有权要求独立享有共同债权；每个债务人都有独立偿付共同债务的必要。"① 连带责任，这一法律术语的使用沿袭至今，已被广泛接纳，我国《民法》中的《侵权责任法》对此也有较为详细的规定。

对"solidarité"的社会道德范畴含义——"团结"的讨论要稍早于法律含义的研究。在 19 世纪 40 年代，就已经零星出现了一些以"团结"为主题的专著：如 1845 年的《团结：对夏尔·傅立叶论说的综合研究》（第二版）②、1848 年的《社会基本原理，或称团结学说概要》③ 等。对该术语的普及具有较大推动作用的要属奥古斯特·孔德（Auguste Comte, 1798 – 1857），19 世纪中期，随着"社会学"和实证主义哲学的建立，孔德将"solidarité"概念带到了其哲学著述《实证主义基督教理》（*Catéchisme positiviste*, 1851）以及《实证政治体系》（*Système politique positiviste*, 1854）最后一卷中④，该术语由此走进了社会学研究领域。1866 年，以"团结"命名的学术期刊——《团结：原理杂志》（*La Solidarité*: *Journal des principes*，以下简称《团结》）正式创刊。但是被《团结》收录的文章却并不以"团结"研究为主。只是在创刊号中，编者尝试着对他们认为的团结原则，即期刊扉页上的那句"人人为我，我为人人"进行了简单解释，并对"团结"与自由、平

---

① 参见 P. -E. CREQUY, *De la solidarité en droit romain et en droit civil français*, Thèse pour le doctorat, Faculté de droit de Paris, 1856, p. 8。
② Hippolyte Renaud, *Solidarité, vue synthétique sur la doctrine de Charles Fourier*, 2e éd., Paris, Librairie Sociétaire, 1845. 由于文献过于陈旧，作者也并不出名，笔者没能查找到该书第一版于何时出版。
③ Louis Greppo, *Catéchisme social, ou Exposé succinct de la doctrine de la solidarité*, Paris, GUSTAVE SANDRE, 1848.
④ Emile Corra, *Le fondateur du positivisme*: *Auguste Comte et son oeuvre*, Paris, Revue Positiviste Internationale, 1923, p. 35.

等、博爱的关系进行了简要分析。

就像后来的"团结"研究者指出的，19世纪中期，尽管人们注意到了这样一个事实，那就是相互协作的人会自认为"团结"，"但却没有从这些观察中总结出任何总体性理论"[1]。

大约从1880年开始，研究"团结"概念的几部重要著作相继问世，由此在法国出现了一段"团结"研究热潮与"团结主义"运动交相呼应的历史插曲：首先是1880年亨利·马利翁（Henri Marion）的《论道德团结：应用心理学简评》，到1890年时，该书已经推出第三版[2]。在这之后，"团结"研究的多部重要成果在1890~1893年陆续问世，包括埃米尔·迪尔凯姆（Emile Durkheim，又译作涂尔干或杜尔凯姆）的《社会分工论》（De la division du travail social，1893）、查理·纪德（Charles Gide）的《作为经济纲领的团结观念》（L'Idée de solidarité en tant que programme économique，1893）、勒柯兰（Recolin）的《团结》（Solidarité，1890~1893年，具体时间不详）以及德国经济学家瓦格纳（Adolph Wagner）的《团结》（1893年以前，具体时间不详）等。[3] 这些重要著作一下子让"团结"占据了社会科学研究的显著位置。就像其中一位作者在1893年观察到的："此前，自由曾是各种演讲、通告、宣言中的结束语，如今，团结取代了自由的地位，成为这些文件演讲的结束语。而四年前，团结还没有如此闻名。"[4]

1893年的这批成果既奠定了学术研讨的基础，也激发了学者

---

[1] Léon Bourgeols, *Solidarité*, Paris, ARMAND COLIN ET Cie, 1896, p. 5.

[2] Henri Marion, *De la solidarité morale. Essai de psychologie appliquée*, Paris, CERMER BAILLIERE et Cie, 3e édition, 1890.

[3] 参见 Charles GIDE, *L'Idée de solidarité en tant que programme économique*, Paris, V. GIARD &E., BRIERE, 1893, p. 1, 页下注.

[4] Charles GIDE, *L'Idée de solidarité en tant que programme économique*, Paris, V. GIARD &E., BRIERE, 1893, p. 1, p. 2.

的研究热情：1894 年名为《实用基督教义》（*Revue du Christianisme pratique*）的期刊出版了一期"团结"专刊，刊发的四篇文章中有三篇以"团结"为主题①；1896 年，莱昂·布尔茹瓦（Léon Bourgeois）的专著《团结》②问世；1902 年 1 月，同一作者的论文《社会团结的应用》③正式发表；1902 年 10 月，一份名为《团结：防范社会风险互助保险协会月报》（*Solidarité: Bulletin Mensuel de la Société d'Assurances mutuelle contre les risques sociaux*）的月刊发行了他们的第一刊，期刊虽然使用"团结"这一个词语，但内容如其副标题所示，不涉及对"团结"的学术性讨论；1903 年，斯特凡纳·贝克莱勒（Stéphane Becquerelle）的《个人主义与团结》④以及欧也纳·德埃施塔尔（Eugène d'Eichthal）的《社会团结及其最新表述》⑤问世；1904 年，《社会团结杂志》（*Revue de la solidarité sociale*，月刊）创刊，主要探讨与工人、农民密切相关的社会问题，该期刊一直发行到第一次世界大战前夕（1913 年）；1907 年，《关于团结：事实及其主要形式、其确切的道德价值、民主教育中的团结》⑥和《团结主义发展概述》⑦出版；此外还包

---

① 这三篇文章分别是：《作为经济纲领的团结观念》（即 1893 年查理·纪德的专著）、《社会改革与宗教觉醒》、《基督教社会学简议》，*Revue du Christianisme pratique*, 15 janvier 1894, n°1。
② Léon BOURGEOIS, *Solidarité*, Paris, ARMAND COLIN ET Cie, 1896.
③ Léon BOURGEOIS, "Les applications de la solidarité sociale", *Revue Politique et Parlementaire*, Janvier 1902.
④ Stéphane BECQUERELLE, *Individualisme et Solidarité*, Amiens, Imprimerie du Progrès de la Somme, 1903.
⑤ Eugène d'Eichthal, *Solidarité sociale et ses nouvelles formules*, Paris, Alphonse Picard et Fils, 1903. 该文曾在 1902 年 12 月的一次会议上宣读过。
⑥ L. Fleurant, *Sur la solidarité. Le fait et ses principales formes, son exacte valeur morale, la solidarité dans l'éducation de la démocratie*, Paris, SOCIETE FRANÇAISE D'IMPRIMERIE ET DE LIBRAIRIE, 1907.
⑦ Georges Kurnatowski, *Esquisse d'évolution solidariste*, Paris, Librairie des sciences politiques et sociales, 1907.

括 1911 年的《社会团结概述》①等。

1914 年以后，法国先后历经两次世界大战以及阿尔及利亚战争的洗礼。"团结"术语在更多情况下成为一种战略性动员或至少与抵抗侵略密切相连：如《战争期间团结的发展》②，该书在第一次世界大战期间（1916 年）面世，描述了各国在团结方面的行动与情感；1937 年发行小册子《为团结、公正与自由而联合》③号召人们联合起来反抗法西斯侵略；1944 年抵抗运动组织发行号召团结的传单；1952 年"法兰西人民救援"组织（Secours Populaire de France）发行宣传物《为团结和赦免在殖民地被囚禁的爱国者的全民请愿》（Grande campagne Nationale de solidarité et d'amnistie en faveur des patriotes emprisonnés dans les pays coloniaux）等。

"二战"后，"团结"虽然出现在了法国 1946 年《宪法》的序言④和 1958 年《宪法》第一条⑤中，但是学术界的研究兴趣似乎并不高。

1981 年春开始，"团结"成了社会党竞选纲领中的关键词，在政治演说和媒体中再度频繁出现，对"团结"的政治追捧似乎也重新点燃了学术界的研究热情。于是 20 世纪 80 年代以后，学界再次出现了以"团结"为标题的专著：如《作为契约和道德规

---

① Alfred Pinel, *Essai de Solidarité Sociale*, Bastia, C. PIAGGI, 1911.
② Emile Corra, *Le développement de la solidarité pendant la guerre*, Paris, Revue Positiviste International, 1916.
③ J. CHAUVET, *Unir pour la Solidarité, la Justice et la Liberté*, Edité par le Secours Populaire de France, 1937.
④ 1946 年宪法序言中这样说道："民族宣告所有法兰西人在民族灾难面前的责任平等与团结。"（La Nation proclame la solidarité et l'égalité de tous les Français devant les charges qui résultent des calamités nationales.）
⑤ 1958 年宪法第一条中指出：(由共和国及其海外领地的人民所构成的) 共同体建立在各族人民的平等与团结之上。

范的团结》①（1982 年）、《不平等与团结》②（1985 年）、《市镇间的财政团结》③（1992 年）、《共享劳动与收入的团结：人类面对变化》④（1995 年）、《福利国家史：团结的源头》⑤（1996 年）、《团结的迫切性：法兰西面对全球化》⑥（1996 年）、《团结：一个观念的历史》⑦（2007 年）等。

总体而言，在法国学术界，团结概念曾经两度引起关注，第一次发生在 19～20 世纪之交，第二次发生在 20 世纪 80 年代后至 21 世纪之初。从内容上看，专门探讨"团结"理论的是前一批作品，现代学者的相关探讨在规模上更为逊色，主题上也更加分化。前后的变化说明在这一个多世纪的时间里，人们对"团结"概念的理解发生了变化，而这些转变既依托于又折射出法国社会的政治变迁。

二 "团结"内涵的发现

（一）"团结"价值层面的认知

19 世纪中期的社会主义还处于萌芽状态，但恰是萌芽状态的社会主义理论最先找到了"团结"原则。就像《社会基本原理，或称团结学说概要》的作者所讲，"人们总说社会主义没有惯用

---

① Marcel David, *La solidarité comme contrat et comme éthique*, Paris, Berger-Levrault, 1982.
② François Servoin et Robert Duchemin, *Inégalités et solidarités*, Paris, E. S. F., 1985.
③ Christine Brémond, *La solidarité financière intercommunale: partage ou mise en commun de la taxe professionnelle*, Paris, Syros-Alternatives, 1992.
④ Charles Maccio, *Solidarité par le partage du travail et des revenus: l'humanité face aux changements*, Lyon, Chronique sociale, 1995.
⑤ François Ewald, *Histoire de l'état providence: les origines de la solidarité*, Paris, Librairie générale française*, 1996.
⑥ Anton Brender, *L'impératif de solidarité: la France face à la mondialisation*, Paris, La Découverte, 1996.
⑦ Marie-Claude Blais, *La solidarité. Histoire d'une idée*, Paris, Gallimard, 2007.

语，而平等主义学派（école égalitaire）既不为人所知，也无法被人民理解"，为了回应这些指责，作者对社会主义进行了解释："社会主义理论是以实现象征共和主义的自由平等博爱为目的，力图通过践行人道主义法则，让分裂社会的恶消失的理论。"① 也就是说，社会主义首先着眼于社会统一和消灭分裂因素，其实现途径就是"让所有力量和智慧通力合作"，因此，"团结"就是社会主义的核心原则。这种带有理想主义色彩的"团结"原则在很大程度上启发了后来的学者，并在此后法国的社会主义运动中时隐时现。

在学术领域，孔德把"团结"引入了社会学领域，但是这一概念在孔德的整个学术体系中并不占据重要地位。孔德是在谈论社会活力的过程中提到的"团结"②，他将其作为自私主义的对立面和人类社会统一性的体现，而人类社会统一性也就是"各民族的协作"（association des nations），既是这位哲学家的理想，也是他对人类未来的一种预判。

1866年，以"团结"命名的学术期刊——《团结：原理杂志》也将"团结"解释为一种"人人为我，我为人人"的朴素理想。但是对于"团结"概念本身而言，无论是作为原则还是理想（目标），都只是停留在这一概念所缔造的价值层面的认知上，对该术语事实层面的挖掘似乎还不够。

（二）事实层面含义的挖掘

19世纪末是实证主义哲学流派在法国备受追捧的时期，以研究"社会事实"（fait social）为特点的现代社会学也在这一阶段诞

---

① Louis Greppo, *Catéchisme social, ou Exposé succinct de la doctrine de la solidarité*, Paris, GUSTAVE SANDRE, 1848, avant-propos et, p. 1.
② Emile Corra, *Le fondateur du positivisme: Auguste Comte et son oeuvre*, Paris, Revue Positiviste Internationale, 1923, p. 34.

生。从亨利·马利翁的《论道德团结：应用心理学简评》（以下简称《论道德团结》）开始，"团结"概念事实层面的含义开始得到关注。

亨利·马利翁（1846-1896）是19世纪下半叶法国著名哲学家、教育学家和知名教授。他的《论道德团结》主要探讨人的德行（moralité）养成问题。他在导言中提出，"solidarité"概念有狭义与广义之分，狭义是指法律术语"连带责任"，广义是指"一个整体内各部分之间持久的相互依赖的关系"[①]。他提出的"道德团结"（solidarité morale）实际上是要指出，社会群体中的个人在道德生活中也存在这种连带关系，因为"共同生活是人类的天然状态，这是一个不争的事实"[②]，因此这种"道德团结"的本质是"道德连带性"。而《论道德团结》的目的就是通过这个概念探寻"个体、社会群体乃至全人类的德行养成的决定性条件"[③]。

亨利·马利翁在"团结"概念的发展史上扮演了抛砖引玉的角色，诞生于19世纪末的多部"团结"研究成果都关注到了《论道德团结》。1893年前后，几部重要学术成果相继问世，包括迪尔凯姆的《社会分工论》、查理·纪德的《作为经济纲领的团结观念》、莱昂·布尔茹瓦的《团结》等。三人都认识到了"团结"的事实基础，即人与人之间的相互依赖性和连带性。不同的是，迪尔凯姆沿着相互依赖性这一层面进行了深入的挖掘，而后两位学者则将"团结"引入了意识形态领域，不再将"团结"概念本

[①] Henri Marion, *De la solidarité morale. Essai de psychologie appliquée*, Paris, CERMER BAILLIERE et Cie, 3e édition, 1890, p. 2.

[②] Henri Marion, *De la solidarité morale. Essai de psychologie appliquée*, Paris, CERMER BAILLIERE et Cie, 3e édition, 1890, p. 165.

[③] Henri Marion, *De la solidarité morale. Essai de psychologie appliquée*, Paris, CERMER BAILLIERE et Cie, 3e édition, 1890, p. 3.

身作为研究对象，因此这里略去不谈，"团结"意识形态方面的思潮和社会运动将在后文中呈现。

在"团结"概念的"相互依赖性"内涵方面，迪尔凯姆的贡献最为突出，他的《社会分工论》在法国和世界学术圈产生的反响有目共睹。迪尔凯姆在社会分工以及"团结"方面的思考主要来自奥古斯特·孔德，在孔德的哲学思想中，"团结"并不占据主要位置，但迪尔凯姆却由此受到启发，投入了很大精力去挖掘"团结"概念所包含的"相互依赖关系"这一内涵。迪尔凯姆的主要贡献在于揭示了这样一个重要事实，那就是："为什么随着个体人变得更加自由，他对社会的依赖反而越高？人们为什么能同时既自由又相互依赖？"[①] 所以对他而言，人与人之间、人与社会之间的纽带是不可绕过的研究内容，他认为："法律与道德是我们每个人之间以及每个人与社会之间的纽带集合，正是这个纽带集合让芸芸大众结成一个集合体和统一体。"[②] 他通过对犯罪和相关法律规定的演变过程的研究，区分了两种相互依赖关系的类型：传统社会中基于个体在集体意识方面的相似性而产生的团结（称为机械团结）和现代社会中由劳动分工产生的团结（称为有机团结）。

根据迪尔凯姆的分析，社会分工与有机团结以及社会规则（règles，包括法律与道德规定）之间存在这样的关系：社会劳动分工之所以能产生团结，不仅因为就像一些经济学家指出的，每个个体都变成了交换者，更大程度上是因为社会分工在人群中创设了一个权利义务体系，这个体系将个体与他人以持久的方式联结在一起；而且实际上，社会分工最先面对的还不是个体人，而

[①] Emile Durkheim, *De la division du travail social*, Paris, PUF, 1893, p. XLIII.
[②] Emile Durkheim, *De la division du travail social*, Paris, PUF, 1893, pp. 393 – 394.

是社会功能，各种分化的社会功能之间要维持常规而和平的竞争就需要制定规则，正是社会劳动分工催生了这些规则，分工越细，产生的规则就越多，如果出现规则缺失，那么有机团结要么不可能，要么不完善。①

迪尔凯姆所达到的理论成就让后人望尘莫及。20 世纪 80 年代以后，陆陆续续问世一些学术成果，但是这些成果无疑都受到了"团结"意识形态——"团结主义"的影响。从很大程度上说，从"团结"被意识形态化为"团结主义"的思潮起，"团结"概念实际上就进入了一个只见口号，不见学术理论的阶段，直至今天。

三 今天的"团结"及其应有之义

（一）自由主义视野中的"团结"

"在本质上，团结是彼此支持的团体成员之间的相互同情感和责任感。从这个意义来讲，团结具有某些主观性、情感性的元素，而这有助于解释为什么它容易在概念上被忽略；正如约翰·贝克（John Baker）等人所说，在自由主义的理论框架中，团结是与'爱'和'友谊'等本质上属于私人的事务联系在一起的，而这些事务应当留给个人自己去解决。"②

这一观察的确反映了"团结"理论在自由主义理论中"沉默"的原因。然而现实中，"团结"原则并没有因为自由主义意识形态的统治地位而在西方政治舆论中失声：比如，于 2000 年 12 月完成、2007 年 12 月通过的《欧盟基本权利宪章》（*Charte des*

---

① Emile Durkheim, *De la division du travail social*, Paris, PUF, 1893, pp. 402 – 403.
② 〔英〕劳伦斯·王尔德：《团结概念：从理论阴影中产生？》，李义天主编《共同体与政治团结》，社会科学文献出版社，2011，第 193 页。

droits fondamentaux de l'Union européenne）将"团结"作为与尊严、自由、平等、公民权、公正并列的六大权利板块之一；2005 年 12 月 22 日，为纪念联合国第一个消除贫穷十年（1997－2006），大会宣布每年 12 月 20 日为国际人类团结日，同时确定"团结"是强调 21 世纪各国人民相互间关系的基本而普遍的价值之一；2017 年 10 月 7 日，欧洲十位保守主义倾向的学者和知识分子，以九种语言同时发布联署声明《一个我们能够信靠的欧洲》，其中不仅多处提到"团结"，而且他们还郑重宣示："我们应该复兴国家的统一和团结。"①

除了作为原则之外，就词语本身而言，西方政治话语中"团结"的使用频率也不低，仅从 2018 年上半年来看，就有多位国家政要援引了这个词语：新年伊始，联合国秘书长向世界各国发出了"团结"号召。古特雷斯说，只要团结，世界可以变得更安全，冲突可以解决，仇恨可以克服；4 月 3 日俄罗斯副外长接受采访时说："一些欧洲国家在驱逐俄罗斯外交官方面展现的所谓团结恶化了欧洲安全形势，妨碍了俄罗斯与西方之间的沟通，而这种专业的沟通在当前的危机时期是尤其必要的。与此同时，美国与其欧洲盟友展现的所谓跨大西洋团结正在成为欧洲安全的直接威胁"②；6 月 4 日，德国总理默克尔在与意大利新任政府领导人通话时谈及希腊债务危机问题，并表示"欧洲伙伴之间的团结永远不会通向债务联盟"③。

可见，"团结"并没有彻底地沦为"私人事务"，更没有在社会政治生活中销声匿迹。"团结"已经成为人们面临重大危机时刻

---

① 《一个我们能够信靠的欧洲》，https://thetrueeurope.eu/，2018 年 5 月 30 日。
② 《俄罗斯副外长格鲁什科 3 日表示，美欧多国近期大规模驱逐俄外交官的行为将损害欧洲安全》，新华网，2018 年 4 月 3 日。
③ "Pour Merkel, la solidarité 'n'est pas l'union des dettes'", Le Figaro, 4 juin 2018.

必然发出的呼声，威胁越是重大，人们越强调"团结"。只不过在所有的呼吁中，"团结"已经成一个不言自明的概念，习以为常到无须解释的程度。

今天，"团结"在政治话语中的曝光率与它在学术界的边缘化形成了较大反差，在这种情况下，重新认识和总结"团结"的全部内涵显得格外必要。

（二）"团结"的应有内涵

自从19世纪中期"团结"概念走进社会科学领域以来，人们对"团结"的认知已经经历一个多世纪的时间。在这期间，法国学者对"团结"理论的研究在很大程度上丰富和深化了这一术语的内涵，为我们理解"团结"概念提供了宝贵的研究基础。

首先，还是需要回到"solidarité"的本义。"solidarité"实际上包含了相距较远的两种含义——"团结"和"连带责任"，这两重含义为何能统合在同一个词语之内？它们是在怎样的情形中被统合在一起的？研究"团结"的内涵，似乎应该从这种情形入手。

西方文化普遍含有深厚的基督教基因，"团结"思想的出现同样离不开宗教文化的影响。早在19世纪末期，就有学者用基督教原罪学说作比喻：每个降生的人都背负着原罪，是基督受难致死才使所有人得到救赎。也就是基督使徒（apôtre）所说的："一人获罪，所有人也同时获罪，一人得到公正，所有人也都收获公正。"[①] 这句话实际上是"团结"思想的生动体现，这种情形与法律意义上的"连带责任"情况如出一辙，展现的是人们在某一方面或某件事上的命运一致性。

[①] 参见 Charles GIDE, *L'Idée de solidarité en tant que programme économique*, Paris, V. GIARD &E. BRIERE, 1893, p. 1, p. 5。

在法律与基督教原罪理论之外，现实中由某一外部条件引发的命运一致的情形比比皆是，例如某个流行病肆虐地区的所有居民、遭受自然灾害的所有人，等等。这些人的连带关系可理解为相同宿命的表现形式，而他们应对外部条件时展现的协作精神与行动，通常被视为"团结"的表现。

因此，只有某种形式的"命运共同体"才能让身处其中的成员产生"共同负责"的生存状态，这种"命运共同体"可以是家庭、村庄、企业、行业、民族、国家甚至全人类，只有处于"共同负责"状态的共同体成员之间才谈得上"连带责任"，而这些成员之间的关系性质就是"连带性"。连带关系是一种客观存在，无论共同体成员承认与否。人们通常所说的"破坏团结"实际上就是指切断这种连带性纽带，而切断纽带的行为往往是命运共同体意识缺失或淡薄造成的，就像诺贝尔经济学奖获得者斯蒂格利茨（Joseph Stiglitz）评价美国社会的不平等时讲到的：1%的少数群体虽然享受着最好的住房、最好的教育、最好的医生、最好的生活方式，但是他们没有意识到他们的命运是与那99%的大多数命运捆绑在一起的。"纵观历史，这些1%的群体最终都会明白这一道理，只不过他们常常明白得太晚了。"①

因此，"团结"概念的首要内涵和前提，是某种形式"命运共同体"成员之间存在的"共同负责"的连带关系。但是仅有这一个内涵是远远不够的，因为"命运"主体所能涵盖的范畴之广足以将人类及其周围的生物界全部包括在内。而人类与其他动物是存在根本区别的，这种区别就在于人类能够创造出主体间（intersubject）事实（如民族、国家、公司等），从而实现大规模

---

① 〔美〕约瑟夫·E. 斯蒂格利茨：《不平等的代价》，张子源译，机械工业出版社，2014，扉页。

合作。①

"团结"的第二层内涵,正是在人类大规模合作能力的基础上产生的,那就是人与人之间的相互依赖关系。100多年前,迪尔凯姆发现,社会分工越发达,人们的相互依赖度越高。而今,社会分工已经拓展到了国际范畴,尽管我们没有找到一个指标体系来衡量这种依赖度,但是一些"不得不团结"的事实已经提出了警示:2008年美国金融危机爆发,次年开始,欧洲主权债务危机随着希腊政府财政"黑幕"的逐一曝光而正式拉开序幕。在"希腊危机"的第一阶段(2009年至2010年4月),欧盟及其成员国很有默契地对希腊采取欧盟相关条约中的"不救助"原则,将"希腊危机"视为希腊自己的"国内事务"。然而2010年5月起,危机开始不断深化并向其他国家传导,爱尔兰、葡萄牙、西班牙在一年之内先后步希腊后尘。在欧元区多个国家都陷入主权债务危机的背景下,欧盟及其成员国逐渐放弃了原来的"不救助"原则,建立债务危机的救助机制。② 这是一个从"不救助"到"不得不团结"的典型案例,从很大程度上可以说明当今国际劳动分工之深化,已经超出了人们能够轻易预见的范围。

如果说上述两点关涉的是"团结"概念的事实层面含义,那么接下来的三层含义则是基于这些事实评判得出的价值评判——共同体成员应该维护和强化这种相互依赖性和连带性,也就是说人们应该团结一致,而不应分裂共有的"命运共同体"。正是基于这个价值评判,才会引申出团结的意愿认定、行为认定和效果评价。前两者是从共同体成员角度得出的结论,效果评价则是从共

---

① 关于人与动物的本质性区别,以及主体间事实或称互为主体事实,可参见〔以色列〕尤瓦尔·赫拉利《未来简史》,林俊宏译,中信出版集团,2017,第105~133页。
② 参见丁一凡《欧债危机启示录》,新华出版社,2014,第26~30页。

同体整体视角得到的结论。

"团结"的意愿论含义也将"团结"视为某些主观性、情感性元素，但却不是像自由主义认为的那样，"是与'爱'和'友谊'等本质上属于私人的事务联系在一起的"，如果"团结"只是某种私人情感元素，它又如何能频繁出现于国内和国际政治话语体系呢？原因就在于"团结"所包含的主观性元素是与"命运共同体"整体利益密切相关的。而"友谊"仅涉及个体与个体之间，与集体无关；至于"爱"，则取决于具体情境和人们的理解方式。因此，笔者认为，"团结"的意愿层面含义是指命运共同体成员基于共同福祉和利益对内部其他成员展示的友好、联合、休戚与共的意愿，以及对共同体整体的认同。这是"团结"在价值层面的第一层含义，也是其全部内涵中的第三层含义。每当面临重大危难，号召"团结"时，都是意在唤醒成员的这种主观意愿。

"团结"的第四层含义是基于价值评判作出的行为认定，指的是命运共同体成员基于整体福祉和利益对内部其他成员表现出的联合、让步、克制等行为，以及尤其是对处于不利处境的共同体成员的帮助。比如毛泽东曾号召："全国人民团结起来，打倒汉奸汪精卫，打倒汪精卫的伪中央……加紧全国团结，消灭内部摩擦"[①]，这里的第一个"团结"就是指"联合"，第二个"团结"，由于具有"消灭内部摩擦"的指向，含义就更丰富一些，应该包含联合、让步、克制等多种行为表现。在法国，由于"团结主义"思潮和社会运动，"团结"还指对处于不利处境成员的经济社会援助。比如，2004年创立的"团结丧失自主生活能力的残障年老人士国家基金"（Caisse Nationale de Solidarité pour l'Autonomie），是

[①] 毛泽东：《克服投降危险，力争时局好转》，《毛泽东选集》第2卷，人民出版社，1991，第714页。

对丧失生活自主能力的老年人或残障人士的经济援助。这方面将在后文中详述。

"团结"的最后一层含义是基于命运共同体成员的主观意愿和行为认定得出的整体状态或效果评价，即从共同体整体上看，达到哪些标准就可以被认为是达到了"团结"状态或实现了"团结"效果，因此这一层面的"团结"指的是共同体成员表现出的意识凝聚、关系和谐融洽、共同体整体稳定统一的状态。例如"1934年11月，红一方面军政治部在关于苗瑶民族工作的指示中首次提到了瑶族内部民族意识的凝聚，并称之为'民族团结'"[①]；再比如，胡锦涛在中央民族工作会议暨国务院第四次全国民族团结进步表彰大会上的讲话指出："发展我国民族团结进步事业，就是要在巩固和发展社会主义民族关系的基础上，全国各族人民和睦相处、和衷共济、和谐发展，促进社会主义祖国的繁荣昌盛，维护社会主义祖国的统一安全，同心同德为建设中国特色社会主义、实现中华民族的伟大复兴而奋斗"[②]。这里的团结就是被当作一种"目标状态"而提出的。

我们看到，如今在安全、气候、政治、经济、社会领域，人们都在强调"团结"。这不仅体现了人与人之间、国与国之间相互依赖的程度之高密，也反映了人们之间、国家之间相互依存度之深广。只不过人们强调"团结"重要性的同时，反而对现代"有机团结"所蕴含和赖以存在的事实基础——命运共同体，还存在严重的认知不足。

早在19世纪末期，法国学者已经发现了"团结"概念所包含

---

① 陈建樾：《激荡与互动：中国共产党民族团结思想的提出与清晰化》，《西南民族大学学报》（人文社会科学版）2017年第2期。
② 胡锦涛：《在中央民族工作会议暨国务院第四次全国民族团结进步表彰大会上的讲话》，《人民日报》2005年5月28日。

的"命运共同体"前提,以及人与人之间"连带关系"和"相互依赖关系"的事实,并在这些内涵的基础上发展出了"团结"的理论。如今,人们在多数情况下所呼吁的"团结",更多是就上述事实内涵所形成的价值评判而言的。也就是说,在认识到"连带关系"和"相互依赖关系"事实的基础上,人们普遍认为应该维护和加强这些关系,而不是相反。当这些关系被加强巩固到一定程度时,就会被认定为"团结"。由此才引申出了从命运共同体成员的主观意愿与行动,以及从共同体整体效果方面得出的"团结"含义。

"团结"是"民族团结"和"国民团结"概念的中心词,梳理澄清"团结"的全部内涵,只是完成了部分工作。对于法国"国民团结"术语中的另一个重要概念——"nation",还需要结合法国的情况进行说明。

第二节 "国族"概念的演变与特点

汉语中的"民族"是一个指代广泛的术语,既可以表达法文(英文)中的"nation",也可以对应"nationalité(nationality)""peuple(people)"等。这种情况往往使得中文语境下讨论的"民族"概念的实指不清,导致相关理论在不知不觉中任意变形。反过来说,法语中的"nation"就是一个明晰而固定的概念吗?同样也不是。它是一个历史悠久,经历过含义转变的概念。严格意义上讲,在法国大革命之前,即现代意义上的国家民族形态出现之前,"nation"并不具有政治性"民族"——"国族"的含义,而只是文化意义上的"同源共同体"。因此,在探讨此前阶段的"nation"概念时,笔者将文化意义上的"同源共同体"称为普遍所说的"民族"。

一 "nation"的早期含义

早在国家民族这种政治单元形态出现之前,"民族"(nation)一词就已经存在。从词源来看,它源自拉丁语"natio"以及"nasci"(出生),与出生、种族、(物)种有关。早在7世纪就有人从词源学角度谈及该词,最初的意思是指拥有或被他人认为拥有一个具体祖籍的人的集团。在很长时间内,"民族"一词都是在拥有不同祖籍的人相聚在一起的场合中使用,每个人都用"民族"来指称那些与他祖籍不同的人。① 例如,在公元8世纪的骑士团队比赛中,选手就按照民族分为:布列塔尼队、法兰西岛队、诺曼底队、弗拉芒队,等等。在人们的使用过程中,"民族"首先意味着别人,即"他者"。对法兰西人而言,"nation"不是自称,"在中世纪后期,身为法兰西人,就意味着是特别好的基督徒"。②

1680年,皮埃尔·里什莱(Pierre Richelet)出版的《辞典》尝试总结出了"民族"一词的三层含义③。第一种具有行会性质,指"从事同一职业的大部分人",该种含义更确切地讲是一种臆想的含义,因为《辞典》中引用的是一些诗歌中出现的民族。第二种含义是"巴黎大学的术语",即中世纪最早的大学——巴黎大学的"民族团"(nations):"巴黎大学创建之初是人的集合,它是以两种组织形式逐步固定下来的。一种是以师生原籍和语言为标志的'民族团',另一种则是以学科为特征的'学院'

---

① André Burguière et Jacques Revel, *Histoire de la France. L'état et les pouvoirs*, Seuil, 1989, p. 272.
② 〔美〕里亚·格林菲尔德:《民族主义:走向现代的五条道路》,王春华等译、刘北成校,上海三联书店,2010,第93页。
③ 参见 Jean-Claude Caron, *La nation, l'état et la démocratie en France de 1789 à 1914*, A. Colin, 1995, p. 17。

(Facultés)……按照传统，师生们分为诺曼底民族团、庇卡底民族团①、英格兰民族团和法兰西民族团"②。第三种含义是指"生活在某一地区的所有人"，是其词源学本意，这是第一次界定"民族"的尝试。

1690 年，安托万·菲勒蒂埃（Antoine Furetière）的《辞典》将"民族"作为"居住在拥有某些边界或处于同一统治之下的某些地域内众多人民的自我集体称谓"，③ 这种定义比前一种看似更具体，但也更具不确定性。而 1694 年的《学院辞典》（*Dictionnaire de l'Académie*）是这样定义的："民族：集体术语。同一国家内或同一地区内生活在同一法律之下、使用同一种语言等的所有居民。"④ 这一定义虽然将"民族"与国家建立了某种关联，但从实际应用来看，似乎并没有得到较为广泛的认可。在社会生活中得到较多应用的，仍是"民族"的早期含义，即"具有共同起源、语言、文化特点的人们整体"。⑤ 比如直到大革命前，人们仍在讨论犹太"民族"，米拉波出版了《对普罗旺斯民族的呼吁》（*L'Appel à la nation provençale*），⑥ 罗伯斯庇尔出版了《对阿图瓦民族的呼吁》（*L'Appel à la nation artésienne*），这种现象所反映的不仅是人们的地方认同问题，而且还在很大程度上体现着人们对"民族"的传统使用习惯的沿袭。在这种使用习惯中，"民族"更加侧重于凸显人们的文化、祖籍同源之意，彰显的是文化的视角。

---

① 庇卡底（Picardie），法国一地区名。
② 邢克超、李兴业：《法国教育》，吉林教育出版社，2000，第 12 页。
③ Jean-Claude Caron, *La nation, l'état et la démocratie en France de 1789 à 1914*, A. Colin, 1995, p. 17.
④ Jean-Claude Caron, *La nation, l'état et la démocratie en France de 1789 à 1914*, A. Colin, 1995, p. 17.
⑤ Suzanne Citron, *Le Mythe national: l'histoire de France revisitée*, Les éditions de l'Atelier/Editions Ouvrières, 2008, p. 164.
⑥ 米拉波（Honoré Gabriel Mirabeau，1749-1791），法国大革命时期立宪派领袖之一。

而现代"nation"概念更多体现政治含义——依托于现代"主权国家"的人们共同体,即"国族"。从文化视角的"同源共同体"到政治视角的"主权国家共同体",这种转变说明"民族"概念必然经历过一个政治化的过程。

二 "民族"概念的政治化

实际上,"民族"概念的政治化过程缘起于18世纪法国贵族阶级及其代言人的自我夸耀和自我辩护,然而令人始料未及的是,这一概念最终却成了资产阶级用来反对他们的思想武器。

在法国政治领域,"'民族'的概念是从英国引入的,但它被移植到了一个富含本土传统的躯体上,这使它发生了独特的转向,使法兰西民族有别于它最初效仿的榜样"[1]。

从17世纪中叶起,英格兰破除了原有的血缘出身门槛,允许才能出众的普通阶级也能获得贵族头衔,这样一来,新贵族代表的先进力量与"民族"概念联系在了一起,使整个贵族阶层的地位得以保住和提升。[2]

然而,海峡对岸那些日渐衰落的法兰西贵族却只是受到了后一表层现象的启发和激励,法兰西贵族宣称,他们不仅不同于第三等级,而且是与第三等级割裂开来的。而"民族"则被用来强化这种分隔和对立。

为了宣示这种割裂,贵族辩护者布兰维利耶(Boulainvilliers, 1658-1722)运用了出身的神话,认为:"贵族是战胜者法兰克人的后代,平民则是战败者高卢人的后代。这种区别主要不在于战

---

[1] 〔美〕里亚·格林菲尔德:《民族主义:走向现代的五条道路》,第179页。
[2] 参见〔美〕里亚·格林菲尔德《民族主义:走向现代的五条道路》,第一章"上帝的长子:英格兰",第4~89页。

胜者和战败者之分，而在于法兰克人和高卢人的区别。贵族流淌着法兰克人的血液，而平民则流淌着高卢人的血液。因此贵族是天然的特权者，这种特权不可转让……没有纯粹意义上的法兰西人，而只有贵族与平民，民族，在其存在范围内，只是通过这种二元对立体现。"①

也就是说，贵族认为"民族"是一个或多个等级构成的，他们认为自己与众不同的自负宣示，不是出自革命者之口，而是贵族自己为了显示其不同而提出。

布兰维利耶的论著发表50年后，哲学家马布利（Gabriel Bonnot de Mably，1709 – 1785）对此提出反驳。但是他当时还没有想到单一的第三等级构成"民族"。他认为高卢人与法兰克人从"大侵略"的时代便已开始相互融合，而法兰西的不幸则在于社会分化为两个固定不变的阶级，这种阶级分化阻碍了平等的可能。马布利的这种"种族融合"的"民族"观念有力地反驳了建立在血缘和出身标准之上的"二元种族"论说。

无论是布兰维利耶还是马布利，他们的真实目的不在于探究"民族"术语的本质，而是展示等级社会的不平等本质，前者为这种不平等辩护，后者则持批评态度。观念对立的背后，隐藏的是社会等级的对立，在这种阶级斗争的背景下，"民族"第一次作为国内政治问题被提出来。

推翻等级制度，建立新秩序，既需要实际行动的支持，又需要思想观念的变革。过去，君权神授的法国国王曾取代基督教会成为法兰西认同的对象；这一次，一个并不陌生却又的确新颖的抽象集体将代替国王成为凝聚民心的工具，那就是国家民族，这

---

① Gérard Fritz, *L'Idée de peuple en France du XVIIe au XIXe siècle*, Presses Universitaires de Strasbourg, 1988, p. 64.

个重新被组织起来的人民集体。根据美国学者里亚·格林菲尔德的统计，仅在1750~1760年法语文献中对人民、民族、祖国和国家这些概念的使用频率就已经开始显著增加，"表明了忠诚向共同体的转移以及话语的民族化"趋向。① 这一时段，正处于法国大革命的前夜，这些概念的流行预示了大革命话语体系中的新要素，发出了法兰西人及其国家从等级社会向现代国家民族转变的信号。

三 人民、国族、国家的对等与单一

"民族"的政治化过程必然伴随着与之密切相关的人民、公民概念的政治化，因为以资产阶级为领导力量的第三等级，正是通过重新阐释"nation"，让"人民主权"和"公民平等"成为其内涵，"自由、平等、博爱"成为其口号，才完成了对封建特权阶级的思想反击。这些理念不仅反映了资产阶级的愿望，也表达了无产阶级和其他劳动群众的诉求，因此成了资产阶级联合、领导整个第三等级进行反封建斗争的思想基础，在当时的历史条件下，具有巨大的历史进步性。"民族"政治化的结果，就是"nation"的内涵转变为现代"国族"。

在发掘和阐释现代法兰西国族观念方面，卢梭和西耶斯的贡献无疑是最大的。如果说哲学家马布利的反驳只是向世人说明了"民族"不是两种不平等社会等级的共存，那么卢梭和西耶斯则力图证明，民族应该是什么样的，以及为什么应该这样。正是在两人的论证过程中，人民与公民、民族与国家实现了新历史条件下的内涵趋同和统合，"民族"也完成了向"国族"的转变。

人民（people/peuple）是一个指代模糊、含义多样的词语，

---

① 〔美〕里亚·格林菲尔德：《民族主义：走向现代的五条道路》，第185页。

其所指往往因时代和情境而变。18世纪，法语的"人民"概念包含两种最基本的含义：第一，就一般性的也是最概括性的意义而言，"人民是所有人，是大众，是群众"，①或者说"人民指某国家的居民整体"②；第二，在等级社会中，"人民"仅指代一国中的部分人口，主要指与国王、贵族、教士相对的、贫穷的、数量众多的社会下等阶层。

后一种含义中的"人民"，是明显带有时代政治色彩的术语。法国大革命的思想准备阶段，在卢梭的著作中，尤其是《社会契约论》中，"人民"是一个反复出现的关键词。卢梭提出的"人民主权"论说，是对等级社会的质疑和挑战。在他的论述过程中，"人民"与"公民"往往可以相互代替，都是参与政治实践的主体，唯一的不同在于，"公民"往往指向个体；而"人民"是一个集合名词，指代群体整体。由于人民是主权的持有者，因而人民是不可分割的整体，任何个人或一部分人都不得主张对主权的践行。

西耶斯（Emmanuel Sieyes，1748–1836）正是从这个角度出发把卢梭所讲的政治性"人民"直接替换为"国族"，打通了"国族""人民""公民"三者之间的内在联系。这种内在关联性很快得到了思想界的承认，表现为法国大革命以后，在一些权威性辞典中，如1802年出版的《学院辞典》（*Dictionnaire de l'Académie*），1863年出版的《政治学通用辞典》（*Dictionnaire générale de la politique*），"人民"一词的解释已经全部并入"国族"或"国家"词条中，在对"人民"进行释义时，往往加上"见国族"或"同国

---

① Jean-Claude Caron, *La nation, l'état et la démocratie en France de 1789 à 1914*, A. Colin, 1995, p. 21.
② Gérard Fritz, *L'idée de peuple en France du XVIIe au XIXe siècle*, Presses Universitaires de Strasbourg, 1988, p. 1.

族、国家"的提示。①

不过，并非所有辞典都如此简化。根据《十九世纪拉鲁斯辞典》(*Larousse du XIX e siècle*)，"人民"一词的含义已经纳入了另外三个不同词条的主题："其人种志（ethnographique）方面的历史已经以民族的名目呈现，其政治方面的历史已经在民主词条中呈现，其社会方面的历史则分布于本辞典的多个地方（尤其是庶民、第三等级、无产阶级和赤贫者），因为人民的历史就是苦难的历史"。② 对于人民的人种志维度能否指代民族，也有学者提出异议，认为在这种维度中，人民与民族是存在些许差异的，这种差异就在于"形成一个共同体以及自我赋予一些规则、法律组织的意识"③，也就是说此"民族"是被政治制度组织起来的人民，他们彼此通过政治制度联系在一起，正是在这种前提下，原来的"同源共同体"才可以称得上"国族"。对此，霍布斯鲍姆曾作出过以下评论："'人民'等同于民族，这是一种意欲表达此点的资产阶级自由派纲领，更具革命性的革命观念。但它也是一种双刃的观念。"④

因此，法兰西的"人民""国家""国族"是具有相同边界和趋同内涵的三位一体概念。在实际应用中，历届政府宪法中宣示的"一个和不可分"（une et indivisible）这一信条都是指"人民"、"国家"和"国族"的"一个和不可分"。以致当1991年《科西嘉

---

① Gérard Fritz, *L'idée de peuple en France du XVII e au XIX e siècle*, Presses Universitaires de Strasbourg, 1988, p. 78.
② Jean-Claude Caron, *La nation, l'état et la démocratie en France de 1789 à 1914*, A. Colin, 1995, p. 21.
③ Jean-Claude Caron, *La nation, l'état et la démocratie en France de 1789 à 1914*, A. Colin, 1995, p. 22.
④ 〔英〕艾瑞克·霍布斯鲍姆：《革命的年代（1789—1848）》，王章辉等译、钱进校，江苏人民出版社，1999，第78页。

行政区身份法》使用"科西嘉人民"(peuple corse)这样的表述时,立刻遭到了宪法委员会①的驳回,理由是违背了国家宪法。因为在宪法中,有法兰西共和国"一个和不可分"的宣示,在法国逻辑中,"人民""国家""国族"是完全对等的,因此就意味着不能有"其他人民"来分割"法兰西人民"的这种权威。而这种人民、国族"单一性"也就决定了法兰西国族观念中,不存在"族体"(nationality/nationalité)这个概念,尽管像科西嘉人、布列塔尼人、巴斯克人等世居"少数民族"(nationalité minoritaire)是真实的社会存在。

四 "族体":公民国族缺失的维度

世居"少数民族"的存在是事实,然而族体概念却是法兰西公民国族观所缺失的维度。从源头上看,族体概念的产生与国族密切相连。

法国大革命结束后,国族观念以及附着在这一观念上的信条——"人民有权决定自己的命运",随着拿破仑一世的铁骑输出到了欧洲其他封建国家。面对法国的军事和文化霸权,德意志文人不仅重新阐释了"国族"的内涵,让族裔语言同一性替代公民身份同一性成了国族的标准,还重新挖掘发扬了德意志原有的"nationalität",即族体一词。该词的创生年代和最初来源地不详,但在18~19世纪之交德意志文人笔下的出现频率突然增加,其最初含义是指"民族特性"或"民族精神"②,具有族裔和语言指

---

① Conseil Constitutionnel,一般被译为"宪法委员会",但根据法学领域的观点,该机构亦可译为"宪政院"。参见张千帆《法国与德国的宪政》,法律出版社,2011,第2页,页下注。
② 〔德〕费里德里希·梅尼克:《世界主义与民族国家》,孟钟捷译,上海三联书店,2012,第117页,注释60。

向。这两个特点之所以被尤其强调，是因为德意志当时尚不具备建立法国那样的资产阶级"公民国族"的条件，就像恩格斯看到的，"在英国和法国，集中在大城市，特别是集中在首都的强大而富裕的资产阶级，已经完全消灭了封建制度，或者至少像在英国那样，已经使它沦为一些没有多大意义的形式，而德国的封建贵族却仍然保留着很大一部分旧日的特权。封建土地所有制差不多到处都还居于统治地位"[1]，而"当时德国的资产阶级远没有英国或法国的资产阶级那样富裕和集中"[2]。

"民族精神"在德意志文化界的发掘与发扬，也影响了包括法国在内的其他地区学者，于是在其他国家的词汇中也出现了德语"nationalität"的对应表达（法文是"nationalité"，英文是"nationality"）。在"外溢式"的传播过程中，该词被实义化为具有相同种族或语言的群体本身，即"族体"。在实际应用中，"族体"往往被用来指代欧洲许多规模更小或实力更弱的群体，比如德法交界地带的阿尔萨斯人、加泰罗尼亚人以及构成奥匈帝国的诸多带有语言文化同一性特点的群体。而像希腊、波兰、意大利等中等规模的人民集体则时而被冠以"民族"，时而被称为"族体"。但即便有阿尔萨斯人这样的族体存在，法兰西历届政府仍然对此视而不见，似乎族体只是其他国家的事物，与法兰西无关。

18世纪中期开始，原本仅停留在民间学界的"民族"概念卷入了真实的政治斗争。1789年法国资产阶级大革命的成功，让该词获得了政治性新生，成为现代"国族"，由此开启了"国族"观念从法国向整个欧洲的传播过程。而在此之前，"民族"一直被

---

[1] 恩格斯：《德国的革命和反革命》，《马克思恩格斯文集》第2卷，人民出版社，2009，第353页。
[2] 恩格斯：《德国的革命和反革命》，《马克思恩格斯文集》第2卷，人民出版社，2009，第354页。

视为与祖籍相联系的"同源共同体"。

当然,"民族"的内涵转变为政治性"国族",却也并不妨碍和排斥其原有的"同源共同体"含义的继续使用。实际上,"民族"之所以被看作一个指代宽泛、含混不清的概念,很大程度上是由于其文化层面含义与政治层面含义均得到学界认可,但在使用时未能得到明确区分造成的。因此,民族研究者要想笼而统之地谈论"nation"恐怕不是明智之举。作为国族时代的开创者,法兰西国族概念的形成过程已经充分说明,研究"nation"概念时,界定阐释视角(文化还是政治)和划定历史阶段的重要意义。

由于资产阶级大革命,法国的"国族"概念深深烙有"公民"印记,根据当时的历史条件和资产阶级的诉求,这种公民国族并不考虑公民个体的社会文化差异,只追求政治身份和权利的相同和平等。正是在这样的前提下,法兰西的人民、国族、国家才实现了对等,并突出了人民、国族的单一性特点,导致法兰西的公民国族理论中没有为"族体"概念留下任何存在空间。这是法兰西国族概念的最大特点,而正是这种特点,让法国有了不同于中国的"国民团结"概念。

第三节 "民族团结"与"国民团结"

"民族团结"与"国民团结"都具有"国族"和"团结"两概念的含义基础,却又不能简单理解为两者的叠加。这是因为中国的"民族团结"与法国的"国民团结"表达了完全不同的含义。在我国,"民族团结"通常是指"56个民族的团结",比如《中华人民共和国民族区域自治法》序言中所宣示的"各民族平等、团结和共同繁荣";而在法国,"国民团结"指向的是"人民的团结"或者"公民的团结"。

一 中国民族事务话语中的"民族团结"

在中华人民共和国成立和成长的道路上,"民族团结"作为中国共产党的政治主张之一,曾经是并且仍将是凝聚中华民族共同体的重要理念。因此,"民族团结"不仅反复出现在党和国家重要纲领性文件中,还是中国民族理论界的重要研究对象。

在我国学界,冠以"民族团结"的论文专著难计其数,反映了我国学者对"民族团结"的重视。李艳荣曾专门对我国"民族团结"研究情况作过简要述评,① 她通过系统梳理相关研究成果,将我国"民族团结"研究归纳为以下几类:"中国古代和近代的民族团结思想""马克思主义民族团结思想""新中国成立后我国主要领导人的民族团结思想理论""我国民族团结政策体系研究""民族团结内涵的研究""民族平等与民族团结的关系研究""影响民族团结的因素分析""如何推进民族团结进步事业的研究"。

时至今日,新近成果似乎并没有突破上述分类框架。在绝大多数文献中,"民族团结"要么作为思想理念,要么作为政策事业被加以探讨。就概念本身而言,虽然也有作者探讨过"民族团结"的内涵,但是就数量而言,难以匹敌"思想理论"和"政策事业"类论文。另外,从内容上看,多数著述中的"民族团结"都被用来指代我国各民族之间融洽和谐的关系。这种研究特点是容易理解的:因为"民族团结"作为一种思想理念和政策实践,不仅在中华民族共同体的建立过程中,也在这个命运共同体的建构发展中发挥了至关重要的作用。

---

① 李艳荣:《民族团结问题研究综述》,《实事求是》2012年第2期。

"民族团结"的学术生命与新中国成立的艰难历程紧密相连,这是导致中国对"民族团结"的理解与法国存在差异的根本原因,也是认识我国"民族团结"内涵的研究起点。

陈建樾研究员对中国共产党"民族团结"思想的提出及其发展历程进行了十分翔实的梳理。① 他指出,中国共产党在"民族团结"方面的思考固然受到了马克思列宁主义相关思想的影响,但是云南地方党组织的建立以及红军长征过川滇黔地区的经历,却是中国共产党"民族团结"思想萌生与正式提出的直接背景。这是中国共产党人将马克思主义基本原理与中国具体实践相结合的另一生动体现。这一阶段的"民族团结"展现的是中国共产党联合带领少数民族共同驱除军阀、争取解放的努力。

抗日战争时期是"民族团结"思想的清晰化阶段,这一阶段的迫切任务是建立抗日民族统一战线。从这一时期起,中国共产党开始突破原有的强调各民族(nationality)联合的思维,将"民族团结"扩展到了整个中华民族的国族层面。"中国是一个多民族的国家,中华民族是代表中国境内各民族之总称",四万万五千万人民是"生死存亡利害一致的"②。这是中国共产党及其领袖对中华民族的真实构成及其成员命运一致性——简言之,中华民族命运共同体——的深刻认识。

而我国学界也正是沿着这种认识思路(中华民族是代表中国境内各民族之总称),思考和理解"民族团结"的内涵。因此,在大多数语境中,"民族团结"被用来指代各民族之间和谐融洽的

---

① 参见陈建樾《激荡与互动:中国共产党民族团结思想的提出与清晰化》,《西南民族大学学报》(人文社会科学版)2017年第2期;陈建樾:《民族团结:习近平治国理政思想的核心理念》,《中国边疆史地研究》2016年第3期。
② 参见陈建樾《激荡与互动:中国共产党民族团结思想的提出与清晰化》,《西南民族大学学报》(人文社会科学版)2017年第2期。

关系，在具体实践中则被落实为一项项"民族政策"。

二 法国的"国民团结"

法国政治话语中存在"solidarité nationale"（national solidarity）的表达，字面上似可直译为"民族团结"，但是其实指则是"国民团结"。这一概念最早兴起并闻名于 20 世纪 80 年代，是当时法国政府一个重要部门的名称，即密特朗执政时期的"国民团结部"（Ministère de la Solidarité Nationale）。

从 1981 年春开始，以密特朗为党魁的法国社会党将"改变、团结"作为竞选演讲的关键词，并在当年的总统选举中获胜。密特朗上台后，随即成立了"国民团结部"，1983 年更名为"社会事务与国民团结部"（Ministère des Affaires Sociales et de la Solidarité Nationale）。国民团结部部长在接受采访时这样解释道："我们的本意是成立一个社会事务部，选用'团结'是希望用另外的视角看待这些问题。因为谈到团结就会让人想到历史，想起人们获得权利的经历。这些权利只在社会大进步时期才被承认，比如 1936 年、1945 年。因此团结首先意味着我们想让 1981 年成为一个新的进步。"[①]

这里的"国民团结"究竟指的是什么呢？由于密特朗出身左派，是打着社会主义的旗帜上台执政的，所以"国民团结"主要指向旨在消除不平等的社会政策，通常体现为国家对处于不利处境公民的经济社会援助，即社会保险与保障政策。简言之，法国"国民团结"指的是用互助方式团结所有国民，是"人民的团结"。

---

① Henri Boyer, "Solidarité. Fortune politique, dérive lexicale", in *Mots*, n°7, Octobre 1983.

上述国民团结部部长之所以说 1936 年和 1945 年是两个历史进步，是因为在 1936 年，由 "工人国际法国支部"（Section Française de l'Internationale Ouvrière）"法国共产党" 和 "激进派—社会主义党" 联合组建的 "人民阵线党"（Front Populaire）在大选中获胜，在其执政的两年中，法国通过了影响至今的《每周 40 小时工作制法》（现已变为《35 小时工作制》）和《带薪假期法》；而 1945 年，国家将此前的各项社会保障立法予以条理化和系统化，统一纳入了 "社会保障" 体系名下，由此确立了法国的社会保障制度。因此，1945 年也被视为具有重大进步的时间节点。

这种 "社会福利" 特点在其他国家往往被纳入 "财富再分配" 政策框架之中，但是法国的这种 "财富再分配" 政策却往往带有 "团结" 印记，所以今日法国许多社会政策仍然沿用 "团结" 这个词加以命名（我国学者多将其翻译为 "互助"）。比如 2000 年颁布的《团结与城市翻修法》（loi Solidarité et Renouvellement Urbain，简称 SRU），规定每个市镇要预留出至少 20% 的社会保障性住房。再如，2004 年成立的 "团结丧失自主生活能力的残障年老人士国家基金"（Caisse Nationale de Solidarité pour l'Autonomie），是对丧失生活自主能力的老年人或残障人士的援助；还有 "就业团结补助"（Revenu de Solidarité Active，简称 RSA），这是一项 "工作换补贴" 的社会补助，申请人如果想得到此项补贴，必须以找工作或遵循为其制定的职业规划为交换。因此，法国的 "国民团结" 概念通常 "是在一种制度性框架体系中去理解的，它指的是社会政策整体"[①]。

综上所述，法国 "国民团结" 的特点是其 "人民团结" 指

[①] Pierre Maclouf, "Les agriculteurs et la solidarité nationale: vers un nouveau modèle?", In: *économie Rurale*, n°201, Janvier-Février 1991.

向，并且在具体实践中被落实为"社会政策"，尤其凸显其中的"救济弱者"含义。

法国"国民团结"指向"人民的团结"，在实践操作中专门与社会保险和保障制度紧密挂钩，这种理解方式显然与我国民族政策和民族关系框架内的"民族团结"概念大相径庭。就"团结"概念而言，法语中的"solidarité"虽然还存在一个狭义含义，但是其广义含义当然是与汉语"团结"相同的。比如巴黎《查理周刊》恐怖袭击发生后，总统也会呼吁大家要"团结"起来；"黄背心"运动席卷全国之际，马克龙更是高喊"团结"。因此，法语"团结"中也包含诸如：联合、帮助、休戚与共、凝聚力强等含义。只不过由于法国的历史国情与政治文化不同，导致法语"团结"更加凸显社会政策方面的"互助"含义，而不是"民族团结"指向。

因此，法语"团结"中虽然含有"成员关系"指向，但"国民团结"术语却又完全忽视了族际关系这一维度。造成这一问题的主要原因，需要从其国族观念中去追寻。简单来讲，法国国族观念的特点，表现为法兰西共和国只承认个体的法兰西人，不承认法兰西国族之下还存在族体层面的"某民族"。法兰西公民国族思想主要体现并强调国族与公民个体这两个层次，无视且不承认公民个体所属的文化群体，因此，国族就成了公民的集合体，而不是各族体的集合体。

本章主要探讨"国民团结"概念的内涵。为了更加清晰地展示这一复合术语的全部含义，笔者先后探讨了中心语"团结"和修饰语"国族"的内涵，指出早在19世纪末期，法国学者已经发现了"团结"概念所包含的"命运共同体"前提，以及人与人之间"连带关系"和"相互依赖关系"的事实。而如今人们在多数情况下所呼吁的"团结",更多是就上述事实所形成的价值评判而言。也就是说,在认识到"连带关系"和"相互依赖关系"事实的基础上,人们普遍认为应该维护和加强这些关系,而不是相反。当这些关系被加强巩固到一定程度时,就会被认定为"团结"。由此才引申出了从命运共同体成员的主观意愿与行动,以及从共同体整体效果方面得出的"团结"含义。而法国的"国族"概念则是原来就存在的文化意义上的同源共同体——"民族"被"政治化"的结果,体现的是人民对国家主权的拥有(主权在民)。主权不可分,作为主权的行使者,人民、国族、国家也就都不可分。

由于法兰西国族观认为法兰西的人民、国族、国家对等单一,其公民国族理论中没有为"族体"概念留下任何空间,那么法国的"国民团结"也就只能指向"公民团结",即"人民的团结",进而落实为"社会政策"了。在接下来的章节中,"人民的团结"与"各民族的团结",将会作为两个基本视角,帮助我们检视和分析法兰西的理念与实践能给我们带来哪些启示与反思。

第 二 章
法国"国民团结"的理论源流

法国"国民团结"概念的独特内涵,不仅是法兰西公民国族观在社会事务领域的体现,还是19~20世纪之交法国"团结主义"思潮及社会运动的结果。本章将集中探讨法国"国民团结"概念的两大源流——"团结主义"思潮和法兰西公民国族观的由来与主要内容。

第一节 从"慈善"到"团结"的观念转变

法国的"国民团结"概念尤其体现对"弱者"的关怀,而"救济弱者"的思想渊源实际上由来已久,并且烙有深刻的基督教文化基因。法国是一个深受基督教文化影响的国家,对贫穷者的关怀,原本是教会义不容辞的责任和使命。因此早在大革命以前,法国社会上已经存在教会性质的、旨在保护贫民和被社会排斥者(弃儿、残疾人等)的社会保护形式。教会以"普世、慈悲"原则开办了许多慈善机构,主要包括收容所(hospice)和济贫院(hôpital),此外还包括依靠教区资助的一些慈善机构。收容所和济贫院除名称上的差异外,在内容、目的甚至组织形式方面均无太大差别。法国大革命以后,天主教会与世俗政权的同盟关系以迂回反复的方式（大革命后经历过多次复辟）被瓦解，这就意味着原来由教会扮演的角色，将逐步被世俗的共和国所取代。

一　救济贫困：国家取代教会

1790年，拉罗什福柯－里奥库尔（La Rochefoucauld-Liaocourt，1747－1827）在递交给制宪议会的一份报告中指出："没有任何一个国家考虑过将穷人写入宪法；许多国家考虑过为穷人发放救济，还有许多国家探寻过这种建制的原则；少数国家曾经很接近这个目标，但是没有任何一个国家制定过与此相关，具有宪法性质的法律。人们总是想对穷人大发慈悲，却从来不希望穷人要求他们在社会中的权利，也不想让社会权利落到他们头上；既然还没有任何一部宪法如此承认和尊重人权，那么就应让法兰西宪法承担这项伟大义务。"①

由此可见，在大革命时期，国家不仅作为个体自由和私人财产的保护者形象出现，还要充当那些身处不幸的个体的保护者。如果一部宪法要保证每个人的自由和权利，那么它就应保证不会有任何人由于其所处的社会环境的不利而被排斥在外，这是平等思想应当包含的重要原则。在1791年，这种原则果真得到了宪法的保障。在第一条关于"宪法保障的基本内容"中这样写道："宪法将创立和组织一个公共救助总机构（un établissement général de Secours publics），负责抚养被遗弃的儿童、救济贫穷的残疾人、为身体健康的贫民提供他们可能无法获得的工作。"②

---

① 1790年7月15日拉罗什福柯－里奥库尔提交给制宪议会的《乞讨委员会第一报告》（Premier Rapport du Comité de mendicité），转引自André Burguière et Jacques Revel, *Histoire de la France. L'état et les pouvoirs*, Seuil, 1989, p. 513.
② 参见法国国民议会官方网站，《1791年宪法》，http://www.assemblee-nationale.fr/histoire/constitutions/constitution-de-1791.asp，2013年4月1日。

在宪法原则指导下，同年，国家颁布《夏普利埃法》（Loi Le Chapelier），"宣布互助团体、同业公会和宗教组织等为非法，立法者也试图建立一种全国性的福利国家体系，包括全国性的养老金、社会救助、就业政策等"。①

在接下来的两年中，由于教会财产被没收，导致依托于教会力量的慈善救助机构纷纷关闭。而宪法中所说的"公共救助总机构"却迟迟没有建立。直到1793年，国家才先后出台两项计划，决定建立新的社会援助机构，并规定立法机构每年要根据各省需求投票决定给予补贴的金额，这笔钱被称为"国族债务"（dette nationale）。②但是由于军事、政治动荡，计划最终也没能落实。在这期间，国家只是责令各市镇政府接手原来由教会控制的慈善机构。

督政府时期（1795－1799），政府决定放弃在全国范围内组织统一的救助机构的打算，转而允许原有各收容所、济贫院通过它们自己的资源（主要是地租、不动产、捐赠等）继续运行。因此，收容所、济贫院直到19世纪末都是贫民和被排斥者的主要接收机构。其运转在很大程度上依靠市镇的补贴和自身资源，国家主要负责监督，中央政府补贴只占该类机构总收入的极小部分，"1885年，国家只负担了整个救助体系总支出的3%左右"。③另外，在整个19世纪，教会控制的慈善事务管理局（les bureaux de bienfaisance）不但没有消失，反而"在社会救助中发挥着其他组织无法比拟的功能"。④

---

① 李姿姿：《法国福利国家制度变迁中的国家作用及其启示》，《欧洲研究》2008年第5期。
② André Burguière et Jacques Revel, *Histoire de la France. L'état et les pouvoirs*, Seuil, 1989, p. 516.
③ H. Monod, *Statistique des dépenses publiques d'assistance en 1885*, Paris, 1889, 转引自 André Burguière et Jacques Revel, *Histoire de la France. L'état et les pouvoirs*, Seuil, 1989, p. 519。
④ 李姿姿：《法国福利国家制度变迁中的国家作用及其启示》，《欧洲研究》2008年第5期。

国家作为社会"保护者"的原则虽然在大革命时期已经确立，但是制宪议会成员们所构想的"国族债务"计划，在接下来将近一个世纪的时间内都未能实现。无论是地方政府接管的收容所、济贫院，还是教会控制的慈善事务管理局，都只是在名义上接受国家的管理，实际上则是各自为政，在组织管理方面存在很大差异。

整个19世纪的法国历史中，"政教分离"，即天主教会与世俗政权的分离与分立，是政治社会发展历程中的一件大事。在这种大环境下，一方面政府要竭力排除天主教会对世俗公共事务的干预，另一方面国家在社会保护方面的职能又不健全。这种前提就为民间社会在这方面的行动提供了空间。原来面向贫困者的"慈善"观念，逐步被世俗化的变体"平等""团结"取代，由此到19世纪末期才涌现出大批有关"团结"原则的著作以及相伴而生的"团结主义"思潮和社会运动。

二 "团结主义"思潮

第一章已经谈到，"团结主义"思潮首先发源于几位社会学家对"团结"概念的关注。19世纪中期，随着"社会学"和实证主义哲学的建立，奥古斯特·孔德将"团结"概念带到了其哲学著述中，该术语由此走进社会学研究领域。后至19世纪末，实证主义哲学流派在法国备受追捧。作为孔德的学生，迪尔凯姆通过他的《社会分工论》一下子将"团结"带到了社会科学的显著位置。并且就在几乎同一时间（1893年前后），几部研究"团结"的重要学术成果相继问世，最引人注目的要属查理·纪德的《作为经济纲领的团结观念》、莱昂·布尔茹瓦的《团结》。

莱昂·布尔茹瓦、查理·纪德和迪尔凯姆拥有相近的学术观点，他们都认为"团结"不是一个像自由、平等那样的纯理念，而是由历史与科学建立起来的事实，这个事实就是：人与人之间的相互依赖始终存在，且随着社会分工合作体系的发展而变得越发凸显（从机械团结到有机团结）。如果说迪尔凯姆的研究揭示的是人们的"团结"关系（即有机团结）产生的原理，那么布尔茹瓦和查理·纪德则希望以此为依据找出行动指南。后两位学者都不赞成当时并存于社会经济领域的两股思潮：古典自由主义和社会主义（共产主义），他们认为，"团结原则"所引领的第三条道路才是人类社会发展的正确道路。这一观点在查理·纪德的《作为经济纲领的团结观念》（1893年）中阐述得尤为清晰。

查理·纪德是著名社会经济学家，19世纪末期"法兰西合作运动"（mouvement coopératif français）和"社会基督主义"运动（mouvement du christianisme social）的领导人，他的《作为经济纲领的团结观念》不仅在法国再版了25次（1931年第26版），还被翻译成19种外语在不同的文化中得到传播。

查理·纪德指出，"solidarité"（团结）是自然科学中的重要事实，自由、平等、博爱也不及"团结"的重要性，因为它是"生命的特征"[1]，也就是说，人与人之间的团结是一种天然状态。这种状态后来经历了强制团结（solidarité forcée，比如专制君主体制下的团结）和自发团结（solidarité voulue）的发展历程：团结是通过三个连续的阶段被召唤出来的：第一阶段，它是大自然强加的，是命中注定的、无意识的、自发产生的。第二阶段，团结在保持着宿命特点的同时，还可以变成自发的，即人们对彼此联结的纽带有着清醒认识，乐意接纳它而不是要抗拒它。第三阶段，

---

[1] Charles Gide, *L'Idée de solidaritéen tant que programme économique*, Paris, V. GIARD &E. BRIERE, 1893, p.2.

所有强制都消失，只剩下由协作意愿驱动的自由合作[1]。

在此基础上，他希望通过挖掘自发团结的机理，让"团结原则"成为自由主义和社会主义的替代方案。早在1848年，人们还试图让团结成为社会主义理论的核心内容，然而在纪德看来，"社会主义"理论等同于"阶级斗争"理论。因此，他在《作为经济纲领的团结观念》中提出，"社会主义学派主张的阶级斗争只有利于发展同一阶级内部的团结，不是加强同一社会内部团结的办法"[2]，而古典自由主义崇尚竞争，主张"放任"的经济原则，这种做法将会导致极端富有和极端贫困的现象并存，"极端富有与极端贫困都有可能导致个体斩断其与共同体的联结纽带"[3]。

纪德进一步指出，在具体实践中，能更好实现团结原则的做法，被称为合作式协作（association coopérative，或称合作式协会），就是尽量减少协作双方的中间环节，比如生产者与消费者之间的中间商，其目标是："让今日还处于冲突状态的利益关涉方——生产者与消费者、老板与工人、房东和房客，建立起最直接的关系，彼此间进行合作式协作，最终要让冲突的双方融合为同时拥有两重对立身份的一个人：在消费社会中，消费者成为他自己的商人和生产者；在生产社会中，工人成为自己的企业主……"[4]

他的主张和愿景可能在今天看来不切实际，难以理解。对于其合理性，需要结合当时的社会经济现实去理解，而纪德本人恰

---

[1] Charles Gide, *L'Idée de solidaritéen tant que programme économique*, Paris, V. GIARD &E., BRIERE, 1893, pp. 7 – 8.

[2] Charles Gide, *L'Idée de solidaritéen tant que programme économique*, Paris, V. GIARD &E., BRIERE, 1893, p. 12.

[3] Charles Gide, *L'Idée de solidaritéen tant que programme économique*, Paris, V. GIARD &E., BRIERE, 1893, p. 13.

[4] Charles GIDE, *L'Idée de solidaritéen tant que programme économique*, Paris, V. GIARD &E., BRIERE, 1893, p. 15.

好没有在这方面具体展开。幸运的是，与纪德持相同观点的另一位学者进行了补充。后者观察到，至少在19、20世纪之交，法国经济生活处于监管真空的无序状态，"在法国，个体商户兜售无保障的低劣商品，个体商户欺骗中间商，中间商再欺骗消费者，始终是个体商户在运作，而在丹麦却是协会组织（association）进行运作，出售的是有保障的优质产品"。[1] 这很可能就是纪德的"合作式协作（协会）"的灵感来源，也是他发起"法兰西合作运动"的目的所在。

响应这种主张的还有著名的莱昂·布尔茹瓦。布尔茹瓦1876年从政，1890年被任命为内务部部长，1895年为部长顾问团主席（président du Conseil des ministres），即政府首脑。1886年时他也曾是"法兰西合作运动"的一员。在政府任职期间，他提出的"团结"政策得到了参众两院的认可，其思想主张集中体现在了1896年出版的《团结》中。

布尔茹瓦看到的是财富生产和再分配领域中自由主义与社会主义两种主张的对立：自由主义经济学家谴责国家对生产、消费、分配的介入，认为这些现象的支配法则是自然法则，人类的立法者不能也不应该干预；而社会主义者则力主国家应该对经济生活予以干预，正是由于没有对财富分配进行立法，才使得一方面科学让人类取得了巨大收获，另一方面大多数人的福祉没有因此而增加。在他看来，这种矛盾不仅是经济学家与社会主义者之间的观点冲突，还是科学事实与社会事实之间的矛盾，只有"团结"可以协调这两个方面的冲突。

他的"团结"理论的前提是，既定社会群体中的人都不是孤立

---

[1] Stéphane Becquerelle, *Individualisme et Solidarité*, Amiens, Imprimerie du Progrès de la Somme, 1903, p. 45.

人，而是社会人。"人既是目的也是手段。他是一个单元（unité），也是整体的一部分。他是一个有生命并有权保有和发展自己生命的权利主体；但他同时也属于一个整体，没有这个整体，这种生命既不能发展，也不能保存延续"。[1] 他将"团结"理论分为"天然团结"（solidarité naturelle）的科学理论和"社会团结"（solidarité sociale）的实践理论。在"天然团结"理论中，他分析了发展与团结之间的关系，指出孤立的个体活动带来缓慢的增长，对立的个体活动带来的是相互毁灭，并立的个体活动实现叠加式增长，只有协作的个体活动才能创造快速、持久而又多样的增长。[2]

"社会团结"理论正是建立在这一科学理论之上。他认为，在社会领域内，人的本质是社会协作者，所有协作者之间实际上存在一个"拟定协作契约"（quasi-contrat d'association），正是这项契约联结着所有人，在这项契约中，每个人都为他人提供服务，每一位前人也都在为后人提供服务。因此他的社会团结理论实际上是社会义务理论：每个人都欠其他人的债（dette），后一代人欠前人的债。这是社会生活中的道德法则。他认为"正是通过科学方法与道德观念的紧密协调，才能实现社会与政治的革新"。[3]

1902年，布尔茹瓦在他的《社会团结的应用》中更为明确地阐述了他的"社会团结"实践原则。他认为，"只有在两种条件下才能实现社会进步，第一是个体自由得到保障，第二是所有个体为共同目标进行协作。人类的进化原则不是为了生存而斗争（lutte pour la vie），而是为了生存而联合（union pour la vie）。能

---

[1] Léon Bourgeois, *Solidarité*, Paris, ARMAND COLIN ET Cie, 1896, p. 84.
[2] 参见 Léon Bourgeois, *Solidarité*, Paris, ARMAND COLIN ET Cie, 1896, p. 57。
[3] Léon Bourgeois, *Solidarité*, Paris, ARMAND COLIN ET Cie, 1896, p. 66.

让这些有意识的个体追随认可的，只有公正"。① 而公正建立在平等交换服务的基础上，这一点在私法领域中表现明显，但让人们意识到每个个体同时也处于社会的整体协作中恐怕就有一定难度。所以让人们认识到"社会债务"（dette sociale）的道理十分必要，对于儿童而言，学校教育是一个重要途径；而对于成人来说，则需要通过限制工作时长，让人们有时间去接受再教育和回到亲人、爱人身边体验道德生活来实现。

他的实践主张可以概括为"三方面的平等保障"：一是保障个体在文化教育方面不存在缺失，国家提供面向所有人的免费教育，无论初、中还是高等教育；二是为天然机能不全者，也就是无劳动能力的儿童、残疾人和老年人等弱势群体提供保障；三是社会风险（劳动事故、失业等情况）保障。在政治实践中，正是以"团结"原则的名义，布尔茹瓦坚决主张征收遗产税和所得税，要求建立工人退休制度。

19世纪最后几年，正是在布尔茹瓦的推动和领导下，法国形成了一场"团结主义"（solidarisme）运动，他也因此被公认为这场运动的创始人和"团结主义"理论家。

但实际上的"团结主义"运动其实包含了多重思想观念和主张。在政界，"团结主义"的政治哲学将"团结"视为"相互负责"，而不是"怜悯"或"慈善"，因而强调互助（mutualité）是共同生活的最高准则；在思想界，"团结主义"还是一种以改造或取代资本主义为目的的意识形态。这股"团结"共识甚至让宗教界也倍感振奋，并雄心勃勃地认为，"正在自然科学和政治经济学

---

① Léon Bourgeois, "Les applications de la solidarité sociale", in: *Revue Politique et Parlementaire*, janvier 1902, pp. 3–4.

领域获得新生的团结思想也应该可以革新我们的基督教理论"①，因为"只有基督教义以及它的团结信仰（religion de Solidarité）"才能撼动这个以自私自利为核心的世界。此外，在法国影响下，德国也出现了同样的社会运动，只不过法国的"团结主义"运动沿着世俗化的方向前进，而德国则始终以基督教教义为基础。

莱昂·布尔茹瓦的思想一经提出，便得到了学术界的持续响应。斯特凡纳·贝克莱尔（Stéphane Bequerelle）在其1903年的著作《个人主义与团结》（*Individualisme et Solidarité*）中表达了相同的观点。他指出，从法国大革命开始，第三等级，也就是资产阶级就是"全部"，时至今日，资产阶级还是那个"全部"。资产阶级的政治文化是"对人权的崇拜和对义务的忘却"；资产阶级的福利国家理论"让人们只知道从中索取而不考虑付出"②。他批判资本主义彻底的财产私有化，导致集体财产或社会财产丧失殆尽。这种政治文化和经济制度使人们没有意识到，"共和制政府提供的诱惑是让人更自由，更大程度地摆脱与社会的纽带，也就是享有更多自由，履行更少义务"③。作者的结论之一就是，正是资本主义制度造就的个人主义阻碍了团结的实现。

贝克莱尔在驳斥个人主义弊病的基础上阐发了他的团结理论，其创新之处在于将团结分为人身的（phisique）、智力的（intellectuel）和道德的（morale）团结：人身团结是就物质利益的一致性而言的，比如家庭成员和利害一致的商业伙伴之间的关系状态；

---

① Elie Gounelle, "Réforme sociale et réveil religieux", In: *Revue du Christianisme pratique*, 15 Janvier 1894, N°1.
② Stéphane Becquerelle, *Individualisme et Solidarité*, Amiens, Imprimerie du Progrès de la Somme, 1903, p. 23.
③ Stéphane Becquerelle, *Individualisme et Solidarité*, Amiens, Imprimerie du Progrès de la Somme, 1903, p. 8.

智力团结是就科学技术的重大发明最终为全人类所享有的意义而言；而道德团结是就社会道德，如宽容、互助等意愿而言。这里的团结在绝大部分情况下，是指"连带关系"这一事实。他的最终办法也是指向教育。

1907 年的《团结主义发展概述》① 则沿袭了与布尔茹瓦几乎完全相同的论证思路，在批判自由主义和社会主义方案的基础上，作者库尔纳托夫斯基（Georges Kurnatowski）论证了"团结主义"这条"高于此两者的"道路的合理性所在。他的贡献在于指出了此前团结原则的理论缺陷：没有明确指出"团结"原则适用于哪些社会阶层，没有思考过哪些道德因素和技术改革能够加速"团结"理论的实现过程。因此这本著作可以被视为"团结"理论的完善和补充。

毫无疑问，"团结"的确无愧于"19 世纪道德哲学主题"② 的评价，依托于"团结"概念所形成的"团结主义"理论、主张、实践紧密结合，形成了一股具有深远影响的社会思潮和社会运动。由于战争的爆发，这股社会运动在法国中断了。然而"团结主义"运动开辟的通过立法保护劳动者和弱势群体的社会政策方针却得到了日渐壮大的社会主义力量的拥护。因此，20 世纪 80 年代，以密特朗为首的法国社会党重新拾起"团结"理念，实际上是对此前法国社会主义理论主张的继承和延续。

直到今天，许多社会政策都是"平等""团结"原则的产物，以至于"社会与团结经济"（Economie Sociale et Solidaire，又被译

---

① Georges Kurnatowski, *Esquisse d'évolution solidariste*, Paris, Librairie des sciences politiques et sociales, 1907.
② 参见 Charles Chabot, *Morale théorique et notions historiques*, Paris, Librairie Hachette et Cie, 1904, préface. 书中讲道，18 世纪道德哲学（philosophie morale）的主题包括：权利、公正与宽容；19 世纪道德哲学主题是人道主义与团结。

作民间互助经济）已经成为一个重要的经济生活门类被加以专门研究。因此，法国"国民团结"概念尤其体现"人民的团结"内涵，并最终落实为诸多"救济弱者"的社会政策，而缺失"群体关系"的含义。这其中，更为主要的原因还是在于法兰西的公民国族观念，该观念人为去除了族体维度，导致族体关系层面的"各族体（民族）团结"也就无从谈起。

第二节　法兰西的公民国族观

　　法国是人类社会国族时代的开创者，也是最先进行国族建构的实践者。大革命不仅完成了概念的革新，也形成了一套以该概念为核心的思想，那就是民族研究学界常常提及的"公民民族主义"，为了使全书的术语使用保持一致，笔者将使用"公民国族主义"代替这一惯用译法。所谓"公民国族主义"，实际上就是强调国族的构成要件是平等公民的一种思想观念。这种观念是漫长的思想积累的结果：启蒙时代留下的宝贵思想原则被归纳为"自由、平等、博爱"的革命理想，卢梭提出的"人民主权"理论让"人民"和"公民"具有了最神圣的权威，"人民"成为践行"自由、平等、博爱"的集体。最终西耶斯将这样一个"人民"集体命名为"国族"。但是"公民国族主义"并不是法兰西公民国族观的全部内容。大革命结束后，在真实的国族建构过程中，由"人民主权"思想延伸而出的国家、国族、人民的"一个和不可分"（une et indivisible）也得到了持久性确立，成了法兰西公民国族观的一个重要内容，在实践中发挥着不容忽视的作用。

一　自由、平等、博爱

　　1789年法国大革命爆发后，"自由、平等、博爱"作为政治口号，成了全体第三等级普遍追求的理想，这些理想不但冲击了封建等级制度，也激发了许多企图打破现状者的勇气、激情与想象力。"自由、平等、博爱"不仅是"人民主权"原则的题中之意，也完全符合资产阶级共和派主张的"公民国族"的基本内涵：由身份平等的公民构成的政治共同体。

（一）自由

在启蒙时代，人们对自由存在两个向度的理解。在第一个向度中，自由是相对于某种外在于人的制度性压迫而言。在当时的社会背景下，这种压迫具体是指专制政府及其所依托的封建专制制度。因此，自由更多表现为平民阶层想要摆脱封建制度和专制统治的愿望，这是平民阶层最迫切、最突出的要求。"出于渴望自由的动机，他们得出了反对特权的基本结论"。[①] 因为旧制度时期的法兰西，贵族、教士阶层不劳作、不缴税，却坐享诸多特权。而整个第三等级（包括资产阶级）不仅要替享有免税权的人缴税，还要承受国王因财政困难而不断增加的赋税。

只有让人民成为最高权力的拥有者才能摆脱原有的等级压迫，因此，在最基本和最迫切的层面，自由意味着从封建等级制度压迫下解放出来，意味着"人民主权"。所以无论是卢梭还是西耶斯，都致力于探索建立怎样的政府才能使其服务人民，而不是侵犯人民的自由。而法律是他们首选的武器，因为法律是人民意志的体现。西耶斯在他的小册子中这样说道，"政府只有合于宪法，才能行使实际的权力；只有忠实于它必须实施的法律，它才是合法的"[②]。而卢梭的《社会契约论》在这方面花费的心思更多。

[①] 〔英〕艾克顿勋爵（Lord Acton）：《法国大革命讲稿》，高望译，台湾新北市，广场出版，远足文化出版事业有限公司发行，2013，第59页。
[②] 〔法〕西耶斯：《论特权 第三等级是什么？》，冯棠译，商务印书馆，1990，第60页。

第二个向度是就人本身而言。自由表现为对自然人的"天赋权利"（droit natutrel，亦称自然权利）的承认和保障。这些权利最终体现在了那份逻辑混乱却又生命力顽强的《人权与公民权宣言》中。

《人权与公民权宣言》不仅是对自然人天赋权利的承认，还包括对"公民权"的普遍共识。这种承认，说明自然人作为现代国族共同体成员的权利，已经纳入了人们的思考范围。这种权利不是因为人之为人才产生，而是随着国族成员身份的获得才拥有。对于这种权利，人们无须创造新的术语，因为它从古希腊时代就已存在，那就是"公民身份"（citizenship，亦称公民权）概念。

公民身份是一个与社会发展条件密切相关的多维度概念，这种特点决定了它必然要随着社会变迁和历史情境演变而不断获得丰富内涵。古代的公民身份，被视为一种"效忠共同体的美德"①。17、18世纪，随着美国和法国革命的爆发，一些先进理念深入人心，公民身份概念出现了从道德层面向权利层面的转型。②公民身份成了公民权利象征，而公民权利的内容则包括公民的民事（civic）权利、政治权利、社会权利，以及近些年才引起热议但并未得到普遍承认的文化权利。在当今西方学术界，公民身份是一个炙手可热的术语，其地位已经重要到成为"时代精神的一部分""在当代政治中的意义怎样强调都不为过"③的程度。

就这样，自由原则的第一个向度通向了"人民主权"，第二个向度最终通向了"公民身份"；在第一向度方面，自由原则随着封建等级制度的崩塌而逐步实现；在第二向度方面，自由原则正在

---

① 参见〔美〕彼得·雷森伯格《西方公民身份——从柏拉图至卢梭》第一部分。
② 参见刁瑷辉《当代公民身份理论研究》，复旦大学出版社，2014，第61~64页。
③ 〔英〕莫里斯·罗奇：《重新思考公民身份——现代社会中的福利、意识形态和变迁》，郭忠华、黄冬娅等译，吉林出版集团有限责任公司，2010，导言第2页、第1页。

伴随现代社会"公民身份"理论的发展而不断深化。

(二) 平等

平等与自由存在一种天然的相关性。在等级社会中，统治阶级制造了一种制度性不平等，表现为不同等级以不平等的方式受到法律约束，所以西耶斯特别强调"国族"是"生活在一部共同的法律之下，并由同一个立法机构代表的人们的联合体"①。他提出的"共同法律"以及"由同一个立法机构代表"均指向了旧有法律体系所保障的等级制度。

因此，旧制度时期人们对平等的追求也直指封建等级制度，表现为废除特权，所有人拥有平等的公民地位；于是，公民平等自然也就成了国族的应有之义，甚至是法兰西国族尤其凸显的特点——"公民国族"。

"早期的平等理论主要关注抽象的和形式的平等，比如法律面前人人平等。近代以来的平等要求和平等主张则逐步走向具体化和实质化，人类社会在实质平等方面的进步主要通过相对固化在法律制度中的权利来体现"②。而平等主张之所以可以逐步走向具体化和实质化，与人们对公民身份概念的深入挖掘密不可分。

随着公民的政治权利和社会权利被固化在法律制度中（《选举法》、《劳动法》、各种权益保障法等），现代民主社会似乎距离真正的平等理想更近了。然而，现代社会多元文化现象的日益普遍化，导致新的平等诉求随之产生："既然民主的基本原则之一是平等，那么国家就应在集体认同的维护、少数群体的保护方面予以

---

① Gérard Noiriel, *Population, immigration et identité nationale en France XIX e– XX e siècle*, Hachette, 1992, p. 9.
② 王元亮：《论形式平等与实质平等》，《科学社会主义》2013 年第 2 期。

照顾，因为它们可能会被多数文化和主流文化淹没。"①

这类平等诉求实际上与公民身份概念中的文化权利维度密切相关，自由与平等原则的推进，最终都将遭遇到公民身份中的"文化权利"这一维度，而这方面如今已经成为考验当代欧洲学者智慧的新课题。

（三）博爱

政治意义上的博爱（fraternité，亦可译为"友爱"），其直接指向是统一和团结。

大革命时期的博爱理念，解决的是如何统一法兰西的问题，因为旧制度时期法国各地区四分五裂，文化、语言异质性强。尽管后来的法国历史学家认为，法兰西的这种多样性实际上是值得称道的："西部的巴斯克人（Basques），东部的加泰罗尼亚人（Catalans）和鲁西荣人（Roussillonnais），这两个民族的人民实际上既不是西班牙人，也不是法兰西人……这是法兰西的伟大之一，即所有边境地区都存在这样一些省份，它们的法兰西基因中混合着某些外国基因。对德国，有德意志人的法兰西；对西班牙，有西班牙人的法兰西；对意大利，有意大利人的法兰西。"②

但是当时的雅各宾派革命者却不这么看，他们要建立"一个和不可分"的共和国，国家统一是第一要务。在推进统一的过程中，博爱原则发挥了重要作用。

大革命初期，祖国统一一度被视为是人类博爱原则的内在要求。③ 革命和理想的激情与博爱精神促使人们冲破了地方主义局

---

① Gérard Ze Mendo, *La citoyenneté différenciée, une approche comparée des modèles d'intégration américain et français*, éditions Connaissances et Savoirs, Paris, 2011, p. 29.
② J. Michelet, *Tableau*, 转引自 Gérard Noiriel, *Etat, Nation et Immigration*, Gallimard, 2005, p. 136。
③ 参见 Marcel David, *Fraternité et Révolution française*, Paris, AUBIER, 1987, pp. 50 – 56。

限，各地区革命代表纷纷表示出结盟的意愿。"在1789年10月，就有两个郡（布列塔尼和昂儒①）结成联盟，并公布宣言，其中说道'再也不分什么布列塔尼人和昂儒人了，我们都是法兰西人，都是统一国家的公民，我们放弃一切地方的和局部的特权'"②。

发现主观情感与民族形成之间的奥妙所在，是本尼迪克特·安德森（Benedict Anderson）的一大贡献。他成功避开了有关民族（国族）客观标准的无穷争论，提出了民族（国族）是人为建构的"想象的共同体"这一结论。他的结论，实际上是从主观视角观察到的博爱情感对民族（国族）的重要意义：印刷资本主义的发展，使得彼此不认识、相距遥远的很大一群人感到了时间上的共时性和空间上的平行性。③ 因此，尽管所有成员相互不认识，也不会妨碍一种叫作"政治爱"的情感的培养，这种"政治爱"被他本人归结为"爱国主义"，但在法国则更明显地表现为博爱精神。

然而，安德森的立论基础是20世纪以前欧洲大陆各国族及其殖民地的社会历史情况，是有关国族形成的研究。如今，在全球化背景下，社会文化多样性成为每个发达国家不可回避的社会现实。这种社会现实往往以社会分裂这一不良后果强化着人们对多样性的负面认识。同时，这种不良后果也使博爱处于危险境地：本应属于人类普遍主义价值观范畴的博爱，却无法冲破狭隘国族主义的桎梏。内部成员之间的友爱感情，与对异己者的排斥和歧视，怎样才能阻止社会内部践行这种双重标准的博爱？对此，一位德国知识分子欧哈德·丹宁格尔（Erhard Denninger）提出：

---

① 昂儒（Angers），又译为昂热，现为法国一城市。
② 〔法〕米歇尔·维诺克：《法国资产阶级大革命——一七八九年风云录》，世界知识出版社，1989，第268页。
③ 参见本尼迪克特·安德森《想象的共同体：民族主义的起源与散布》，吴叡人译，上海世纪出版集团，2005，第177~179页。

"国家不应该苛求人们去博爱，而应该培养人们包容所有人的团结的感情。"① 这一建议，对法国主流社会来说，不失为金玉良言。

二 公民国族主义

启蒙运动留下的重要遗产让法国社会成功完成了一次思想革命。正是在启蒙运动基本理念的基础上，卢梭得以勾画出一个有关公民共同体的基本政治模式蓝图，而西耶斯则将该蓝图具体化为法兰西第三等级构成的这个国族。国族的制度性外壳不言而喻地被理解为以"人民主权"和"公民平等"为核心的一整套法律制度和相关机构，其内核则是这个人民集体本身。正是在这种"人民—公民共同体—国族"的逻辑演进中，人民、公民与国族实现了统合。

（一）从"君主主权"到"国族主权"

大革命以前的法国，整个社会分为三个等级，教士和贵族是前两个等级，占据着国家中的显赫位置，而包括资产阶级在内的全体人民则属于第三等级。在这样的等级社会中，法律不以平等的方式约束不同等级的人，是前两个等级享有各种好处（特权、优待、恩泽等）的保证。随着资产阶级在社会经济生活中的崛起，他们越发感受到了一种深刻的不平等。

在大革命爆发的前夜，社会舆论中就已经出现了将"第三等级"视为国族、将人民和公民置于最高地位的观念。② 作为1791

---

① 〔瑞士〕尼考尔·托佩尔韦恩：《宪政的理念》，聂资鲁、罗智勇、蔡岱松译，李存捧校，中国方正出版社，2009，第 2 页。
② 比如西耶斯在他那本《论特权　第三等级是什么？》的小册子中宣称"第三等级是整个国族"，参见 Sieyès, *Qu'est-ce que le Tiers-état?*, 1789. 其中译本可参看〔法〕西耶斯《论特权 第三等级是什么？》，冯棠译，商务印书馆，1990，第 20 页。需要注意的是，中译本将"nation"多译为"国家"；此外卢梭对公民权利和人民主权学说的阐释也在相当大的程度上否定了等级的合理性，参见〔法〕卢梭《社会契约论》，李平沤译，商务印书馆，2011。

年宪法的起草者，西耶斯明确在宪法中提出了"国族主权"的宣示。在这一时期，人民与公民、国族总是作为同义语出现。比如，大革命领导者马拉（Marat）认为主权的拥有者是全体公民。而1791年8月，罗伯斯庇尔则向国民议会宣称："当国族之中的绝大部分个体被剥夺政治权利时，国族还是主权者吗，谁还能形成主权？……民族将会变成什么？奴隶。"① 在大革命之前和革命期间，"人民主权""公民主权""国族主权"这三种表达式都被明确宣示出来。

自主权学说诞生以来，先后出现过"皇帝权威来自人民和教会""国家主权""特殊主权者和一般主权者""人民主权""公民主权"之说，而作为宪法基本原则的《人权与公民权宣言》最终确立的是"国族主权"的提法："主权的原则本质上存在于国族（Nation）之中。"② 此外，我们还不能忘记在绝对君主制时期的"君主主权"即国王拥有最高权力的观念。从词源上讲，主权一词，"souveraineté"，应该正是源于君主"souvrain"。让·博丹（Jean Bodin）是系统论述主权学说的第一人，他又是君主制的拥护者，因而君主自然而然地与最高权力相连也并不奇怪。当然，在没有发现确切的词源学证据之前，这只是一种推测。之所以提到"君主主权"观念，是因为它才是"人民主权"观念产生的原因所在，而后者是对君主主权的限制和抵抗。

当代的主权论说在古人的基础上更加丰富和多元起来，人民主权与国家主权的讨论在当下仍是经久不衰的课题，但是这些已经超出本书的关注范围。我们所关注的是那一时期主权学说对人

---

① Gérard Fritz, *L'Idée de peuple en France du XVIIe au XIXe siècle*, Presses Universitaires de Strasbourg, 1988, pp. 61–62.

② Isabelle Dumielle, *Ces Textes qui ont marqué l'Histoire de France*, Editions Bordas, 2006, p. 244.

们思想带来的冲击和影响，对人们重新认识自身集体存在起到的作用。尽管人民主权观念早在中世纪就已出现萌芽，但"此人民"却非"彼人民"，变化后的"人民"不再是一种消极被动的"臣民"形象，而是积极主动的"公民"形象。

（二）"人民主权"与"公民身份"

过去，人们思想中对于自身所处集体的认识，无非是以国王为象征和代表的"国家"，这类非人格化的集体存在，其缺点在于它拥有政治上的至高权力而与人民相距遥远。因此，卢梭使用"人民"而不是"国家"，让更接近人的集体拥有主权。大革命以后，人民，以及内涵同样凸显人的维度的国族，则将这种至高权力收归己有，国家反而以一种被动形象呈现。"人民主权"观念不仅有助于个体认识到自身的集体存在——这种存在可以冠以"人民""国族"的称谓，而且还帮助他们认识到这种集体存在才是最高权力，即主权的拥有者。

由于人民拥有了主权，同时也就拥有了某种不同于僵化的国家机器的活力和主动性。因此"人民主权"必然意味着作为"公民"的政治主动性，那么其中的自由与平等就是不言而喻的。就像前文分析自由与平等时指出的，公民的自由与平等，最终均被统合进了"公民身份"概念去加以发展和深化。

需要指出的是，由于卢梭设想的"人民集体"是一个高度抽象化的存在，而"公民"又是理想化、原子化的抽象个体，所以他的整个理论预设，是一个根本不存在的前提。这就决定了依托于理想化"公民"的公民国族必然要遭到真实社会条件的挑战。而真实社会中的个人，是"一切社会关系的总和"，不仅包括政治的，还包括文化、经济等方面。后来的理论发展历程也证明，"公民身份"理论的不断补充和修正，正是基于现实条件推动而非想象力作用的结果。

然而受限于当时"公民平等"诉求的有限针对性：这种平等诉求是以等级社会为政治背景、以政治权利为实际指向的身份地位平等，其作为"社会人"的族裔文化差异则被有意回避甚至刻意压制了。比如《人权与公民权宣言》第六条明确规定："在法律面前，所有的公民都是平等的，故他们都能平等地按其能力担任一切官职，公共职位和职务，除德行或才能上的差别外，不得有其他差别。"

尽管如此，大革命时期的国族观念，无论从其内涵（人民主权、公民身份）来看，还是就实际所指（第三等级）而言，都彰显出了前所未有的革命与解放意义。"'观念'不再被看作是'抽象的观念'，它们被锻造成为政治斗争的武器。问题决不在于这些武器是否新颖，而在于它们是否有效"。①

18世纪下半叶，公民国族主义（civic nationalism）这一正式命名虽然还未出现，但是其中蕴含的公民权利平等、主权在民等核心思想已经确立，并在资产阶级反抗特权阶级压迫、争取平等政治权利的政治运动中发挥了思想武器的作用。这一阶段的公民国族主义思想强调全体公民共同构成国族，人民理应成为主权的拥有者，国族内部成员享受平等的政治权利，受到平等的法律约束。这些观念在当时的社会背景下无疑具有巨大的历史进步性。

（三）公民国族主义与族裔国族主义之争

在18世纪中期，法式国族观已经形成了一个具有自身特点、逻辑完备的理论体系，只是还没有获得那个众所周知的"公民国族主义"命名。这一命名需要等到德法之间围绕阿尔萨斯－洛林

---

① 〔德〕恩斯特·卡西尔：《国家的神话》，范进等译，华夏出版社，1999，第216页。

归属问题的那场著名争论发生之后,才在与"族裔民族主义"(ethnic nationalism)的比照中成为法式国族观的提炼式总结。

1870~1871年普法战争期间,普鲁士意欲武力吞并位于德法交界的阿尔萨斯-洛林地区。围绕该地区的归属,德法历史学家分别根据各自的国族观证明该地区应属自己国家所有。德意志历史学家强调,阿尔萨斯属于德意志,不仅因为它从前属于日耳曼帝国,还因为那里的人讲德语,在很多方面都具有日耳曼特性,所以有必要也必须成为德意志的一部分。以勒南为代表的法国历史学家则认为,国族的存在基础不是种族,而是相互间承认共同未来或过去、想要生活在一起的人们订立的"契约"。由于强调成员的意愿与公民身份标准,法国的国族观获得了"公民民族主义"的专有命名,意在凸显其国族存在的合理性与特点。

实际上,就像法兰西的公民国族思想一样,族裔语言同一性作为国族标准的观念早在19世纪初期就已经形成。从一定程度上说,族裔国族观念是德意志文化界反抗法国文化霸权的后果之一:大革命结束后,法式国族观念取得的巨大成功使其开始逐渐脱离原来的政治背景,并试图解决其他背景下的问题。拿破仑以国族的名义接过了大革命的果实,打着解放欧洲的口号开始了对外扩张。很快,"人民有权掌握自己的命运"成了军事占领、暴力、掠夺的合法理由。结果,在遭受这些暴行折磨的人民眼中,这些法兰西人民代表就是压迫者、新的野蛮人。正是在拿破仑军事入侵的背景下,作为反击,德意志思想界主张以血统文化作为界定国族的标准,族裔国族主义由此成为推动德意志统一的思想力量。

19世纪下半叶开始,凭借着以语言、族裔出身为要件的国族论说和军事强权主义,俾斯麦成功击败了丹麦(1864年)和奥地利(1866年),收复了德意志北部诸邦,在实现统一的道路上迈出了关键的一步。① 这种成功反过来也更加坚定了此种标准的国族信念，所以在接下来的领土扩张（在德意志看来则是统一）过程中，德意志历史学家的立论依据仍在于血缘权利，也就是说，具有德意志血统就属于德意志民族（国族）。

而 1870~1871 年的普法战争，既是德意志迈向统一的最后一战，也是两种国族观念的一次正面交锋。在两国交界的阿尔萨斯和洛林的归属问题上，德、法的国族观念以对立的姿态呈现，以至于经典的"ethnic-nationalism"和"civic-nationalism"，被分别打上了德意志和法兰西的标签。实际上从两国国族观念的产生与发展来看，以语言、文化、族裔出身为标准的德意志国族观念始终没有发生变化，后来不仅成为实现统一的口号，还成了对外扩张的理由。而法兰西的国族观念在卢梭、西耶斯那里还是一种纯"契约式"政治观念，到勒南那里已经被扩充为将历史性（共同的历史记忆）与契约性（生活在一起的共同意愿）结合在一起的观念了。值得注意的是，勒南时期法国历史学家所阐明的国族观点并不存在理论上的创新，只是由于这场德法对话，法式公民国族观念得到了一次系统反思和有所突出的展示。之所以说是有所突出的展示，是因为公民国族主义还不是法兰西国族观的全部内容，法国的国族建构过程中还存在一个同样拥有深厚历史根基、同样不容忽视的重要原则——国家、国族、人民的"一个和不可分"原则。

三　国家、国族、人民的"一个和不可分"性

"一个和不可分"（une et indivisible）原则，是大革命以来法

---

① 关于德意志的这种国族论说是如何演变为国家的国族主义政策，进而完成德意志统一大业的这一过程，可参见黄春林、黄荣《德意志的民族主义缘起及影响》，《唐山师范学院学报》2010 年第 6 期。

国历部宪法都会予以明确宣示的原则。法语中"une"的含义包括"一个"和"单一"两个方面，下文中所使用的"一个（单一）"的表述方式，并不是以全面呈现词语原意为目的，而是因为在法兰西国族建构的具体实践中，"une et indivisible"的实指随着社会条件的变化发生了转变：最初的"une"指向新生国家的"统一"，而伴随着统一的实现，"une"转而成为统治阶层对法兰西文化同质性的要求，由此，其内涵从"统一"过渡到了"单一"，当然，"统一"的基本内涵还是始终存在的。然而文化同质性的要求，必然是以文化异质性的现实为前提的，而一般认为，文化差异性是构建国族团结的潜在威胁，或者至少为后者的实现带来了一定阻力。因此，"一个（单一）和不可分"原则，是法兰西公民国族观中一个不容忽视的方面。这一原则有着深厚的历史根源，同时与"人民主权""公民身份"思想还有着内在统一性。

（一）历史根源：三级会议与"一个和不可分"原则的宣示

自15世纪以来，有一种认识变得越来越明显，那就是存在以国王为中心的一个法兰西整体形象。首次作出"统一的法兰西"（unité française）宣示的行为要数1484年的全国三级会议（les états généraux）的召开。

三级会议是由国王组织召开，商讨如何应对重大政治问题——通常包括战争、外交问题——或决定军事、税收方面重大举措的一种特殊会议（assemblée），最早于1302年创立，参加会议的几个等级分别为教士、贵族和大城市资产阶级。在君主权力逐渐崛起的时期，三级会议先是被国王所控制，后来被取消。百年战争后期，由于情况特殊，法兰西国王没有通过三级会议而独立完成了许多重大军事和财政改革。1468年，路易十一召开过一次三级会议，目的是在他与兄弟查理和布列塔尼公爵的纠纷中博得公众的支持。三级会议再次召开就是16年后的1484年。

这次会议的不同之处在于几乎所有地区都派代表出席，这是一次具有全国特点的会议，尽管有些地区没有派代表参加，比如弗朗德尔和刚并入法兰西的多菲内（Dauphiné）、普罗旺斯和鲁西荣（Roussillon）。这次会议使得原来的南北之分消失，也就是说，人们不再对卢瓦尔河以北的奥依语区和以南的奥克语区进行区分。并且在这次会议上，人们第一次将平民代表称为"第三等级"（les tiers états）。

此后，1614年曾召开过一次隆重的三级会议，在这次会议上，高等法院获得了三级会议的控制权。到1787年时，三级会议再度成为国内各政治集团的最后手段，高等法院和国王重臣抱着各自的打算提出了召开三级会议的要求。最终，三级会议定于1789年5月5日开幕，由此成为法国大革命的一个重要导火索。

引发分歧的关键在于第三等级的代表名额和组成上。会议召开期间，一些为人民说话的著作引发了很大舆论反响，其中就包括西耶斯的《第三等级》。西耶斯在他的小册子里回应道，"有人会说，第三等级不能组成三级会议。啊！那更好！他们将组成国民议会（Assemblée nationale）"。[①] 6月16日，他在提案中再次提出"国民议会"的叫法。17日，西耶斯宣称："这种命名是唯一合乎现实情况的命名，既因其成员是唯一被认可和被证实合法的代表，也因为国族代表（représentation nationale）是一个而不可分的，任何一位代表……都无权单独行使该议会的职能。"[②] 于是，1789年6月17日，在西耶斯的倡议下，第三等级付诸行动，独立

---

① 〔法〕西耶斯：《论特权 第三等级是什么？》，第72页，外文为笔者所加。
② Suzanne Citron, *Le Mythe national : l'histoire de France revisitée*, Les éditions de l'Atelier/Editions Ouvrières, 2008, p. 169.

组建了国民议会。

三年后,"一个和不可分"原则成为法兰西的信条,"一个和不可分的国族"(la nation une et indivisible)、"一个和不可分的共和国"(la République une et indivisible)之类的宣示不断涌现。这类思想尤其体现在革命早期及以后的宪法中,包括 1791 年宪法、1793 年宪法、1848 年的第二共和国宪法和如今的法兰西第五共和国宪法中。

因此,可以说"一个和不可分"原则最初并非应用于国族本身,而是国族的整体代表,也就是由国族代表构成的"主体"。[①] 而国族"一个和不可分"的思想又与卢梭"主权"思想一脉相承。

(二)理论源泉与含义转变

前文已经谈到,首次系统讨论主权本质的是让·博丹,他将主权定义为国家绝对的和永久的权力。[②] 博丹之后,从 17 世纪开始,主权本身完整和不可分逐渐成为法学界共识。卢梭也是这样认识主权的,他认为人民是一个集体,只有这个集体拥有完整的主权,人民之中的任何一部分或任何个人都不能行使主权,所以主权不可分,人民作为一个集体存在也不可分。大革命时期,主权的拥有者变为国族,所以国族也是"一个和不可分的",而国族所依托的国家外壳——共和国,自然也是一个和不可分的。

由此,人民、国族、国家"三位一体"观念,也就是古典的"一个人民,一个国族,一个国家"国族主义理论便顺理成章地成立了,它们不仅是一个,而且还都不可分。"共和国是一个和不可分的"这句话实际上也表达了共和国所承载的人民和国族不可分,

---

① Suzanne Citron, *Le Mythe national: l'histoire de France revisitée*, Les éditions de l'Atelier/Editions Ouvrières, 2008, p. 169.
② François DE SMET, *Le mythe de la souveraineté. Du Corps au Contrat social*, Bruxelles-Fernelmont, E. M. E., 2011, pp. 42, 45.

它远远超过一般意义上的领土不可分割含义。因此，追根溯源，我们可以认为，人民、国族、国家的"一个和不可分"都是从主权维度演绎出的推论。

大革命时期对这种观念的强化，是服务于当时的国家统一需求的。大革命前的法兰西，社会文化异质性十分明显，处于"诸侯林立"的状况。"旧制度时期，人民完全被排除在政治生活之外，语言与习俗的多样性对于君主体制而言并不构成一个问题"①，这种统治理念使得法兰西直到18世纪末期仍然像一幅杂拼画一样，各地区拥有不同的风俗和方言。

法国大革命一举扫除了封建式中央集权制的地方管理体制和制度，确定法兰西是"一个和不可分"的共和国，建立了新的中央集权的政治和行政管理体制，统一领导和管理地方政府。新的地方管理体制和制度取消了关卡，统一了税收，打通了商品和贸易渠道，大大促进了法国经济的发展。新的地方管理体制和制度也使法兰西语言和文化逐渐普及，地方风俗习惯逐渐缩小，种族逐渐同化，从而加速了法国政治统一，促进了法兰西国族的最后形成。今天，人们把这种体制和制度称为"雅各宾传统""雅各宾精神""雅各宾主义""雅各宾制度"等。②

"一个和不可分"的信条，的确确保了新生国家的统一性。但当后来的国族建设者用现代政治术语再度将这一信条表述出来时，这种"雅各宾精神"便成了"同质化"的代名词。为了达到"同质化"目标，对"一个"的解读也从"国家的统一"转变为"文化、身份的单一"。

---

① Gérard Noiriel, *Population, immigration et identité nationale en France XIX e– XX e siècle*, Hachette, 1992, p. 94.
② 参见吴国庆《当代各国政治体制：法国》，兰州大学出版社，1998，第70~71页。

于是，我们看到，大革命时代形成的雅各宾强权意识形态将一套政治精英阶层制定的标准文化强加到整个社会中，而教育、语言的统一既是这种强力意志的结果，也反过来巩固了这种普遍主义的公民文化。大革命之后的国族整合也并非不伴有冲突。"冲突问题之所以不曾存在，并不是因为对'法国化'进程的抵触极少以集体形式呈现，而是由于雅各宾国家意识形态的强权作用，致使档案中没有留下任何集体抵触痕迹"。[①] 雅各宾主义对内部异质文化的碾压过程将在后文中展开。

因此，在法国，只有法兰西人民，没有其他人民，更没有少数民族，这就是大革命以来法兰西政府对人民、国族、国家"一个（单一）和不可分"的解读，也是法国经常被外界误认为是单一民族国家的原因。

法国"国民团结"概念具有独特内涵的主要原因，也是该概念的两大思想源流，分别是法国的"团结主义"思潮，以及法兰西公民国族观念。

19、20世纪之交，法国在完成世俗化改革的社会背景下，原本由教会承担的救济贫困者的责任改由国家承担，与此同时，这种救济的思想原则也由"慈善"转变为"团结"。"团结主义"的思潮虽然只生成了昙花一现式的社会运动，但这股潮流的影响十分深远。从一定程度上说，它是法国"福利国家"的源头，是创建法国社会保险和保障制度的最初推动力。所以直到今天，仍然不断有新的社会政策以"团结"的名义问世。

法国"国民团结"之所以仅体现对个体公民的"团结"，不理会差异文化群体之间的关系，与法国的"公民国族观"存在密切关

---

① Gérard Noiriel, *Etat, Nation et Immigration*, Gallimard, 2005, p. 127.

联。简言之，法兰西的"公民国族观"包括两方面内涵，一是"公民国族主义"，二是人民、国族、国家的对等和"一个和不可分"。

"公民国族主义"是对平等公民根据共同意愿建立国族这一观念的高度提炼。但该术语所蕴含的"自由平等博爱""人民主权""公民身份"理论以及三者之间的关联才是"公民国族"的重点所在。尽管直到大革命爆发，"公民国族主义"这一命名还未出现，但是将平等公民构成的国族作为践行以上先进思想的政治场域的共识已经形成，这一点充分体现在大革命以后的多部宪法中。后至普法战争期间，围绕阿尔萨斯-洛林地区的归属问题产生争论后，法国的这种强调公民身份与共同意愿的国族观才在与德意志族裔国族主义的比照中获得了正式命名。虽然学界历来以法国作为"公民国族主义"的现实典型，但"公民国族主义"却远不是法兰西国族观的全部。

在内部差异文化群体事务方面，最具重要性的思想还包括"一个和不可分"原则，该原则指的是法兰西共和国、人民和国族都"单一和不可分"，也就是严格的人民、国族、国家的对等和不可分。正是由于该原则的存在，法国政府才会禁止以族裔出身或语言宗教为依据对公民进行区分，同时也拒绝世居"少数民族"在语言文化方面的特殊诉求。因此可以说，"一个和不可分"原则是法国对"少数民族"实行"不承认"政策的指导理念，是法国"国族团结"概念中没有群体关系维度的主要原因。了解这一背景，将有助于理解法国在国族整体的团结凝聚方面出现矛盾的原因，这个矛盾就是，政府在巩固公民个体平等团结方面的努力与成效，无法弥补群体文化权利保障缺失所带来的消极影响。在具体展开这一矛盾之前，有必要首先向读者展示这个国民、语言多样的法兰西社会。

第 三 章
国民、语言多样的法兰西

当今世界的法兰西第五共和国是经过漫长的政治演进、种族融合和多次领土变迁之后的结果。19世纪以来,法兰西殖民帝国不断将国界线外扩,导致今天的法国仍然保有多处海外领地。无论经历怎样的扩充与缩减,居于欧洲大陆西部的这片法兰西大陆,作为本部与核心却在大革命以后几乎没有变过。[①] 因此,本书将讨论范围限于法兰西本土,即位于西欧的法兰西大陆和科西嘉岛,其海外领地或曾经的殖民地则略去不谈。

就法国本土而言,一般认为,法兰西是一个单一族裔的国家,法国历届政府也始终宣示法兰西是"一个和不可分"的国族。然而这种"单一性"政治宣示却远不是真实法兰西的本来面目。

第一节 法兰西人的形成与演变

一 从高卢人到法兰克人

在古代的西欧大陆,并不存在法兰西或法兰西人的称谓。最

---

① 阿尔萨斯-洛林以及尼斯-萨伏瓦地区两处边境地区除外。

早生活在这片土地上的人被称为高卢人,是由最初居住在中欧、后逐步迁徙至西欧的凯尔特人与当地土著人经过漫长的融合过程混合而来,最早可以追溯到公元前6世纪。法国历史教科书至今都在教育学生:很久以前,我们的国家叫作高卢,它的居民是高卢人。时至今日,两位高卢英雄阿斯泰克斯和奥贝里克斯(Astérix et Obélix)①痛击罗马人的连环画和影视作品仍被法国人所津津乐道。

实际上,高卢(Gaule)是罗马人对这片土地的叫法,高卢人的名称也是由此而来。"罗马人所说的高卢,是指由莱茵河、汝拉山脉、阿尔卑斯山脉、地中海、庇里牛斯山脉及大西洋所包围的广阔地区",②实际上已经涵盖了今日法兰西的大部分地区。

就像上述漫画故事所描述的,高卢后来被罗马人征服。罗马人的征服分两个阶段完成:第一阶段发生在大约公元前120年,第二阶段发生在公元前58~前51年。在第二阶段,罗马人完全征服了高卢,并对莱茵河西岸的日耳曼人和英吉利海峡对岸的不列颠人构成了直接威胁。③

罗马人在高卢的统治一直持续了将近700年。到了5世纪时期,法兰克人(Franc,日耳曼人的一支)取代了罗马人,成为新的征服者,并在这片土地上建立了法兰克王国。公元496年④,法兰克国王克洛维接受了基督教洗礼,奠定了日后法兰西封建王朝与天主教会的政教结盟统治模式。

---

① 《阿斯泰克斯和奥贝里克斯》(Astérix et Obélix)是法国最成功的长篇漫画之一,影响力比得上《丁丁历险记》。这套书说的是公元前后,法国人的祖先高卢人的冒险故事,因为文化背景的差异,在我国虽然引进过一部分,但没能流行开来。
② 刘增泉:《法国史》,五南图书出版股份有限公司,2010,第23页。
③ 参见刘增泉《法国史》,第25页。
④ 根据《博达斯世界百科全书》(Roger Caratini, Encyclopédie Universelle Bordas. X, Bordas, 1976, p.944.2.A.a)记载,应为公元496年或499年。

法兰克人建立的王国疆域并不稳定，统一总是短暂的，分裂是常态。最具影响的统一发生在查理曼大帝（742－814）统治时期。在他的治下，法兰克王国的版图扩充到了几乎整个欧洲大陆，成为继罗马帝国之后的第二大帝国。但是由于欧洲的分封制度，庞大的帝国被查理曼的三个孙子分成了西法兰西亚、中法兰西亚和东法兰西亚，其中西法兰西亚大致相当于现代法兰西的范围，国王是于格·卡佩。到1190年时，法兰克国王腓力二世，把国名改成了法兰西（France）。法兰克这个名称从此成为历史，法兰西的称谓取而代之并保留至今，成为今天法兰西人称谓的源起。

　　经历过由高卢人到高卢－罗马人再到法兰克人的演变后，这三个种族在漫长的历史过程中逐渐融合为整体意义上的法兰西人。1789年，法国大革命爆发。与以往遭遇外族入侵的情形不同，这是法兰西人的内部自我革命，国民成分没有发生结构性改变。但是这场政治革命结束了王朝国家时代，掀起了资产阶级作为政治主导力量的民族国家时代序幕。这是今日许多政治学学者将1789年视为现代民族国家时代起点的主要原因。

　　因此，对于今天的法兰西人而言，从历史上这些具有深远影响的大事件中找出法兰西诞生的确切年代并不容易：是法兰克国王克洛维洗礼的那一年（公元496年），还是西法兰西亚开国皇帝于格·卡佩加冕的日子（即公元987年，其王朝统治长达9个世纪），或者是法国大革命爆发之时，即法国被确认为一个现代民族国家的1789年。实际上，法国对这三个具有重大意义的日子都进行了纪念：例如，纪念克洛维斯皈依基督教1500周年，纪念于格·卡佩加冕1000周年，纪念大革命200周年。[1]

---

[1] 法国外交部新闻司主编《法国》，陈立春、朱祥英等译，英派尔彩印公司承印，2005，第24页。

这些只能说明法兰西国族的形成历经了漫长而曲折的过程。在主体法兰西人之外，法国还存在一些不被政府承认为"少数民族"但语言文化异质性较明显的少数群体，它们主要居住在边境地区，如科西嘉人、布列塔尼人、巴斯克人，等等。这些法兰西少数群体的命运与历史上法兰克王朝的领土扩张密切相关。

二 领土扩充与周边少数民族的并入

领土对于国家而言是必不可少的基本元素，对于国族的形成同样重要，因为"在绝大多数情况下，民族领土……是对一种固定的地理基础作出的回应，这个地理基础是保证一个集体实现政治和精神团结的凝聚因素"。① 但是一般而言，但凡是从依靠强力征服来获得土地和人民的野蛮时代走出来的政权，都要经历领土边界的变化。而公元 8 世纪中叶以前，作为固定领土以及共同命运的国民等国家意义上的多种条件，"在我们今天称之为法兰西的这块土地上是不存在的"。②

现代法兰西人虽然将高卢人视为自己的祖先，但真正创建法兰西王国的却是法兰克人。法兰克人为这片六边形土地谋得过短时的统一，并为其赋予唯一的宗教——罗马天主教，这是法兰西王国开始形成和得以维系的关键因素。查理曼帝国被一分为三（公元 843 年）后，西法兰西亚——法兰西前身的核心地带只是法兰西岛（île-de-France，包括塞纳河和卢瓦尔河中游一些分散的土地，其中包括巴黎等城市），这片区域是国王的世袭领地，也是纯粹意义上的法兰西。

---

① 〔西〕胡安·诺格：《民族主义与领土》，徐鹤林、朱伦译，中央民族大学出版社，2009，第 34 页。
② 〔法〕基佐：《法国文明史》第 2 卷，沅芷、伊信译，商务印书馆，1995，第 78 页。

领土的扩充是伴随王权的不断强化而实现的。从 12 世纪初开始，法兰西国王不断强化君主的权力，逐步回收了原先分封出去的采邑。到 13 世纪初期，法兰西岛的领主已经成为名副其实的国王，他可以在整个法兰西范围内展示其强大的力量。1328 年时，当时的卡佩王朝版图已经包括除弗兰德尔、布列塔尼、勃艮地和阿基坦以外的大部分法国国土。到 16 世纪，这些地区也并入了法兰西。

各地区并入法兰西的早晚，也在很大程度上影响了文化整合与认同的进程。一些较大地区，比如中东部的勃艮第地区、中央高地核心地带奥弗涅地区、西南部的阿基坦地区、东南部多个地区，由于并入时间较早，在语言文化方面也较早地同化于巴黎所在的法兰西岛地区。只有一些地处边境、面积大小不一的个别地区由于并入法兰西时间较晚，仍然或多或少地保持着自身的特殊文化认同。比如布列塔尼（1532 年并入法国）、鲁西荣（1700 年）、阿尔萨斯（1685 年）、科西嘉（1768 年）。最晚并入的是东南滨海小城——尼斯，1860 年才归属法国。

因此，现代法兰西是法兰克人几个主要家族不断吞并联合周边地区而逐步形成，越晚并入法国的地区，其特殊的文化认同表现越强烈。于是，布列塔尼、阿尔萨斯、科西嘉等地区的居民也就成了当今法国境内的语言文化异质性群体。由此，形成了今天主体法兰西人与世居少数民族并存的国民结构。这些少数民族与主体法兰西人在血缘出身上融合已久，彼此的差异仅在于语言文化方面。

第二节　现代法兰西人：多样的国民成分

人们普遍认为，法国是一个单一族裔国家。法国官方也公开强调：法国不存在少数群体（minorité）。这是 1789 年大革命以来，雅各宾强权意识形态缔造身份平等的公民共同体的主要关切。尽管如此，"法国不存在少数群体"的宣示，只是该意识形态延伸至今的思想遗产，远不是今日事实和实践结果。更值得注意的是，这种"一厢情愿"的宣示，并没有得到其他国家的认可。一些法国学者也认为，上述少数民族（minorité nationale）的文化特性时至今日都显而易见。两次世界大战后，随着移民的涌入，多元文化社会的特征变得更加显著。因此，当今法国是一个对外宣示"单一国族"但实则文化多元的国家。

一　科西嘉人

在法国的多个本土少数民族之中，科西嘉人的特殊性最为显著，历史上和当代的民族主义运动最为强烈。因此，科西嘉岛是今日法国唯一一个具有特殊行政身份的地区。法国行政区划包括三类，分别是大区（région）、省（département）和市镇（comune），此三者的行政法律身份均被规定为地方领土单位（collectivité territoriale）。科西嘉岛整体上是一个大区，但是其法律身份则属于"特别领土单位"，而且这种特殊身份由宪法予以明确和保障。

科西嘉岛的居民约有 330354 人（2016 年），但是其中迁居者和本地人的比例却不得而知。科西嘉人的特殊性可以归纳为以下四点。

第一，从地理上看，科西嘉岛位于法国东南部的地中海上，是地中海第四大岛，离意大利更近：距离法国尼斯市 170 公里，但距意大利半岛仅 84 公里。该岛面积占法国领土总面积的 1.6%。由于战略位置重要，该岛历史上一直被大国觊觎。

第二，历史上，该岛长期归属意大利。13 世纪末至 18 世纪，科西嘉岛属于热那亚共和国。热那亚人的统治深刻影响了该岛社会生活的各个方面。1768 年，热那亚共和国通过《凡尔赛条约》将科西嘉岛的管理权让予觊觎已久的法国。在此前后，1755～1769 年，科西嘉人为了反抗法国和热那亚的统治，一度建立了独立 14 年之久的科西嘉国。

第三，语言文化特殊。在热那亚共和国统治时期，热那亚人的托斯卡纳语，即古意大利语在很大程度上影响了科西嘉语。直到现在，大陆法国人普遍认为科西嘉人讲的是意大利方言，但是科西嘉人并不承认自己的语言只是他人语言的"方言"。

第四，分离主义组织至今仍然存在。20 世纪 60 年代开始，欧洲各地区的地区主义、民族主义运动此起彼伏。在科西嘉民族主义浪潮的推动下，"科西嘉民族解放阵线"（Front de Libération Nationale de la Corse，简称 FLNC）于 1976 年 5 月成立，是闻名一时的地下极端民族主义组织。该组织的恐怖爆炸活动直到 2015 年才逐渐平息。在这一年的科西嘉地区选举中，科西嘉民族主义党第一次在竞选中胜出，科西嘉岛也成为法国唯一既不是左派，也不是右派政党执政的地区。这种微妙的变化引发了不少普通大陆法国人的猜测：科西嘉民族主义党与恐怖主义组织之间的界限似乎并不清晰。科西嘉民族主义运动的更多分析将在后文中详述。

二 布列塔尼人

布列塔尼位于法国大陆西北端，与大不列颠隔海相望。在法语中，布列塔尼（Bretagne）与英国，即大不列颠（Grande Bretagne）实际上共用了同一个词语——"Bretagne"，只是在译成中文的过程中，我们人为将该词进行了区分。相同的名字不是巧合，而是由于最早生活在大不列颠的布立吞人迁到现今的布列塔尼才把名字留给了这里。

布列塔尼于1532年通过《合并条约》并入了法国。在并入前，布立吞人已经建立了独立的布列塔尼公国。而今天的布列塔尼早已是法国的一个大区。受英国影响，该地区是法国天主教信仰最浓重的地区，但布列塔尼语却是一种与英语、法语差距很大的语言。无论是在拼写上，还是在发音上均不同于以上两种语言，属于古凯尔特语。

在20世纪下半叶，布列塔尼人的民族主义情绪与诉求空前高涨：其中主流是要求布列塔尼作为一个整体平等融入全国经济市场的权利。这是由于大革命后，执政者将布列塔尼拆分为多个省份，导致整体上的布列塔尼不复存在。在这场要求统一布列塔尼的地区主义和民族主义运动中，有要求给予布列塔尼"nation"身份的声音，有要求以"nation"身份与法兰西建立联邦国家的诉求，有要与欧洲其他族体（nationality）如科西嘉、阿尔萨斯建立欧洲族体联邦国家的主张，甚至还有以武力为手段谋求独立的组织出现，那就是"布列塔尼解放阵线"（Front de Libération de la Bretagne，简称FLB）。该组织成立于1966年，是受到爱尔兰共和军（IRA）启发而创立的。到1990年以后，该组织的恐怖袭击活动才逐渐销声匿迹。

在"布列塔尼解放阵线"存在的三十年时间内，其袭击活动引起了国际社会对"布列塔尼问题"的关注，布列塔尼人虽然始终不被法国政府承认为"少数民族"，但是却被国际社会列入了欧洲"少数民族"名单。

今天，布列塔尼大区的总人口约为331万人（2016），由于人口流动的原因，本土布列塔尼人与外来者的比例不详。布列塔尼人的特殊文化认同及其民族主义运动情况将在后文中设专门章节呈现。

三 阿尔萨斯人

阿尔萨斯（Alsace）地区位于法国东北角，毗邻德国。阿尔萨斯的首府斯特拉斯堡是欧洲议会、欧洲人权法院和欧洲理事会所在地。然而这种明显的国际化色彩反映的只是当地文化特殊性的一个方面，远不是全部。

由于位于德法边境，阿尔萨斯的归属多次发生变化：该地区本是从17世纪开始逐渐融入法国的，后来则时而属于法国，时而属于德国（1870–1918，1939–1944）。这种特殊经历造成了其语言文化和宗教方面的多样性特点。

今天的阿尔萨斯地区，实际上并存有三种语言：阿尔萨斯德语、标准德语和法语。阿尔萨斯语虽然不是严格意义上的德语，但是与德语接近，两种语言的对话者可以相互沟通。另外，在阿尔萨斯，天主教、新教、犹太教等多宗教并存的情况突出，在与中央政府的博弈过程中，阿尔萨斯人为自己争取到了免于严格遵守法国《政教分离法》的特殊待遇以及社会领域的一些特殊政策，这些政策至今有效。

2015年法国行政区划改革后，原来作为"大区"的阿尔萨斯与相邻的其他两个大区合并，共同组成了新的大区，称为"大东部"（Grand Est）大区。但构成原"阿尔萨斯大区"的两个省：上莱茵省和下莱茵省仍然保留，两省总人口约189万（2016年），其中本地人与迁居者的数量比例不详。

四 巴斯克人与加泰罗尼亚人

从欧洲层面讲，加泰罗尼亚人与巴斯克人都是跨境民族，他们分布在西班牙和法国等国境内。

今天,当提到法国巴斯克时,通常是指法国西南部历史文化意义上的巴斯克地区,面积不超过一个省,该地区在今天的法国行政区划中并不存在。实际上,自大革命以来,法国就不存在以"巴斯克"命名的行政区,历史文化意义上的法国巴斯克地区亦称"北巴斯克",位于东南部阿基坦大区比利牛斯－大西洋省(Pyrénées-Atlantiques)西部,与西班牙巴斯克地区接壤。因此法国本地巴斯克人的数量难以估算。

法国巴斯克地区面积2995.41平方公里,大革命前包括三个法国旧省:拉布尔省(Labourd)、下纳瓦尔省(Basse-Navarre)和苏尔省(Soule),大革命后这三个旧省名称均被取消,并入比利牛斯－大西洋省。法国巴斯克地区占整个巴斯克故土总面积的15%。

欧洲的加泰罗尼亚人实际上分布在多国境内,包括西班牙、法国、意大利和安道尔。其中,法国的加泰罗尼亚人主要集中在东比利牛斯省,但北部一个叫佛努伊艾德(Fenouillèdes)的地方除外。历史上东比利牛斯地区属于西班牙,1659年,西班牙与法国签订了《比利牛斯条约》(Traité des Pyrénées),将含东比利牛斯在内的鲁西荣地区让给了法国,但鲁西荣真正并入法国发生在1700年。这个地方的加泰罗尼亚人从此就成了法国人。

今天,约有1/4的东比利牛斯人讲加泰罗尼亚语。由于紧邻西班牙的加泰罗尼亚地区,法国的东比利牛斯省议会希望借助语言便利搭上加泰罗尼亚地区的经济发展快车,于是省议会于2007年通过了一项《发展加泰罗尼亚语宪章》,在"法语是国家语言"的宪法宣示不断被强化的背景下,东比利牛斯省是法国所有地区中第一个作出这种表态的公共机构。

五 移民

法国是欧洲最大的移民接收国,根据法国国家数据与经济研究所(INSEE)的统计,2011年,法国移民人数为600万人,占全国总人口的9.1%,这些移民中,年龄在25~54岁的群体,占移民群体总数的54.2%。这些移民来源多样,有44%的人来自非洲大陆(其中来自马格里布国家的占30%,该比例自1980年以来始终较为稳定),15%来自亚洲地区,其余移民主要来自欧洲。[①]

法国移民的来源多样,在相关文献中,人们经常能看到诸如法国阿拉伯人、非洲人、穆斯林、黑人等介绍。他们彼此间有什么区别联系?下面作一简要介绍。

(一)法国阿拉伯人与法国穆斯林

法国阿拉伯人是生活在法国的拥有阿拉伯裔出身的群体泛称,主要来自阿尔及利亚、突尼斯和摩洛哥这些法国前殖民地(通常统称为马格里布地区)。该群体并不拥有公开而统一的阿拉伯身份认同,但是来自马格里布地区的移民对自己母国的同胞往往拥有较强认同,因而使用诸如阿尔及利亚裔群体、摩洛哥裔群体、突尼斯裔群体或者马格里布裔群体要比"阿拉伯裔群体"更为严谨和准确。在现实生活中,法国民众和媒体往往只是泛泛地给他们贴上穆斯林、阿拉伯标签。

法国穆斯林群体是法国所有信仰伊斯兰教的信教者统称,在媒体和一般民众的认识中,法国阿拉伯人与法国穆斯林往往是指同一个群体,这是由于此两者在很大程度上是重合的,也就是说多数法国阿拉伯人信仰伊斯兰教,但需要指出的是,仍有一部分

---

① 数据源自法国国家数据与经济研究所官方网站,《外籍人与移民》,https://www.insee.fr/fr/statistiques/3303358? sommaire = 3353488#titre – bloc – 3,2018年4月8日。

人是无神论者。此外，来自撒哈拉以南的非洲地区也有伊斯兰宗教信仰，还有一些新移民如土耳其移民也是穆斯林，但他们不属于以上马格里布国家。

法国对马格里布地区的殖民活动始于1830年，但是直到20世纪初期，也不过有4000~5000名阿尔及利亚人在法国本土生活。

第一次世界大战爆发后，为充实军力，法国政府从北非殖民地招募了大批穆斯林，其中包括17万阿尔及利亚人和13.5万摩洛哥人。在这30多万人中，有10万人在大战中或死或伤。同时，还有13万穆斯林在这一阶段被招收来法工作，用以替代去往前线的法国工人。

"一战"后，在官方和法国雇主阶层的共同支持下，阿尔及利亚人旅行证被取消，阿尔及利亚人来法更少受限。尽管法国政府在1924年取消了这一政策，但是移民还是不断涌入。1939年时，已经有20万阿尔及利亚人来到法国大陆。[1]

"二战"后，面对劳动力不足的紧迫需要，法国政府再次给阿尔及利亚人以往来自由。到1962年阿尔及利亚独立时，法国已经接收了33万阿尔及利亚人。而阿尔及利亚独立后，移民潮也没有骤然停止。从20世纪60年代开始，摩洛哥人大批涌入，据统计，到1975年，法国共有26万摩洛哥人。[2]

因此，穆斯林移民潮是由于两次世界大战期间的征兵和"二战"后国内劳动力市场的短缺，在法国政府和雇主阶层的征召和鼓励下，来到法国参军和就业的。殖民地与宗主国地缘上的接近，加上法国在特殊时期的优惠政策，使得法国成为接收移民最多的

---

[1] 以上数据源于 Haut Conseil à l'Intégration, *L'Islam dans la République*, novembre 2000, p. 18。
[2] 以上数据源于 Haut Conseil à l'Intégration, *L'Islam dans la République*, novembre 2000, p. 19。

欧洲国家。这些来自殖民地的穆斯林不仅为法兰西第五共和国的建立奉献了献血和生命，也为"二战"后法国经济腾飞作出了巨大贡献。

（二）法国非洲人

法国非洲人通常包含两种含义，第一是生活在法国原籍非洲的群体泛称，包括阿尔及利亚裔群体、摩洛哥裔群体、突尼斯裔群体和撒哈拉以南地区非洲人。

第二种是指生活在法国原籍撒哈拉以南地区的非洲人，主要来自塞内加尔和马里这些前殖民地，多信仰伊斯兰教。在法国，该群体也被归入法国穆斯林类别中。根据法国国家数据与经济研究所的统计（2018年），在2014年，约有14%的移民来自撒哈拉以南的非洲国家。

（三）法国黑人

这是一个经常出现在我国媒体上的一个术语，由于"黑人"在法国具有歧视、贬低性内涵，法国媒体或学者一般不使用。法国黑人实际上是指来自撒哈拉以南地区的非洲移民。

综上，今日法国的国民多样性表现为既存在本土少数民族，也拥有较为可观的移民群体。少数民族包括布列塔尼人、科西嘉人、阿尔萨斯人、巴斯克人、加泰罗尼亚人等，他们与主体法兰西人的区别在于语言、文化，而不在于宗教、族裔。移民群体虽然通常被法国人笼统地归入阿拉伯人，却不存在统一的阿拉伯认同，而是分为阿尔及利亚裔群体、摩洛哥裔群体、突尼斯裔群体等。在来自非洲大陆的移民中，不是所有人都拥有伊斯兰教信仰。当然，法国移民还包括亚裔、东欧裔等，但是由于数量相对较少，这里略去不谈。

第三节 多样的语言

　　法国的本土少数民族与多数法兰西人的区别主要在于语言文化方面。然而，随着同质化国族建构以及国家单语政策的推行，19世纪以来，与国族领土空间内文化同质性渐强同时相伴的，是各地方语言、少数民族语言明显的衰退现象。法国的地方和少数民族语言与法语的区别，不同于我国地方语言同普通话的区别。在中国，除了一些少数民族有自己的语言外，所有讲汉语的地区都共享同一套书写语言和语法，所不同的是各地区的口音。而法国的地方和少数民族语言实际上类似于我国的少数民族语言，也就是说，其书写、发音、语法都不同于法语。因而不能用我国的"方言"概念套用法国的地方语言。

　　操地方语言者，往往也是世居在法国的语言文化特殊群体，但是法国官方并不承认其为"少数民族"或"少数群体"。于是在法国宪法中，这类语言的身份就成了"地方语言"，而不是"少数民族语言"或"少数群体语言"。

　　此外，这些"地方语言"彼此之间也存在很大差异。比如巴斯克语与奥克语所依托的地理区域是两个历史-文化性地域，也就是说，在今日法国行政区划中并不存在巴斯克地区（le Pays Basque）和奥克地区（l'Occitanie），但由于历史上存在，且文化特性仍然明显，所以它们仍存在于文化地理观念中，并在今天仍被人们广泛接受和使用。

　　大革命以来，在"地方语言"这一中性称谓出现之前，主流意识形态始终使用带有贬义色彩的"方言"（patois）来称呼那些非法语的地方性语言。仅从这种称谓便可想见当时主流社会的态度和地方社会的"受伤"心理。

地方语言发展史上，1951 年是发生转变的时间节点。这一年，国家颁布了旨在为"地方语言"创造一席之地的《德克松法》。该法允许学校自行选择是否教授本地语言，这些语言包括：奥克语、布列塔尼语、巴斯克语和加泰罗尼亚语。后来，其他地方语言陆续被赋予同样的地位，包括：科西嘉语（1974 年）、塔希提语（tahitien）（1981 年）、阿尔萨斯德语（1988 年）、摩泽尔地区多种方言（1991 年）、美拉尼西亚岛群多种方言（mélanésiens）（1999 年）以及海外的克里奥尔语（créole）（2000 年）。[1]

但是复兴地方语言的努力没有取得明显成效，地方语言始终被限制在数量虽然逐渐增多，但仍然有限的私立学校范围内，公共机构（劳动场所、学校、服务机构等）的语言仍然是法语。

总的来讲，除上述涉及的海外领地语言之外，法国本土的少数民族和地区性语言主要包括：奥克语、布列塔尼语、巴斯克语、科西嘉语、阿尔萨斯德语、加泰罗尼亚语，等等。从其与法语的相近度来讲，奥克语、加泰罗尼亚语、科西嘉语、奥依语（langue d'oïl）、普罗旺斯法语[2]（francoprovençal）都属于罗曼语系，与法语相对较远；布列塔尼语（凯尔特语）、阿尔萨斯德语（alémanique）、弗拉芒语（flamand）与法语差异更大；而巴斯克语则已经特殊到无法归类到任何一个语系。[3] 由于资料有限，本节只归纳总结了笔者曾实地调研过的四个地区的语言。

---

[1] 参见 Carmen Alén Garabato, "De la loi Deixonne à la révision de la Constitution en 2008: l'impasse idéologique?", in Georg KREMNITZ (dir.), Histoire sociale des langues de France, Presses Universitaires de Rennes, 2013, p. 322.
[2] 指瑞士法语地区、萨瓦、多菲内、里昂等地的方言。
[3] Philippe Martel, "Combats pour les 'langues régionales' depuis 1870", in Georg Kremnitz (dir.), Histoire sociale des langues de France, Presses Universitaires de Rennes, 2013, p. 303.

一　奥克语

在法国所有地方语言中，奥克语涵盖的地域面积最广，包括法国南部绝大部分地区，但在法国行政区划中却从未存在过"奥克"地区（也称奥克语区）。奥克地区只是一个从文化层面界定的地理概念，共涵盖南部31个省。奥克语区分界线从最西南的波尔多一直延伸到布里昂松（Briançon），中间经过利摩日（Limoges）、克雷蒙-费朗（Clermont-Ferrant）和瓦朗斯（Valence）。其中包括了整个阿基坦大区、南比利牛斯大区、利穆赞大区、奥弗涅大区（Auvergne）、普罗旺斯大区和朗格多克大区。

就语言自身特点而言，奥克语实际上是多种具有相似性的南方语言的统称，它们在发音和拼写上都不同于法语。具体而言，奥克语主要包括图卢兹语（toulousain）、加斯科语[①]（gascon）、普罗旺斯语（provençal）以及在奥克地区北部零星存在的一些地方语言。奥克语从一开始就既作为书写语言，又作为口头语言存在。而其他语言比如科西嘉语、布列塔尼语从一开始只是当地居民之间的口头交流用语，没有自己的书写语言。科西嘉语和布列塔尼语书写语言的创设，是非常晚近的事情。

16世纪之前，南部地区的商人、作家、公证人、执政官等几乎各个阶层都使用奥克语书写和交流，无论是宗教文献还是世俗文学，也都使用奥克语。16世纪中期，法国国王虽然颁布了《维莱-科特莱敕令》（*Ordonnance de Villers-Cotterêts*），但是其主要目的是让法语取代拉丁语成为书写语言，所以法国南方各地语言得以继续使用了几十年。更有利的是，16世纪时期，印刷术已经发

[①] 加斯科（Gascogne），法国西南部旧省名，位于罗纳河以西地区。

明，这是保存、发展书写语言的有利条件。

大革命爆发后，现在专门用于指代奥克语区的"occitanie"一词还不存在。当时人们只是发现法国南方各地中，奥克语占有统治性地位，而奥克语，首先指的是朗格多克省（Languedoc）①的语言。由于历届政府都有意强化法语的主导地位，尤其是在行政、法律领域。于是在南方的地方社会上，首先是行政机构和法律从业者接纳法语。

19世纪下半叶，由于第三共和国决意推行严苛的单一语言政策，奥克语地区的学校中，儿童被要求必须讲他们并不熟悉的法语，否则就要受到惩罚。具体的办法是：教师在班内发现第一个讲本地语言的学生后，会将一个金属硬币或一块木头、一只草鞋交给他，直到下一个不讲法语的学生被举报或发现。以此后推，在一天的学校生活结束时，最后一个持有该类物品的儿童将受到惩罚。在这种残酷政策的碾压下，奥克语遭到了近乎毁灭的打击。

相对于布列塔尼语或科西嘉语而言，奥克语的消失速度更快，这在很大程度上是由于奥克语涵盖地域广泛，内部分支多，没有形成基于共同语言文化特性的认同，因而地方民众没有表现出基于共同认同的抗争。

今天，"奥克语区"虽然频繁出现于整个南方，但这一概念只是知识分子的新近发明。"奥克语区"一词表达的是本地知识分子对奥克语言文化的整体意识。该概念的创生首先源于本地文化人士的觉醒和努力。1944年奥克地区研究所（Institut d'Etudes Occitanes）的建立被视为文化觉醒后的第一次实际行动。此后，各种文化性社团组织纷纷成立。

---

① 朗格多克古时为省名，今为大区名，该词实际上是对其法语原文 languedoc 的音译，如果采用意译，那么该词本身就是"奥克语"（langue d'Oc）的意思。

1979 年，在当地学者、知识分子的努力下，一批专门教授奥克语的学校先后成立，这类学校被称为"卡郎德雷达"（Calandreta），属于半私立（sous contrat d'association avec l'Etat）性质①，小学、初中阶段均可覆盖到，这类学校在完成公立学校教学大纲计划外，可以自主教授特色课程，但要接受教育部监督，其教学人员的工资由国家发放。然而这类机构在整个奥克语区的分布并不均衡，东南部地区，尤其是蒙彼利埃及其周边地区较为集中，在其他地区则显示出零散分布状态。2014 年 9 月，法国全国共有 60 所"卡朗德雷达"小学、3 所初中，分布于 18 个省份，共有 3471 名在校生。

与保护奥克语言文化的意愿形成较大反差的，是现实社会中奥克语的活力越来越虚弱。根据 1990～2010 年在奥克语区的调查，在朗格多克和鲁西荣大区（1991 年和 1997 年）、阿基坦大区（1997 和 2008 年）、奥佛涅大区（2004 年）、罗纳河谷－阿尔卑斯大区（2010 年），使用奥克语者的比例均不超过当地总人口的 10%，而声称会讲奥克语的人也不超过 20%。

今天，在法国南方很少能听到讲奥克语的居民，但在一些主要城市，如笔者实地调研过的图卢兹②，街墙上随处可见用法语和奥克语双语标注的街道名。可见当地政府保护和发扬奥克文化的意愿仍然强烈。

二 布列塔尼语

布列塔尼人拥有自己的语言，这种语言在发音或拼写方面与

---

① 法国教育机构总体可分为三大类：公立学校、半私立学校（enseignement privé sous contrat d'association avec l'état）、简单半私立学校（enseignement privé sous contrat simple）和纯私立学校（enseignement privé hors contrat）。其中，较为常见的是前两类，后一类中的两种较为罕见。
② 法国南方城市，法国第四大城市。

英语或法语的相似度极低，属于古凯尔特语。因此，布列塔尼语既具有地区性语言特点，也属于少数民族语言。

历史上，布列塔尼并不是从一开始就作为一个整体出现的。公元10世纪，布列塔尼才实现统一并建立公国。彼时，在公国内部同时并存着三种语言：布列塔尼语、法语和拉丁语。其中，拉丁语是教会、神职人员及法律、行政用语；布列塔尼语作为社会性语言是民众阶层的日常交际用语，属于口语，而不是书写语。拉丁语和布列塔尼本地语使用广泛，而法语只被极少数人使用。

1532年，布列塔尼通过《合并条约》归属法国后，根据1539年颁布的《维莱-科特莱敕令》，全国的行政和司法文书需要使用法语撰写。由于地缘、宗教上更接近内陆，"上布列塔尼地区从16世纪中叶起就接纳了这个规定，各个教区的登记簿均采用法语撰写。而同一时期的下布列塔尼地区除个别具有特殊社会地位的贵族和商人外，整体上在75年后才开始使用法语代替拉丁语进行民事信息方面的登记"。[1]

在司法体系中，17世纪末期，布列塔尼最高法院就已作出规定：无论法官本人通不通晓布列塔尼语，都需要使用翻译人员。大革命以后直到"二战"，翻译人员仍然服务于司法仲裁中，为司法人员、被告和证人进行翻译。这些翻译需要宣誓："忠诚地传达不同语者的讲述。"但在实践中，由于害怕碰上只会法语的法官，下布列塔尼的居民较之上布列塔尼更少寻求司法机关的仲裁。据统计，18世纪末和19世纪初，整个布列塔尼地区仍有70%的出庭者使用翻译，到1890年，这一比例也才降到了56%。[2]

---

[1] Fanche Broudic, "Le breton", in Georg KREMNITZ (dir.), *Histoire sociale des langues de France*, Presses Universitaires de Rennes, 2013, p. 443.

[2] Fanche Broudic, "Le breton", in Georg KREMNITZ (dir.), *Histoire sociale des langues de France*, Presses Universitaires de Rennes, 2013, p. 444.

在整个下布列塔尼地区，布列塔尼语作为口头交际用语有着广泛应用。由于该地区没有像雷恩、南特那样的大城市，乡村特点较为普遍，因而当地语言往往被视为乡村语言。但这并不意味着只有生活在这里的农民才讲布列塔尼语。真实的情况是，该地区的所有社会阶层都讲布列塔尼语，其中，神职人员通常都是三语者（法语、拉丁语、布列塔尼语）；支持大革命的贵族通常都在行政部门担任要职，他们是双语者；而公证人（旧制度时期非常重要的法律从业者）扮演的角色最为重要，他们会将各类公证文书用布列塔尼语口头讲述给居民，然后使用法语撰写。直到20世纪，公证人都在服务于这个口语—书写语双语并存的下布列塔尼地区。

到第三共和国时期，国家加大了对法语的推广，并且要求所有学校必须使用法语教学。地理位置的偏远，没能使布列塔尼语逃过惨遭"碾压"的厄运。1925年，时任公共教育部部长放言："为了法兰西的语言统一，布列塔尼语应该消失。"[1]布列塔尼语的衰退进程与法语的推广同步。该进程始于城市，然后扩展到乡村。而这种渐进式进程的效果也是逐步呈现的：首先在20世纪初始，在菲尼斯泰尔省（下布列塔尼）的15个较大城市中，布道宣讲类的宗教活动使用法语已经很常见。由于这些大城市同时也是经济发达地区，因此也扮演了在经济"发动机"作用带动下的法语传播器角色。到1946年时，连布雷斯特（Brest）[2]郊区的农民讲布

---

[1] Daniel Arnaud, *La Corse et l'idée républicaine*, L'Harmattan, 2006, p. 67.
[2] 布雷斯特市是下布列塔尼地区菲尼斯泰尔省的重要港口城市。在下布列塔尼地区，沿海居民从事渔业，但是海岸线向内陆仅延伸约10公里的陆地就进入了农业区范围，这是布列塔尼地区产业结构的一大特点。直到今天，布列塔尼仍然是法国的重要农业产区，尽管它是海岸线很长的滨海大区。

列塔尼语的现象都明显减少,该地区的工人则更多使用法语。①

第二次世界大战以后,布列塔尼语已经基本形成了两大书写体系,一种被称为"统一语"体系,另一种被称为"普遍语"体系。书面语言的规范和推广首先基于小部分知识分子精英的个人努力。1945~1948 年,地方知识分子创办了以"统一语"为书写语言的多份期刊,其内容主要涵盖语言和文学领域。但是这些期刊发行范围十分有限,没有推广至整个地区。

复兴布列塔尼语的意愿从 20 世纪 80 年代开始逐渐增强。成立于 1976 的布列塔尼语教育机构"蒂瓦纳"(Diwan),起初还因为其包含的文化民族主义色彩而遭到官方抵制,但是该机构适时调整自身定位、积极寻求与公立机构合作,80 年代以后取得了日益瞩目的成就。这些学校不仅教授布列塔尼语,而且还使用布列塔尼语进行教学。像奥克语区的"卡朗德雷达"一样,这类学校也属于半私立性质,到 2015 年,共有 4097 名学生在该类学校中就读。

三 阿尔萨斯德语

在近代欧洲历史上,位于法德交界的阿尔萨斯和洛林地区总能占有一席之地,这是因为该地区的归属多次发生变化:时而属于法国,时而属于德国(1870-1918,1939-1944)。每当文献中涉及这段历史时,读者都会看到阿尔萨斯与洛林用连字符连在一起。这种表达方式往往让人产生一种固定印象:第一,这两个省都曾被德国占领;第二,这两个省的语言、文化相同。

但是,笔者来到这里以后,每当使用这种方式表达,也就是

---

① Fanch Broudic, "Le breton", in Georg Kremnitz (dir.), *Histoire sociale des langues de France*, Presses Universitaires de Rennes, 2013, p. 445.

将这两者放在一起的时候，都会得到当地人的纠正："阿尔萨斯是阿尔萨斯，洛林是洛林。"这首先因为，德国并没有占领整个洛林，而只是洛林地区内毗邻阿尔萨斯的一个叫摩泽尔（Moselle）的城市。另外，这两个省虽然都有自己的语言而且都与德语近似，与德语对话者可以互懂，但是，两省居民并不操同一种语言。因此，像布列塔尼语一样，阿尔萨斯德语实际上既是地方性语言，也是少数民族语言。

今天的阿尔萨斯地区，实际上并存有三种语言：本地语言、标准德语和法语。这种情况的产生与该地区的特殊经历有密切关联。

众所周知，阿尔萨斯曾在1870～1871年普法战争期间被当时的普鲁士武力吞并。因此，许多法国人，甚至公务人员都认为，德语是在1870年以后，德意志人强加给阿尔萨斯人的，该地区居民此前讲法语。《官方日报》（*Journal*）的一位撰稿人就曾断然地宣称："德语是被征服者强加给该省的语言。"[①] 然而事实并非如此。从很早的王朝时期一直到第二帝国（1852－1870），本地语言在阿尔萨斯始终占据绝对优势。到第二帝国末期，当地只有少数上层阶级会讲法语。

1870年阿尔萨斯归属德国以后，在小学，德语成为唯一被允许教授的语言。在书写语方面，帝国政府也加强了标准德语在学校和报刊中的使用力度。法语的出现和使用被大幅削减。[②] 到1918年时，除一小部分资产阶级外，大部分阿尔萨斯人仍然受德语文化的影响。据当时的统计，"只有2%的当地人能熟练使用法

---

① 转引自 Pierre Maugué, *Le particularisme alsacien*, 1918－1967, Paris: Presse D'Europe, 1970, p. 47。
② Dominique Huck, "Dialectes et allemand en Alsace", in Georg Kremnitz (dir.), *Histoire sociale des langues de France*, Presses Universitaires de Rennes, 2013, p. 401.

语，8%的人对法语有一定了解"①。

1918年，阿尔萨斯归属法国后，法国政府积极着手将阿尔萨斯再次整合到法兰西。当时的社会情况是，本地语言在日常口语交流中使用频繁，而文化界人士和书面用语则主要使用标准德语。鉴于本地语言与标准德语的亲缘关系，这种语言环境被统称为"Ditsch"（德语的）环境。

德语和德语文化的绝对优势，决定了重新整合阿尔萨斯的艰难性与长期性特点。德国虽然战败，但仍然有很多德国人在阿尔萨斯的公共服务机构、大学任职。法国当局在第一时间将这些人驱赶回了德国。但是清除德语文化环境并非易事。当地的各类刊物、报纸，甚至指路牌都使用德语，如果强行改为法语，显然会扰乱正常的社会生活。所以，法国政府虽然有意在当地确立法语的优先甚至唯一通用语的地位，但是在实际中却无法付诸实践。

最为明显的是教育领域的改革意愿与实际情况的冲突。1920年开始，阿尔萨斯地区议会代表不断提交议案，要求对此前毫无过渡地在教学中引入法语的做法进行改革，希望能在入学前几年使用德语教学，然后再使用法语。这种方法被总结为"以德语开始，以法语结束"。但是学区区长让步的最终结果却是"以法语开始，以德语和法语结束"。1920年初规定，从小学第四年级②（9岁）开始教授德语；同年10月，起始时间推迟到了第三年级。到20世纪30年代，小学课程中每周有6~7小时的德语课。

这种特殊的双语政策成效如何呢？根据1926年对当地语言状况的调查，约有1/5（19.65%）的阿尔萨斯人声称自己经常使用

---

① Pierre Maugué, *Le particularisme alsacien*, 1918 – 1967, Paris, Presse D'Europe, 1970, p. 47.
② 法国初等教育阶段实行五年制，第五年级为第一学年，相当于我国的小学一年级。第四年级相当于我国小学二年级。

法语；而另有约80%的当地人声称本地语言是最常使用的语言。到1936年时，有56%的被调查者声称懂法语，82%的人声称会讲本地语言，76%的人懂标准德语。① 德语的使用频率和广度之所以相当可观，是因为当地社会文化环境中德语文化的氛围仍然浓重，报刊、期刊、大众读物等媒介仍然使用德语书写。这些都是学习德语和使用德语的有利条件。

1940年7月16日，阿尔萨斯被纳粹德国占领。德语再次成为官方语言，法语的使用遭到禁止和惩罚。旨在清除公共和私人生活中所有法语元素的"去法语化"（défrancisation）运动从此开始。

"二战"后，当人们重新审视阿尔萨斯在以往的拉锯战中的变化时发现，表面上看，政治环境的不断变化，导致德语和法语交替在学校教学中占据主导地位，但是现实社会交往中，大部分人仍然只使用本地语言进行交流。人们经常会从德语或法语中借用一些词汇，丰富本地语言，而不愿轻易放弃属于自己的语言。而书面语的使用则主要取决于学校体系中教授何种语言。

20世纪60年代中期以前，当地多数报刊都使用德法双语发行。但是此后，德语的比重逐渐减少，最终，多数报刊都只使用法语。国家推动法语在公共机构的主导地位的同时，政治人物还不断通过讲话释放出鼓励放弃地方语言的信号，让人们认为，使用地方语言会妨碍法语的学习。这种强势意愿让阿尔萨斯人内部分化出两股倾向。第一股支持德语的复兴。在1970~1980年，当地议员（主要部分是基督教民主党和戴高乐主义者）推动实现了初等教育阶段学习德语的特别政策。对此持反对意见的第二股倾

---

① Dominique Huck, "Dialectes et allemand en Alsace", in Georg Kremnitz (dir.), *Histoire sociale des langues de France*, Presses Universitaires de Rennes, 2013, p. 402.

向则支持本地语言。第二股力量（文艺界、左派运动成员、极左人士和环保主义者）认为，地方语言既承载着人民的记忆，又是"活"语言，却处于衰退中，这将有损于阿尔萨斯人的认同和他们固有的双语特点。无论是支持德语还是地方语言，所有复兴意愿最终都落实于行动中。以地方语言和德语出版的文学读物和歌曲（主要以地方语言为主）不断涌现，力争在官方营造的法语大环境中争得一席之地。

25年之后，这场语言抗争的结果难免让地方语言的拥护者感到失望。2005年，人们在当地小学中进行的调查显示，11岁以下的小学生中，声称自己会说本地语言的小学生只占全部被调查者的2.75%，会讲一点儿本地语言的学生占14.45%，能听懂本地语言的比例为11.2%；而根据同时开展的、对学生父母的调查，能听懂的人占比50%，能讲本地语言的占35%。[1] 这组数据虽然不能十分准确地反映全部阿尔萨斯人的真实情况，但我们还是可以从中窥见地方语言大幅衰退的事实和可能继续衰退的前景。

四　科西嘉语

"科西嘉岛位于法国东南部的地中海上，距离法国尼斯市170公里，距意大利半岛84公里，岛面积为8681平方公里，仅占法国领土总面积的1.6%，但它却是仅次于西西里岛（la Sicile）、撒丁岛（la Sardaigne）、塞浦路斯岛（Chypre）之后地中海地区的第四大岛"。[2]

由于地理位置重要，该岛历来为地中海周围的强国所觊觎。

---

[1] Dominique Huck, "Dialectes et allemand en Alsace", in Georg Kremnitz（dir.）, *Histoire sociale des langues de France*, Presses Universitaires de Rennes, 2013, p. 408.

[2] 陈玉瑶：《法国的科西嘉民族问题》，《世界民族》2013年第5期。

在罗马帝国统辖时期，科西嘉语与大陆语言十分接近，同属拉丁语族。13世纪末期至18世纪，科西嘉岛成为热那亚共和国的领土。在4个多世纪的时间里，热那亚人的托斯卡纳语，即古意大利语深刻影响了科西嘉语。直到现在，法国大陆的法国人普遍认为科西嘉人讲的是意大利方言，尽管科西嘉人对此坚决否认。

可以说，在科西嘉语的发展史上，热那亚人的统治是一个关键的影响因素。直到18世纪末期，意大利语仍处在标准化和体系化进程中，在科西嘉岛，作为书写语言的意大利语也处于同样的进程。1768年，热那亚共和国将科西嘉岛的管辖权卖给了法国，因为前者对科西嘉岛的管理变得越发困难，以至于1755~1769年，科西嘉岛一度建立了独立国家，建国后，意大利语被规定为"科西嘉共和国"的官方语言。

归属法国后，法国的统治也遭到了科西嘉人的强烈反抗，但是这些反抗最终以失败而告终。1769年，曾带领科西嘉人独立建国的帕斯卡尔·保利（Pascal Paoli）逃往英国。1789年大革命爆发后，制宪议会宣布将科西嘉岛并入法国，并承认意大利语和法语均为该岛官方语言，行政文件通常使用双语撰写。

从第二帝国（1852年）开始，意大利语逐渐淡出了行政语言，法语逐渐成为唯一的行政语言。但是在19世纪甚至20世纪上半叶，意大利语仍然在科西嘉民间使用，资产阶级往往会把他们的子女送到比萨、罗马、那不勒斯等地读大学。

第三共和国时期，初等教育"免费、世俗、强制"原则的推行保证了法语学习的普及。此时，正值帝国主义法国强盛之时，很多科西嘉人由于学习了法语，得以在殖民地行政机构中谋得职位，大批科西嘉人外迁到了殖民地生活。

随着国家对法语的大力推广以及学习法语的趋势渐强，科西嘉人，尤其是当地知识分子、教师、诗人、记者感到了复兴科西嘉语的必要性与紧迫性。从 19 世纪末期开始，他们组织了捍卫科西嘉语的游行活动，提出学校有教授科西嘉语的权利，同时，多种科西嘉语期刊在那一时期诞生。

1951 年《德克松法》出台时，科西嘉语并不在"地方性语言与方言"之列，科西嘉语、弗拉芒语和阿尔萨斯德语被视为外国语，不被允许在学校中教授。但从 20 世纪下半叶开始，国内和国际局势都发生了深刻变化。国际上，去殖民化运动如火如荼。在国内，1968 年 5 月爆发了"五月风暴"。这场风暴也不可避免地"刮"到了科西嘉。在"五月思潮"的影响下，科西嘉岛政治地位、经济发展、语言文化前景等问题成为公众讨论的焦点。

"五月思潮"促成了科西嘉语在大学中的教授。那时，在大陆的尼斯和艾克斯－昂－普罗旺斯（Aix-en-Provence），甚至巴黎都开设了教授科西嘉语的课程。与此同时，那些为科西嘉语争取一席之地的斗士们也在不懈地推动科西嘉语标准化运动。

但在 20 世纪 60 年代的法国，这样的呼声和实践终究不是主流声音，往往被淹没在戴高乐主义意识形态中。强调科西嘉人的语言文化特性，常被视为政治上的"不正确"。这种待遇对于科西嘉自治主义者是不可接受和无法忍受的。于是出现于 70 年代的自治主义运动与争取科西嘉语合理地位的请愿活动自然而然地联合在了一起。

1971 年，科西嘉岛上的科尔特（Corte）、巴斯蒂亚甚至遥远的巴黎都出现了教授科西嘉语的社会组织。次年，"科西嘉语学校联盟"（Fédération Scola Corsa）创立，主要致力于将科西嘉语纳入《德克松法》的适用范围。[1]

---

[1] Jean-Marie Arrighi, Olivier Jehasse, *Histoire de la Corse et des Corses*, Paris, PERRIN/Colonna Editions, 2008, p. 483.

科西嘉人的努力最终迎来了可喜的成果。政府于1974年承认，科西嘉语也属于法国地方性语言和方言之列。但是对于民族主义者而言，这还远远不够，他们看到许多其他国家（地区），尤其是在欧洲邻国中，双语的使用从来不成问题。而即便科西嘉语允许被教授，也始终处于同外国语一样的次要地位。他们认为，语言对于一族人民极其重要，他们不断重复这样的口号："语言死，人民亡。"（Morta la lingua, mortu u populu）

1991年，在地方分权改革中，科西嘉语和科西嘉人民再次掀起风波。在与中央政府协商科西嘉行政身份的过程中，科西嘉议会提出的法律草案因第一条使用"科西嘉人民"而遭到宪法委员会的拒绝，理由是该提法与"一个和不可分的"法兰西人民相抵触。最终通过的法律文本中第一条被删除。与"科西嘉人民"紧密相连的"科西嘉语"，自然也没有得到满意的回应。

但是，科西嘉人和科西嘉公共机构争取"双语平等"的努力却是不懈的。与法语相比，科西嘉语在本岛的使用虽然明显处于劣势，但是文化界致力于复兴科西嘉语的行动却十分显著。2015年，科西嘉民族主义党在地区选举中获胜，科西嘉成为法国唯一既不是左派执政，也不是右派执政的特殊地区。在2015年的地方议会讨论中，民族主义者使用科西嘉语而不是法语宣读报告和讨论事务，这一举动让全国人民大跌眼镜，引发了不少舆论反响。人们从这个例子中不仅可以感受到地方语言的政治敏感性之高，更可见科西嘉人复兴自己语言的意愿和努力远未停止。

五　地方语言的复兴运动

综上所述，从大革命时期开始，法语与地方语言并存的状况才得到政府关注。19世纪以来，公权力和社会主流意识形态都强调法语作为共和国唯一语言之地位。在这种观念指导下，地方语言长期受到压制，甚至在学校中遭到禁止。因此，在20世纪以来的大部分时间中，法语之外的其他语言是一个完全被排除在公共领域之外的事务，上述地方性及少数民族语言问题仅在很少的机会中成为全国关注的焦点。

但是，从20世纪60年代末期开始，由于《德克松法》的颁布，一些世俗性双语学校（从幼儿园直到高中）开始不断涌现：巴斯克语学校被称为"伊卡斯托拉"（Ikastola，1969年开始创立），布列塔尼语学校被称为"蒂瓦纳"（Diwan，1976年开始创立），加泰罗尼亚语学校被称为"布雷索拉"（Bressola，1976年开始创立），奥克语学校被称为"卡朗德雷达"（Calandreta，1979年开始创立），阿尔萨斯德语学校被称为"幼教起点双语学校"（ABCM，Associaltion pour le bilinguisme dès la classe de maternelle，1991年开始创立）。

其他地区的双语学校则不享有统一的、自身特点显著的命名，比如并不存在科西嘉语双语学校的统一命名，因为科西嘉所有公立学校都有双语（法语和科西嘉语）教育而其他地区双语学校则多为半私立性质。由于这种半私立性质，其生源扩充和发展非常缓慢，据统计，在2005~2006学年度，只有404351名学生在这类地区性双语学校中就读。[1]

19世纪以来政府主导的单语主义观念与实践，对法国地方性和少数民族语言产生了抑制性的负面影响。然而20世纪下半叶以来语言复兴现象的出现，表明人们保存和发扬集体文化、历史传

---

[1] Carmen Alén Garabato, "De la loi Deixonne à la révision de la Constitution en 2008: l'impasse idéologique?", in Georg Kremnitz (dir.), *Histoire sociale des langues de France*, Presses Universitaires de Rennes, 2013, p. 325.

统的意愿仍然存在。此外，某些教授地方语言或以地方语言为教学语言的私立或半私立学校，也在客观上迎合了部分富裕阶层意欲凸显社会优越感、让自己的孩子与免费公立学校中的普通阶层尤其是移民子女"保持距离"的现实需求。因此，复兴语言的意愿也在新形势下迎合着新的需求，并有可能成为"新隔离"（隔离本地富裕阶层与相对贫困的移民阶层）的制造者。

法兰西国族由主体法兰西人与各种少数群体（少数民族与移民）构成。历史上，主体法兰西人经历了从高卢人到高卢-罗马人再到法兰克人的融合演变。而少数群体的类别也各有特点：在本土世居少数民族方面，由于现代法兰西版图经历过一个不断扩充的历史过程，所以一些后并入法国的地区或多或少地存在不同于主体民族的特殊性，主要表现为语言文化差异，而不是族裔出身之别。值得注意的是，由于法国政府历来强调语言文化的同一性，历史上（尤其是存续时间最长的第三共和国时期）曾经推行过学校语言法语化、禁用地方性和少数民族语言的政策，这些"少数民族"的语言遭到了很大程度的抑制，现已逐步走向濒危。法国少数群体多样性的第二个方面表现在两次世界大战之间及以后大批涌入的移民上，新移民的到来打破了法国社会在人口、宗教、语言等方面的原有格局，为国族建构带来了新的挑战。

无论是从历史发展脉络看，还是从现实的族裔文化看，法国都无法否认社会文化多元的事实。然而，文化多样的事实却并不妨碍法国作为统一的"命运共同体"屹立于当今世界国族体系之中。国族层面的团结，是在统一基础上对国族建构提出的必然要求，是国族的生命所依，应该既包括人民的团结，又包括各群体的团结，具体到法国，就是包括国民团结、各族体的团结，以及移民群体与原住法兰西人的团结。团结的前提和基础是平等，这就意味着，要实现法兰西国族的团结，不仅要致力于促进公民的个体平等，还要根据实际致力于推动国内各群体的平等权利。而法兰西的公民国族观念——"法兰西国族由所有法兰西公民共同构成"，则决定了法式"国族团结"将只通过"人民团结"体现，而不存在"民族团结"维度。我们将在接下来的章节中详细展开，法兰西是怎样通过巩固公民个体之间的平等权利而促进国民团结的；对差异群体的否定，即集体文化权利方面的不平等又是怎样破坏各群体团结的。

第 四 章
公民个体政治社会权利平等的推进

平等是团结的前提和基础，不平等的社会是难以凝聚和团结一致的。在公民国族观念中，平等的主体，首先是而且只能是作为公民的个体人。18世纪下半叶，个体人作为自然人的天赋权利得到普遍承认的同时，作为现代国族成员的公民权利，也同时被那份具有划时代意义的《人权和公民权宣言》所确认。然而《宣言》中没有明示的是，这些权利的获得是以拥有本国公民身份或称公民资格（citoyenneté）为前提的。确认了一个个拥有国族成员身份的个体人，也就保证了平等主体的范围和权利的赋予对象。现代法兰西资产阶级就这样为"法兰西人"划定了范围，他们不是像德意志一样，由于共同的语言文化而同属于一个国族共同体，而是由于拥有相同且平等的公民身份，享受相同且平等的公民权利而成为一个国族。公民权利是公民共同体成员交往互动的核心基础，平等的公民权利在客观上也是成员命运一致性的具体表现，在政治权利，尤其是社会权利平等的基础上，救济弱者的多种政策实践充分彰显了国民团结的现代理念。本章重点讨论法国大革命以来，国家致力于公民权利平等的多方面努力，包括确认公民身份、促进政治权利平等和社会权利平等的种种举措，这些制度性保障措施，是促进法兰西国民团结的推动性因素。

第一节 国民身份的认定

无论出于何种目的，国家在保障公民个体权利（政治权利、社会权利）之前，首先要确定原本抽象匿名的个体人究竟是谁，确定身份是落实权利的前提。为了使每个人成为具体的权利拥有者，国家眼中的公民应是一个个具有姓名的真实个体。然而这些民事信息却长期被教会垄断，于是大革命以后的世俗化过程中，民事信息掌控权成了世俗政权与教会的又一斗争领域。

一 最初的民事信息登记

在法国，最早要求对民事信息进行登记的正式法律是 1539 年颁布的《维莱-科特莱敕令》，当时要求出生、死亡信息要进行登记。[①] 1579 年，国家颁布了关于王国社会治安的《布鲁瓦敕令》（Ordonnance de Blois），为了反对非法婚姻，规定个人的婚姻也需在本堂教区中进行登记。[②] 从此以后，人民的主要民事信息：出生、婚姻、死亡都要在各教区进行登记，但国家并不掌管这些登记簿。1667 年 4 月，《司法改革敕令》（亦称《路易法典》[Code Louis]）首次规定，民事信息的登记簿必须一式两份，为防止在战争、火灾等情况下丢失，副本需提交到皇家法官手里。[③]

在民事信息登记制度的实际推行过程中，法律明确规定的原

[①] 《维莱-科特莱敕令》第 50 条和第 51 条，分别规定葬礼和洗礼都要进行登记，以作为证明身份的证据。参见法国国民议会官方网站，《维莱-科特莱敕令》，http://www.assemblee-nationale.fr/histoire/villers-cotterets.asp, 2013 年 4 月 13 日。

[②] 参见以下网站提供的来自法国国家图书馆的《布鲁瓦敕令》影印版，http://robelia43.pages-perso-orange.fr/html/ordonnance%20blois.html, 2013 年 4 月 13 日。

[③] Gérard Noiriel, *Etat, Nation et Immigration*, Gallimard, 2005, p. 342.

则与实施方式之间总是存在距离。根据法国历史人口统计学研究提供的旧制度时期民事信息登记情况的材料，"在17和18世纪的民事信息登记中，个人的姓氏与名字是确定的，而年龄往往是指定的，极少有出生日期的信息；出生地点也是不规律地有所涉及且不总是精确。住址、职业则以各种不同的方式被标注"。此外，"由于书写和发音的不同，出现了不同拼写方式的姓氏"。①

二 现代民事信息登记制度的诞生及其艰难发展

大革命爆发后，公民身份（或称公民资格）问题被提上日程。1791年9月3日宪法规定："立法权力机关将为全体居民毫无差别地建立一种可以确认出生、婚姻和死亡的方式，并指定公务人员接收并保存文本"。② 1792年9月20日，立法议会根据宪法原则制定了《公民民事信息登记法》（Décret du 20 septembre 1792），规定市镇政府负责接收和保管公民的出生、婚姻、死亡信息登记证。该法律中的大部分规定后又得到1804年《拿破仑法典》（亦称《民事法典》或《民法典》[le Code Civil]）的再次确认。

在《民法典》第二章关于民事信息登记证（Des actes de l'état civil）的一般条款中规定：指定接收人在收到民事信息登记证的那一刻要填写自己的姓氏、名字、年龄、职业和住址；民事信息登记官员不得在回收的民事信息登记证上作本应由当事人声明的任何注释、附注；民事信息登记证明人只能从21岁以上、与当事人有关系的男性中挑选；当事人、民事信息登记官员、证明人都应在民事信息登记证上签名；各市镇应将民事信息登记证上的信

---

① L. Henry,《Variations des noms de famille et changements de prénom. Problèmes qui en découlent pour le couplage automatique des données》, *Annales de démographie historique*, 1972.

② 参见法国国民议会官方网站,《1791年宪法》: http://www.assemblee-nationale.fr/histoire/constitutions/constitution-de-1791.asp, 2013年4月1日。

息登记在一个或多个民事信息登记簿上，一式两份；被录入民事信息登记簿中的民事信息登记卡不应留有任何空白，任何日期均不得用数字填写；民事信息登记官在每年年终要停止或中止登记工作，两份登记簿一份要上交到市镇档案处，另一份上交给初级法院。① 此后的政权更替中，《民法典》的原则和地位始终未被动摇，从而保证了民事信息登记法在实践中的连贯性。

在民事信息登记制度确立后的几十年中，执行结果却让人感到极其沮丧。法国当代历史学家热拉尔·诺瓦里埃尔（Gérard Noiriel）根据1820年的一批档案资料总结了民事信息登记法在执行过程中遭遇的重重阻碍，这些阻碍首先体现在民事登记证中出现的大量错误上：第一类也是出现频率最高的错误，即由于负责登记者的文化水平过低导致的错误，如涂改痕迹、涂改后加字或附注现象太多、已婚夫妇的姓氏在公布结婚公告的证书以及民事信息登记证书上有时被冠以不同的拼写、许多民事信息登记证没有当事人签名、许多证书上有空白栏、填写证书的时间不正确、当事人民事信息登记的相关材料和凭证（出生证或父母同意一对年轻人结婚的证书）缺失等；第二类错误主要涉及一些违法行为，比如负责登记的公务人员为了敷衍了事而"造假"，所有证书的证明人都为同一人，这说明这些证书是在事后一次性被冠以签名的；第三类问题是更为严重的违法现象，即与当事人勾结，蓄意造假，最常见的是篡改民事信息，比如将男孩名改为女孩名、假结婚以躲避兵役等。②

其次，民事信息登记制度的推行还经受着来自偏远乡村、宗

---

① 参见法国国民议会官方网站，"1804年《民法》"第二章第35、37、39、40、42、43条：http://www.assemblee-nationale.fr/evenements/code-civil/cc1804 - lpt02.pdf，2013年4月13日。

② Gérard Noiriel, Etat, Nation et Immigration, Gallimard, 2005, pp. 348 - 351.

教机构和地方语言的挑战。根据热拉尔·诺瓦里埃尔的观察，一般而言，城市中的民事信息登记管理要认真一些。在乡镇中，由于镇长及其助理都是文盲，要么不会写字，要么不懂拼写规则，写出的东西无法辨认。法律规定的诸多手续似乎在这个彼此互识、流动性极弱的乡村世界中显得有些多余。还有一些农民认为教士手中的洗礼记录足以确认婴儿的出生，因而没有必要再向镇长进行申报。

将教区负责的登记簿转交给世俗政权的规定引起了教士的抵抗。自1791年起，拒绝宣誓遵守1790年法国《教士公民组织法》的教士禁止本区教民在支持宪政的神甫面前进行宗教仪式。这样一来，许多公民都没有进行民事信息登记。①

民事信息登记制度发展初期遭遇的第三类阻力是语言的不统一。各地语言的差异使得来自巴黎的各项政令无论在传达上，还是在执行中，都遭遇了地方力量的阻挡（当然语言差异的阻力不是仅体现在民事信息登记制度的推行中），以至于民事信息登记证上的书写错误层出不穷。

但是归根结底，公民民事信息登记制度建立之难，最大的问题还是在于个体与公民生活的联系极少。这是因为在一个彼此互识的小共同体中，个体无须向任何部门（甚至宗教机构）去申报民事信息，以目辨别的逻辑足以保障自己的成员身份，更可以使自己的成员身份得到鉴别。只有当身份鉴别以国民需要的方式提出来时，民事信息登记制度才成为必要。

民事信息登记制度的重重阻力对世俗政权不断提出新的要求，此后出台的关于姓名的法令正是出于这个目的：《共和二年果月6

---

① Gérard Noiriel, *Etat, Nation et Immigration*, Gallimard, 2005, pp. 351–359.

日法》(*Loi du 6 fructidor an II*)规定，禁止公共机构承认公民出生证以外的任何名字（该规定至今仍有效），该法还罗列了一张公民可以使用的名字清单；《共和十一年芽月法》(*Loi du 11 Germinal an XI*)要求全体公民固定自己的姓名。然而，仅通过法令政策的补救是远远不够的，公民民事信息登记工作的不断完善还需要行政技术手段、公民文化水平等多方面的共同推进。

19世纪下半叶，法国完成了工业革命，国内公路和铁路网络的建成、技术手段的革新使得国家各项法令终于可以及时、有效地通过行政机构到达最为偏远的乡村地带。我们将看到，不仅是公民的民事信息，公民的政治权利与社会权利也都是从物质条件成熟的19世纪开始得到充分兑现。

为了确认权利人的身份，公民民事信息登记制度的建立成为必要。然而大革命以前很长时期内，公民个人的民事信息都掌握在教会手中。世俗政权经历漫长历程最终将公民民事身份信息的掌控权从教会处夺回。由此，国家将每一个国民的基本资料详加登记，每个国民都直接接受国家机关管辖。"从前由教会主持的人生重大仪式，在近代国家兴起后，便一一被国家公务机关所取代。人们在面对生老病死的种种问题时，除了得经历感情上的喜怒波折，还必须到国家机关办理各项登记：出生、结婚，以及死亡等。于是，政府跟每一个国民都建立起紧密关系，人民生活中的每一环节都跟国家公务息息相关，而这种密不可分的关系是前所未有的"。[①]

出生证明、死亡证明、结婚登记证明……现代公民生活中人们习以为常的各种"常规"，在国族建构的初始阶段却都显得那么

---

① 〔英〕埃里克·霍布斯鲍姆：《民族与民族主义》，第80页。

新颖。而所有的这些"新观念""新举措"又是历经种种困难与阻碍才被推广到整个社会，进而逐步塑造了公民的国家认同。尽管从理论上讲，民事信息登记制度的建立应先于各项与公民权利相关的政策、法律，因为这一制度事关"权利人"的范围界定，但是我们却看到，由于公民文化水平的有限和相关技术条件的落后，世俗民事信息登记制度的建立与完善，并不比公民政治权利的实现要来得早。

第二节 公民政治权利平等的逐步兑现

国族是践行"人民主权"理念的场域，而"人民主权"理念的落实需要一个制度化路径，这样一来，如何组建这个体现"人民主权"的公民国族，就成为资产阶级共和派由革命者转变为执政者后需要面对的新问题。法国资产阶级共和派以卢梭的政治理念为蓝图，在实践中通过代议制的组织形式将公民纳入政治体系。政治领域的公民平等，最终表现为公民选举权的平等，而这种政治权利平等的兑现，并不是以一蹴而就的方式实现的。

一 西耶斯："积极公民"与"消极公民"

大革命的暴风骤雨将王权推倒，但这并不意味着"人民主权"原则就此确立，它需要通过以平等身份为基础的制度性支撑予以落实。根据卢梭的契约原理，公民需要聚合为一个集体，因为公民身份只能在一种集体性自决实践中才能够实现。最终，这个集体被西耶斯和革命者命名为"国族"，具体而言就是当时的第三等级。但是在西耶斯和革命者看来，"'国族'不能直接行使任何权力，它'只应该通过其代表表达想法和采取行动'，主权权力要委托这些代表制定一部基本法"。①

卢梭与西耶斯所持主张的区别在于,卢梭认为政府只具有行政权,而西耶斯却认为政府是一个可以行使权力的机关:政府本身就是"受委托的公共权力",在这个受委托的公共权力机构中,真正的共同意志"不是完全地、无限地赋予代表组成的团体……代表们绝不是作为自己的权利,而是作为他人的权利行使这个意志。在这里,共同意志仅被委托而已"。② 如果说卢梭想要的是一个立法过程采用直接民主方式的制度,那么西耶斯设计的则是一个被委以立法权的代议制政府,也就是立法过程采用间接民主方式的制度。在具体实践中,西耶斯所设想的代议制框架得到了当时许多革命领导者的支持,其中的主要原因就在于,直接民主制在当时社会条件下的不可操作性及其本身所固有的缺陷——以一部分人奴役另一部分人为前提。③

实际上,从某种程度上说,旧制度体制下的三级会议也是一种代议制度,但是西耶斯认为这是一种极度不平等的制度,三个等级的代表并不是由具有平等身份的公民推举出的,并且由于他们是特权者,因而也不可能真正代表普通公民的利益诉求。西耶斯的思想虽然不是代议制思想的源头,④ 他也不是法国阐述代议制思想的第一人,⑤ 但是他"把代议视为社会的基本原则并围绕它组织政治生活,却是不折不扣的现代发明"。⑥ 由于在革命初期的崇

---

① André Burguière et Jacques Revel, *Histoire de la France. L'Etat et les pouvoirs*, Seuil, 1989, p. 424.
② 〔法〕西耶斯:《论特权 第三等级是什么?》,第59、58页。
③ 吕一民、乐启良:《西耶斯的代议制理论管窥》,《浙江大学学报》(人文社会科学版)2009年第1期。
④ 关于代议制的起源可参见丛日云、郑红《论代议制民主思想的起源》,《世界历史》2005年第2期。
⑤ 在西耶斯之前,孟德斯鸠也曾探讨过代议制度。
⑥ 吕一民、乐启良:《西耶斯的代议制理论管窥》。

高地位，加之制宪会议的成员身份，西耶斯的政治思想对1791年宪法产生的影响是直接的。他的思想在宪法第三编第一条、第二条里得到了最直观的体现，"一切权力只能来自国民，国民只得通过代表行使其权力……法兰西的宪政是代议制"。[①] 制宪会议对西耶斯代议制原则的接受和确认，在很大程度上奠定了现代法国代议制度的基本框架。

但是，无论在理论上还是实践上，西耶斯都暴露出许多自相矛盾的地方，他提倡公民身份平等，却又在实践中把公民区分为"积极公民"与"消极公民"。他是1791年宪法的起草者，该宪法在选举和被选举资格方面却作出了个人经济条件方面的规定：要想成为选举人需满足以下条件：年满25岁的男性公民、缴纳相当于三个工作日的贡金（cens）并且在本选区居住一年以上。这样一来，最贫困的人就被排除在外了。而被选举人则需要缴纳相当于十个工作日的贡金。具有选举资格的公民是"积极公民"，相反则为"消极公民"。尽管由于获得选举权所需的贡金极少，这种规定并没有将大多数公民排除在外："在占据人口总数80%的乡下，这样一笔贡金，加上在选区居住满一年的规定，也不过将一些流浪者、游民排除在外"[②]，但是这种有违平等原则的规定，遭到了坚持普选制的罗伯斯庇尔等人的抨击。实际上在国王出逃后，宪法颁布之前，已经初现了反对宪法的声音，爱国人士主张所有人联合起来，他们大声疾呼："让这些统一的神圣词汇：博爱、平等和自由……进入我们内心吧！……我们拥有同一个家园……没

---

① Philippe-Joseph-Benjamin Buchez & Pierre-Clestin Roux, *Histoire Parlementaire de la Révolution Française, ou Journal des Assemblées Nationales*, depuis 1789 jusqu'en 1815: Vol. 11, Paris: Paulin, 1834 – 1838. 转引自吕一民、乐启良《西耶斯的代议制理论管窥》。

② André Burguière et Jacques Revel, *Histoire de la France. L'Etat et les pouvoirs*, Seuil, 1989, p. 434.

有积极公民与消极公民之分,完全的平等。"① 最终,国民公会于1793年正式废除了这一区分,完成了由有产公民向个体公民的现代转向。②

体现"人民主权"的国家组织原则和总体框架实际上反映了"理想向现实妥协"的变化:从"人民主权"原则表现为小型城邦中的直接民主形式,到中等国家中立法过程采用直接民主,再到确定在法国范围内实行委托立法(间接民主方式立法)。直接民主原则落地时已经成为代议制民主,即间接民主。游戏规则初步确定后,还需要具体的行动——公民投票选举予以配合。但是在"谁是公民",即"谁拥有选举权"问题上,法国人经历了更为漫长的历程,直到20世纪70年代,全体年满18岁的男女公民才拥有平等的政治权利——选举权。

二 公民选举权的平等化

西耶斯以直接民主的不可操作性为由,以人民或国族代表自居,与其他共和主义者③直接起草并颁布了1791年宪法。宪法虽然规定了部分公民的选举权——以财产和年龄为标准,把选民分为"积极公民"和"消极公民",但是他并没有打算举行一次全民表决来确立宪法的合法性。这样一来,国民议会和制宪议会都成为代议机关,但是这些代表都没有受到人民的明确委托。这种做法虽然没有给直接民主留下任何空间,然而宪法中规定的公民选举权(尽管是一种纳税选举制)却是向直接民主的内在要素之

---

① Marcel David, *Fraternité et Révolution française*, AUBIER, 1987, p. 93.
② 关于当时社会立法中"积极公民"与"消极公民"的区别和取消这种二分法的过程,参见郭台辉《法国大革命前期的公民用法问题》,《武汉科技大学学报》(社会科学版)2012年第1期。
③ 当时的共和主义是与君主制相对而言的,也就是主张建立共和国的思想观念。

一——普选制方向迈进的第一步。

根据1791年宪法，一切权力都来自人民，但是人民只是权力的来源，而不是权力的行使者。西耶斯等人在1789年12月提出了这样一个方案，该方案可以称为间接选举制度构想：一区内有选举权的公民在初级议会（les assemblées primaires）选定选举人，再由选举人选出国民议会议员、省行政官员以及市镇的行政官员和法院法官。

1792年国民公会的产生使普选制前进了一步：凡是年满21岁的男性公民（家仆除外）均被赋予选举资格。因此可以说，国民公会是经过男性公民普选而产生的。1793年宪法虽然未能实施，但在普选制方面走得更远：仆从也被赋予选举权，甚至在某些情况下，居住在法国的外国人也拥有选举权。

1795年，督政府再次恢复了间接的纳税选举制。初级选民应该满足下列条件：年满21岁的男性公民，缴纳一笔税金（数量多少不限，自愿为主）或参加过军事战役，为共和国的建立作出过贡献；二级选民则应为收入高者，缴纳相当于100～200个工作日的税金，① 但仆役身份仍然是践行公民权利的障碍。据统计，在当时约750万名成年男性公民中，在理论上可以参与到初级选举中的公民约为600万人，远比1791年宪法所能涵盖的选民数量要多。②

当然，实际的投票率并不理想，其中主要原因并不都在于纳税额的问题，贫民、文盲的数量要远远大于"消极公民"的人数，文化素质低下和政治意识缺失是阻碍他们参与选举的主要原因；

---

① 这种税金被称为"直接税"（impôt direct）。
② André Burguière et Jacques Revel, *Histoire de la France. L'Etat et les pouvoirs*, Seuil, 1989, p. 434.

家庭仆役身份也成为选举资格的障碍；一些短工、乡村手工业者、小农往往怕耽误时间而不前往选区首府参加会期较长的初级议会选举。除此之外，我们还不能排除政治形势的多变给人们带来的厌恶投票心理。

第一执政和第一帝国时期（1799－1815），男性公民普选制框架得以确立。1799年，执政府颁布了共和八年宪法，规定年满21岁且在本国居住一年以上者（但不拥有仆役身份）拥有选举权。虽然选举的税金被取消，但却要受制于一个"信任名单体系"（système des listes de confiance）：各市镇选举人在本镇范围内先选举出一名可以列入信任名单的二级选举人，后者再在他们中间推选出代表以形成一份国民清单（liste national），最后参议院在这份名单上选择立法议会成员。这种体制与以往的间接选举制度一样，主要特点在于人民实际上并没有直接选择自己的代表，选举的结果最终掌握在上层权威手中。这是由于西耶斯的制宪原则就是："信任来自下面，权力来自上面"。

为了使宪法获得合法性，首先还是应该取得"来自下面"的信任与认可：拿破仑·波拿巴将该宪法付诸公民投票，同时这也是第一执政时期的首次普选尝试。结果，根据官方公布的投票结果，有超过300万人投了赞成票，仅有1562人反对。但这是官方有意夸大的数字，实际的赞成票只有150万。[①]

滑铁卢（Waterloo）战役的失败导致第一帝国垮台，复辟王朝趁机恢复了君主立宪制度。男性公民普选制也被废除，纳税选举制被重新启用。从这一时期起，只有年满30岁、缴纳300法郎税金[②]的男性公民才具有选举资格；若要具备被选资格，则需年满

---

① 张芝联主编《法国通史》，第247页。
② 这种税金被称为"直接贡金"（contributions directes）。

40岁,缴纳不少于1000法郎的税金。更有甚者,1820年选举法还规定:允许缴纳税金最多者拥有两次选举机会。这种制度无疑更有利于那些大地主阶级,也就是旧贵族。

七月王朝仍然坚持纳税选举制,但税金金额有很大幅度降低。1830年,选举人资格税由300法郎降到200法郎,特殊情况〔指被称为"才学之士"(les capacités)的科学院院士、医生、科学家、退休军官等〕100法郎亦可;1831年规定被选举人资格税由1000法郎降至500法郎。年龄也分别由30岁降到25岁、由40岁降到30岁。允许两次选举的规定也被废除。但是被选举人的贡金始终多于选举人的这种规定,不可避免地会使当选者的社会地位或经济条件高于他们的选民。

根据人们对王朝复辟时期(1815—1848)当选者身份的调查:1815年,所有当选代表中有60%的贵族,1821年该比例为58%;七月王朝初期,该比例大幅下降(占12%),1846年时有所回升(38%),随之崛起的是老资产阶级,包括有产者、公务员、一般或高级官员、自由职业者,商人群体被远远抛在后面。1846年,所有代表中公务员的比例上升到了40%。[1] 这是因为基佐的政治纲领就是"竭尽所能致力于资产阶级的政治优势,把他们自1789年至1830年对特权与专制政权的伟大胜利一劳永逸地、正常地巩固起来"。[2] 于是,保守的自由主义者求助于民主,因为他们认为,民主应植根于一些公民价值观(家庭、财产、工作)和政治价值观(政党)中,只有这样才能转变人民的不服从和反叛精神,这些精神恰恰是摧毁社会秩序的起因。所以,民主也应该必然是保

---

[1] André Burguière et Jacques Revel, *Histoire de la France. L'Etat et les pouvoirs*, Seuil, 1989, p. 441.
[2] 张芝联主编《法国通史》,第321页。

守和分权的，可以促进市镇的自由、宗教的自由、教育的自由等，以使地方显贵——社会的天然守卫者，可以保护好社会的稳定。[1] 但是基佐政府后期刻意强调稳定、秩序的原则，反而使这种制度成为保守、停滞的代名词，也使反对这种选举体制的声音变得越来越多。

二月革命一举推翻了七月王朝的统治，建立了第二共和国。1848年5月，男性公民普选制度被确立并从此后再未受到任何质疑和否定。

临时政府组建后，各党派达成共识：只有求助于公民投票才是保证秩序和进步的良方。于是政府通过决议，召开国民议会。该议会将成为全国最高立法机构。临时政府宣布年满21岁的全体男性公民、在其市镇居住6个月以上者均有选举权。1848年6月，所有成年男子都以直接、秘密的投票方式推选自己的代表。投票成为一种庄严、隆重的集体行为，每位公民听到对自己的召唤后都会走到投票箱前投下自己神圣的一票。这是历史上第一次真正意义上的男性公民普选，也是第一次通过践行公民权利、推选自己的代表进行重大政治决策，此时的代议制才最接近现代的选举民主代议制。

从公民的参与情况来看，84%的投票率[2]不仅意味着当时人们对投票重要性的认识，也反映了大革命以来民众阶层的整合程度。不仅如此，这一数据还体现了选区内城市与乡村的联系日益紧密，公民文化程度也有所提高。

1851年12月，路易·拿破仑·波拿巴通过政变夺取国家政

---

[1] Jean-Claude Caron, *La nation, l'Etat et la démocratie en France de 1789 à 1914*, A. Colin, 1995, p. 214.

[2] André Burguière et Jacques Revel, *Histoire de la France. L'Etat et les pouvoirs*, Seuil, 1989, p. 442.

权。政变后，他做的第一件事便是通过传统的全民投票方式获得执政合法性。投票原则上是秘密的，但是秘密写票间被撤除，在当时社会恐怖的高压下，选择"不"或"弃权"都成为不可能。在这次选举后，法国人对选举的态度有了很大转变，参与选举的热情明显下降。直到19世纪60年代以后，第二帝国向自由体制转变，情况才有改观，政治生活才重新被人民接受。

从第三共和国，也就是19世纪70年代起，民主制度呈现出了新的发展方向：多元主义民主（démocratie pluraliste），这种改变是国家的行政集权制向分权制过渡的标志。但从普选制的发展史来看，下一个具有里程碑式意义的时间节点是1944年。这一年4月，政府颁布法令规定年满21岁的女性公民也拥有普选权。至此，真正的普选制才完全实现。次年，女性公民第一次正式参与了4~5月的市镇选举。

长期以来，女性一直被拒绝在政治生活之外。这是因为她们作为母亲和妻子的角色，甚至她们的性格，给予她们感性多于理性的表象。正如前文中提到的，卢梭设想的公民群体中，妇女和儿童是被排除在外的。将卢梭的契约思想奉为指导原则的共和主义者带有这种思想倾向也就不足为怪。此外，一些政客还担心宗教对妇女的政治倾向会产生影响，这也是将妇女排斥在选举之外的一个原因。

1974年，第五共和国总统德斯坦通过颁布法律，使获得选举权的年龄降到18岁，选民群体进一步得到了扩充。此后，18岁以上的男女公民无论社会职业出身如何，在践行公民权利方面的身份平等和参与平等均得到了法律保障，直至今日。

法国历史学家皮埃尔·罗桑瓦龙（Pierre Rosanvallon）在考察普选权的历史演变过程中还发现了一个值得注意的有趣现象，那就是在普选制背后暗藏着三种历史：认识论的历史（对普遍选举的正当性予以承认的历史）、普选的文化史和选举实践史。因此，制度的实践发展史与人们对制度的认识发展史之间不仅存在本质差异，也存在着先与后的时间差。1848年，纳税选举制已经被废除，普选制初步建立，但是正如罗桑瓦龙所见，"在1860年代，人们经常听到这样的说法：选举是一种因过于新奇而无法被真正理解的制度。在1870年代，它仍然被理解为一种神秘与不可预测的力量……普遍选举只是到了20世纪之初才被变得平常"。[①]

今天的西方社会中，选举已经成为"常规"或"理所当然"。但是这段"接受史"却有意无意地被淡忘了。对于18~19世纪的普通民众（很多人是没有选举权的）来讲，参与选举实际上意味着自己生活方式的新变化，而这种新的生活方式成为"日常行为"进入普通民众生活的过程既不顺利也不快速。

大革命确立了以"人民主权"原则组建政治体系的规则，但是"公民"的范围却是有限的，社会内部仍然有"公民"（积极公民）和"非公民"（消极公民）之分。而当时所谓的民主制度，主要是将"积极公民"的投票作为权力合法性来源，公民投票的作用不是选出能够代表他们进行决策的人，而是对该代议集团的决策进行表决，通常这种表决的过程或结果具有很大可操作性。随着"公民"群体的扩大以及大规模直接参与投票的普遍化，公民直接民主的外形近乎完备，但这只解决了选举权，即"谁选"的问题，而民主制度中还包括同样重要的方面，那就是"选谁（什么）""怎么选"的问题。

在卢梭的设想中，民主体现在制定"公意"的过程中，也就

[①] 〔法〕皮埃尔·罗桑瓦龙:《公民的加冕礼：法国普选史》，吕一民译，上海世纪出版集团，2005，第366~367页。

是立法的过程中。但在现实的选举实践中，选民既要选立法机关，又要选举行政机关；既对党派进行投票，又对党派代表进行投票。而选举办法更是不断花样翻新。

自第五共和国以来，选举办法经历了令人目不暇接的变革。不仅每类选举的流程、选法不同，而且同一类选举依据人口规模的大小也采用不尽相同的选法。此外，各级选举也经历了不同的演变。

因此，"一人一票"只是自称"民主制"的国家中普通民众拥有的相同生活方式，但"选谁（什么）""怎么选"的问题则更多依托于各国政治体制的运行规则，这种规则在美国被称为"总统制"、在英国被称为"议会制"，而在法国则是介于"总统制"与"议会制"之间的"混合制"。

"公民身份"不仅代表着一种全新的共同生活和交往方式，还意味着个体将打破原有交往范围和地域限制，面对更大规模的人民集合体——国族。随着通信和交通技术的进步，这种国族范围的人民交往将会变得更加频繁和便利，人民是在彼此互动交往中，而不是在彼此孤立中产生交流融合，进而生成团结互助的意愿、情感与行动的。因此，公民身份是迈入更广阔范围共同生活的许可证，获得这一身份，是实现国族范围内人民团结的起点，而团结效果的产生，则源于公民彼此间的具体实践过程。

指向政治权利的"公民身份"是抽象的，因而观念中的政治身份一定是平等的，然而真实社会最显著的特点还表现为个体在经济财富方面的不平等和贫困现象的突出。在这方面，社会保护者的角色不仅由教会转变为国家，而且保护理念也由"慈善"转变成了"平等"与"团结"。由此，公民在收获政治权利的同时，其社会权利也得到了逐步落实和丰富。

第三节　团结原则下公民的社会权利保障

政治领域公民选举权普遍化和平等化的同时，公民的社会权利保障也在同步推进。公民的社会权利包括受教育权、健康权、社会救助权等，而"团结"观念尤其突出地指向社会救助权，这是社会权利的最基本内容。

一　劳动义务与社会救助权

将国家定位于"保护者"这一角色，使得最初的社会权利范畴主要局限于社会贫困现象。大革命将给予贫民的救助视为"国族债务"，即国家对社会的亏欠，这种认识反映的正是国家对社会的责任意识：保护社会中的贫民和被排斥者是国家义不容辞的责任。法国历史学家认为，这种思想的根源在于对贫困现象的"客观"认识：贫困是一种相对而言外在于个体的、被迫遭受的社会事实，是不幸找到了他们，而不是相反。于是，矛盾出现了：这种观点与将个人理解为自由、自主、可以通过自食其力成为有产者的理解刚好相反，如果说个体是通过其行为建构起来的，那么贫困实际上可以被认为是其自身造成的结果，即是说个体自身对这种贫困境况负有责任。[1]

大革命时期，制宪议会意识到了这个问题，于是他们将通过劳动融入社会作为谋得救助权的一个条件，由此区分开了贫民（被迫的贫困）和行乞者（自愿贫困）。当时，拉罗什福柯－里奥

---

[1] André Burguière et Jacques Revel, *Histoire de la France. L'Etat et les pouvoirs*, Seuil, 1989, p. 523.

库尔有一句名言很好地表达了以上原则:"如果个体有权对社会说,'让我生活',那么社会也有权回答他,'给我你的劳动'"。[①]但是在这样一种观念中,劳动是作为一项义务出现的。于是就像我们看到的,在大革命后直到19世纪中叶的这段时间里,公民的社会权利主要内容就只有社会救助权而已,尽管此间颁布过多部与工人劳动相关的法令[其内容包括关于工人结社与罢工权问题(1791年、1803年)、薪资争议问题(1804年)、休息日的规定(1814年)等]。

1848年宪法出台前,劳动权问题引发了激烈讨论。建议在宪法中写入劳动权的人认为,这种做法可以凸显国家在经济方面的积极作用;而反对者则认为,这种权利主要针对失业的情况,失业是一种范围有限的、偶发性现象,可以制定针对失业的政策,但是权利是面向所有人的,所以这种术语不应出现在宪法中。[②] 最终,宪法前言以一种非常谨慎的口吻作出了这样的规定:"共和国应保护公民的人身、家庭、宗教信仰、财产和劳动;应使每个人接受必要的教育;它应通过一种兄弟般的救助保证公民的生存:要么为他们提供力所能及的工作,要么为丧失劳动能力的公民在没有家庭的情况下提供救助"。[③] 这种规定显然并没有明确劳动是共和国应赋予公民的一种权利的观念,救助弱者原则仍然是社会保护的主导思想。

---

① 1790年7月15日拉罗什福柯-里奥库尔提交给制宪议会的《乞讨委员会第一报告》,转引自 André Burguière et Jacques Revel, *Histoire de la France. L'Etat et les pouvoirs*, Seuil, 1989, p. 523。

② André Burguière et Jacques Revel, *Histoire de la France. L'Etat et les pouvoirs*, Seuil, 1989, pp. 525 - 528。

③ 参见法国国民议会官方网站,《1848年11月4日宪法》, http://www.assemblee-nationale.fr/histoire/constitutions/constitution-deuxieme-republique.asp, 2013年4月12日。

二 "团结主义"运动：社会政策的出台

直到 19 世纪末，西欧所有社会运动都是分为自由主义和社会主义，而法国学界和工农阶层共同推动的"团结主义"思潮与社会运动，则体现了法国人另辟蹊径的探索勇气和理论创新。有关"团结"的学术研究和理论主张已在第一章进行过分析展示，在此不再赘述。总之，"'团结主义'运动非常成功，以至于'团结'成为第一次世界大战之前'第三共和国的官方社会哲学'"[1]。这场运动的政治力量依托，是布尔茹瓦领导的、得到多数工农劳动者拥护的激进派。在这一阶段，由于"巴黎公社"刚刚遭遇失败，社会主义和工人运动还只限于零散的小组活动，在政治生活中的影响还十分有限。在强大的社会共识推动下，将"团结"原则落实为行动似乎成了迫在眉睫的事。

总体而言，"团结主义"在实践层面的主张一是进行德性教化，也就是思想教育工作；二是通过国家层面的制度设计保护弱者免于贫困与灾难。最终，行动的落脚点并没有放在教育上，但旨在保护工人的社会保障制度却有大幅推进。

"团结主义"理论的现实影响力正是通过这方面的政策立法得以体现。就像《团结：防范社会风险互助保险协会月报》的创刊号（1902 年 10 月）中宣称的，"团结观念的深入人心，已经成为防范社会风险的保障"[2]。

到 1911 年时，人们观察到，许多相关法律要么陆续出台，要么正在酝酿，要么正在讨论：针对劳动事故的第一部"社会保险"

---

[1] 〔英〕劳伦斯·王尔德：《团结概念：从理论阴影中产生？》，载李义天主编《共同体与政治团结》，社会科学文献出版社，2011，第 196 页。
[2] Société d'Assurances mutuelle, "Notre programme", *Solidarité*, 1902, n°1, p. 1.

法案于1898年出台，随后，《劳动事故法》的覆盖群体被不断扩大，直到完全涵盖各行各业的劳动者；旨在保护妇女儿童的劳动法不断完善；《工厂和作坊卫生条件法》已经出台；每周强制休息法案已被提出，但暂时处于搁置状态；针对失业救助的财政拨款和贷款法案处于酝酿阶段……①其中当然还包括最著名的《工人与农民退休法》（1890年提出、1910年颁布），该法被学者视为"研究'福利国家'的真正起点"②。

除了对劳动者个人的保障外，同样以"团结"原则为宗旨，对弱者的关怀救助还进一步延伸到了他们的家庭。这种家庭补助最初只是一些企业主的自发行为，目的是减轻多子女职工在家庭事务方面的经济负担。例如1891年，香槟地区一家大型棉纺厂首先建立了"家庭补助管理机构"（Caissede famille），旨在为有子女负担的雇员发放家庭补助，并委托一个工人委员会来管理。"这是法国最早出现的家庭津贴管理机构。在当时工业社会大步前进的时代背景下，这一举措包含着企业主在经济考量与人力资源管理等方面的精心算计——发放家庭补助的经济代价远比普遍增长工资要小得多。恰是这种利益权衡，逐步推动企业主向雇员发放家庭补助成为一种普遍制度。到第一次世界大战前夕，法国已有40多家企业向雇员发放家庭补助。"③

在这种背景下，1932年，国家立法要求每家企业必须要加入一个家庭津贴清算机构，为工人提供家庭补助。1939年，《法国家庭与出生率法典》（*Code de la famille et de la natalité française*）

---

① 参见 Alfred Pinel, *Essai de Solidarité sociale*, Bastia, C. PIAGGI, 1911, pp. 76–77.
② 〔法〕热拉尔·诺瓦里埃尔：《国家、民族与移民》，陈玉瑶译，中国社会科学出版社，2017，第241页。
③ 张金岭：《法国家庭政策的制度建构：理念与经验》，《国外社会科学》2017年第4期，第48页注释3。

的颁布，标志着法国开始建立起真正的家庭政策。

而此前，家庭在法国一度是遭到批判的对象。"十九世纪的自由主义，特别是个人主义思想的发展，产生了一种仇视一切集团（家庭和其他集团）的情绪。"① 但两次世界大战的爆发，让家庭观念得到了更新，这种观念更新是从认识到家庭在人口再生产方面的作用开始的。于是家庭政策从第二次世界大战前夕开始探索，并从 1945 年起得到发展。与此同时，法国社会也逐步重新恢复了集体和"团结"理念的重要价值。

法国家庭政策的基本目标有四：一是促进人口再生产；二是为公民成长提供终生支持；三是维系家庭的稳定及其传统价值；四是追求社会公正与团结。家庭补助政策的出台，既着眼于对劳动者施以保护，以帮助他们应对因家庭负担、疾病、衰老等问题而遭遇的不稳定生活困境，反过来又在施行过程中强化了政策本身所体现的理念。

这种理念与实践传统还导致法国"社会与团结经济"这一特殊领域的形成。法国"社会与团结经济"最初是民间社会为平复工业革命和经济衰退引发的社会危机所做的努力，是 19 世纪工业革命时期曾经出现的"社会经济"（指注重平等的经济政策）与 20 世纪 80 年代"团结经济"的结合。2008 年次贷危机引发的全球经济困境促使法国政府和民间反思以新自由主义为标志的自由市场经济的不足，2014 年国家通过《社会与团结经济法》，标志着民间社会创新发展模式的探索获得正式承认，这一经济模式正在成为整个国家发展理念改革的重要切入点。"社会与团结经济"将传统社会价值观与现代经济活动相结合，探索超于经济理性和

---

① 〔法〕M. 拉罗克：《法国的家庭体制和家庭政策》，殷世才译，《国外社会科学》1982 年第 8 期。

市场逻辑、实现个人发展与社会繁荣和谐共存的途径，是法国在人民团结举措方面作出的新探索。这些新探索无疑彰显了法国人对"平等""团结"理念的坚守，然而矛盾的是，一旦"平等""团结"的对象变为外来移民，一些法国人就犹豫不决了。

三 "平等"招致不满：当"团结"对象变为移民

两次大战的爆发让法国人口骤减，为了恢复和鼓励人口的再生产，法国政府不仅出台了家庭政策，还大量引进原北非殖民地移民，以充实急需的产业工人和军人队伍。为此，法国企业和政府曾出台特殊政策，将来法手续进行调整，为移民的到来提供各种便利。由于这种特殊时期的优惠政策，法国成为接收移民最多的欧洲国家。这些来自前殖民地的移民为战后法国经济腾飞作出了巨大贡献。

移民的到来除了在人口结构方面改变了法兰西社会原有格局，还为本土法国人的社会流动注入了新的动力，促进了本土法兰西人经济社会地位的升迁。然而随着大批移民的入籍以及移民第二代的崛起，移民以往的贡献逐渐被淹没在"问题"之中。因为移民成为新的社会底层，于是在法兰西公民"平等"原则下，他们无可争议地成为"团结"政策的目标群体。然而对入籍移民的"平等"相待却招来了本土法兰西人的各种不满，后者认为国家将大量财力物力花费在移民身上，让"自己人"吃亏了。

法国本土人的不满情绪主要集中在以下三方面。

第一，对移民数量的抱怨，"他们人数太多了"！[1]要想确切统计出居住在法国的外来者数量是很不容易的，因为在这一群体中，

---

[1] Gilbert Delagrange, *Le citoyen et le système politique*, Paris, L'Harmattan, 2011, p. 135.

有一部分是非法移民，还有小部分人拥有双重国籍。尽管如此，人们还是粗略估算出了一个数据：截至 2011 年，有将近 1150 万移民及移民后代（即父母之中至少有一方是外籍人）生活在法国，占全国总人口的 19%。[1] 这种数量可观的人口增长在本土法兰西人看来是一种入侵，有学者担心这种入侵只会滋生像英美国家那样的"社群主义"。[2]

第二，不满福利制度为移民付出的重大代价，"他们花了我们很多钱"![3]移民对法国福利制度的依赖，对本已陷入困境的福利制度构成了冲击和挑战：首先，在 20 世纪 70 年代家庭团聚政策（1976 年）实施后，移民的家庭成员多依赖福利制度生存；其次，经济不景气时期，外国移民的失业率往往高于法兰西人，福利制度需要为这些失业者埋单；最后，为解决外国移民家庭的实际困难，政府花费了大量福利资金用以改善他们的生活设施和居住条件。[4] 外来移民对社会福利的"分享"，无疑是对法国民众应有社会福利的削弱。

第三，法律对非法移民无能为力的现实，让人无法容忍"他们生活在法律之外"。这种抱怨既针对非法移民又针对法律自身。首先，非法移民的出现本身是违法的，但他们却可以通过各种手段拒绝官方将他们遣返回原籍：绝食、拒绝告知原籍等。其次，政府规定非法移民有权在法国结婚，且拒绝办理这类婚姻手续的市镇领导会受到法律惩罚，这与"非法"移民的认定显然存在矛

---

[1] Haut Conseil à l'Intégration, "*La France sait-elle encore intégrer les immigrés?*", Rapport au Premier ministre remis le 12 avril 2011.

[2] Gilbert Delagrange, *Le citoyen et le système politique*, Paris, L'Harmattan, 2011, p. 136. "社群主义"（communautarisme），是一个社会－政治学术语，指（文化、族裔、宗教的）少数群体通过自愿显示自身差别，来达到相互帮助，甚至从社会中脱离出来的一种态度和渴望。

[3] Gilbert Delagrange, *Le citoyen et le système politique*, Paris, L'Harmattan, 2011, p. 136.

[4] 汲淑艳：《论法国移民问题》，硕士学位论文，山东大学，2007。

盾。最后，家庭团聚政策的出台制造了一类新的违法现象：伪造证明或与法国人假结婚。此外，一些外籍移民由于不说法语，长期封闭在自己的文化世界内，以至于根本不知道哪些事情已经触犯法兰西法律，这虽然是极少数情况，但也不乏例证。①

总之，似乎"平等"原则并不适用于移民，哪怕他们已经入籍。这些对移民不满的社会舆论滋生了一些排外表现，并在一定程度上成了排外主义的辩护词。对于那些已经是法兰西公民的移民后裔，由于从小接受共和国的教育，沉浸在法兰西文化之中，他们自认为是法兰西人，却要忍受着把他们视为威胁的法兰西人的歧视。法兰西的平等、博爱原则与充满不平等和歧视的社会现实之间存在巨大反差。

于是，围绕移民给法国社会带来的问题，研究移民问题的学者分成了两个阵营：要么揭示和抨击移民造成的社会问题（尤其是犯罪现象），要么替移民的穷困潦倒状况进行呼吁和鸣不平（尤其是教育、就业方面的不公平）。这样一来，与移民相关的问题永远都是孤立地呈现在人们面前，从而掩盖了这些问题与社会的千丝万缕的联系。这些争论，无论是在揭露还是在鸣冤，都在将个体的其他所有维度（性别、职业、地理位置等）抛开，抽象地隔离出一个只存在族裔文化差异维度的"集体"。归根结底，移民群体面对的最根本问题在于，他们仅仅由于自身文化-族裔特性而遭到排斥和不公正对待。

贫困是任何拥有朴素平等观念的社会所不能容忍的现象，在中世纪的欧洲，基督教的普世、慈善原则使教会承担了救济贫困者的责任与使命。大革命爆发后，世俗国家首先将自己定位于

---

① Gilbert Delagrange, *Le citoyen et le système politique*, Paris, L'Harmattan, 2011, p. 136, 140 – 142.

"社会保护者"这一角色,其主要目的就是代替教会成为保证公民平等的责任主体。而救济贫困也由此成为社会权利的最初和最基本的范畴。然而直到19世纪下半叶,国家职能的不健全,导致世俗政权没能完全取代教会在这方面发挥的作用,而教会又在世俗主义意识形态的潮流冲击下不再像从前一样得到认可。在这种背景下,"团结主义"社会运动爆发,不仅让团结互助理念最终落实为一系列社会政策,而且在对个体的救助方面也探索出了越发完善的制度设计,其中的家庭救助政策的发展,是对人民团结的有益补充。然而一旦"平等""团结"的对象变为外来移民,一些法国人却又完全不顾这些原则,转而专注于强调另一些理由了。而这些理由所彰显的则是利益原则。

法兰西资产阶级共和派主张的公民国族观坚持公民平等,并以此作为促进国民团结的主要手段,这是具有历史进步性的理念主张。在具体实践中,国家同时推进多重举措:认定公民身份、保障公民政治权利平等化普及化、保障公民的社会权利,尤其是弱者的社会救助权。公民身份的确认,是个体人享受国家权利赋予的前提,政治权利和社会权利的平等,是公民国族的价值追求,也是促进国民团结的前提与基础。法国在社会救济方面的个体以及家庭政策的精心安排,充分彰显了国民团结的人道主义精神,对法兰西人民的团结起到了巨大促进作用。

然而随着移民的到来,法兰西社会结构发生了变化,移民促进了本土法兰西人的社会升迁,而自己却成为新的社会弱势群体。在这种背景下,原本体现"平等"的各种措施,尤其是社会福利政策的目标群体,也就是"团结"的对象自然而然地倾向移民。而这种转变却让许多本土法国人感到"不公平"和"吃亏",排外主义思想以及依托于这种思想的极右翼政党由此发展起来。这是法兰西当前甚至今后很长时期内需要面对的"国民团结"的主要问题和挑战。

除此之外，公民权利不仅包括政治权利和社会权利，还包括文化权利。我们将在下一章看到，正是由于法国不敢公开承认文化权利也是公民身份中不可或缺的维度，才导致世居少数民族与中央政府之间、移民群体与主流社会之间出现矛盾、摩擦甚至对抗。

第 五 章
少数群体文化权利不平等的固化

不可否认，法国政府在保障公民政治权利和社会权利平等方面的确作出了不容质疑的努力，然而部分本土法兰西人却对"外来者"也享受"平等"待遇表示不满，认为"外来者"分享了属于他们的"福利"，尽管许多移民是已经拥有法国国籍的"平等公民"。这种歧视的根源更多在于双方文化的差异，否则我们就无法解释为什么此前"团结"贫穷法兰西人时就是追求"平等"，而"团结"外来移民就感觉"吃亏"。于是，难题出现了，因为文化背景是无法从个体人身上剥离的维度。

既然文化因素无法剥离，那么个体人的文化权利是否就理所应当地作为公民身份的一个维度得到承认呢？对此，西方学界政界似乎都没有达成共识。实际上，公民身份是一个随着社会变迁和历史演进而不断完善的公民权利义务体系，除民事权利、政治权利、社会权利之外，公民的文化权利在理论上也应属于公民身份范畴，但是至少在法国，不要说移民的语言文化发展权，就连本土少数民族公民的语言文化发展权都没有得到政府的公开承认。当多数人和少数人（科西嘉人、布列塔尼人、巴斯克人等少数民族）的语言文化发展权处于失衡的不平等状况时，社会的凝聚、人民的团结、各族体之间的团结就难以得到保障。在法国，多数法兰西人与少数民族的文化权利不平等表现为：法语的"统治性"和"排他性"地位以及与之相伴的少数民族语言使用权、发展权的抑制，少数民族集体身份的制度性缺失以及政府对多元文化主义的公开否定。

第一节　不平等的语言权利

随着20世纪两次大战后大批移民的到来和定居，语言文化多样性成为西欧发达国家社会中最为普遍的现象，而法国是当时最大的移民接收国。与移民带来的语言文化多样性、显见性形成反差的，是法国多个本土少数民族语言文化的多样却"不可见性"。之所以"不可见"，是因为19世纪以后，在国家单语主义（monlolinguisme d'Etat）的强制下，儿童在学校中被禁止学习和使用法语以外的其他语言，本民族语言使用权遭到禁止，没有使用权，旨在传承发展语言的发展权更是无从谈起。然而，这种强制同化的政策并不能完全消除人们使用、复兴自己原有语言的意愿。由于意愿犹存，20世纪70年代后，几近消失的地方语言再次恢复了它们的可见性：教材、媒体、视频或网络上都可以看到或听到它们。

一　法语作为官方语言的推广

历史上，法语并不是从一开始就是古代法兰西的语言。从总的发展历程看，法语先后担任过这样几种角色：宫廷语言，行政-法律语言，最后普及为民众交际语言。最初，法语只是在王权所在地法兰西岛使用，是君主制王宫的宫廷通用语言。根据国王的意愿，它首先代替了拉丁语广泛应用于法律和行政领域，成为正式的书写语言；而作为口头语，它又与各地地方语言进行了长期斗争。这是因为语言的统一与法国领土的扩充进程有关：现代法兰西领土是通过不断吞并周围公国而来，比如，1271年图卢兹并入法国，1532年布列塔尼通过条约与法兰西合并，1860年尼斯并入法国，二战后阿尔萨斯和洛林部分地区重新归属法国等，这些地区在并入法国之前已经拥有自己的语言。

谈到法国的语言政策，人们一般都会追溯到1539年颁布的《维莱-科特莱敕令》。敕令规定所有具有法律意义的文本都只能使用"法国人的母语"——法语进行书写。但直到将近1600年，所有法律文本的法语化才完全实现。[①] 法语代替拉丁语成为书写语言，只是法语普及化进程的第一个阶段。

除了通过法令推行法语在全国行政体系的使用外，国王还于1635年建立了法兰西学院，希望它承担起语言推广的作用。因此，它要负责编纂辞典，编写修辞学、诗学和语法方面的书籍。从法兰西学院举办第一期讲座以来，其会场背后就摆放着国王的宝座，代表国王对各位学院院士工作的关注和重视。虽然学院的工作成果不如预期的那样理想，其名誉性远大于科学性，但是该机构在接下来的数百年中都在努力捍卫法语的正确使用，法兰西学院编纂的《法兰西学院辞典》也一直被公认为最权威的法语工具书。

君主制国家通过强行将宫廷语言法语作为国家语言，推动了法语作为文化及商贸语言的发展。"到18世纪，法语已成为整个欧洲在文化、外交和商贸方面的统治性语言"[②]。但是法语的这种国际应用之广，并不意味在法国本土也已成为文化、政治和商贸

---

① 参见 Georg Kremnitz（dir.）, *Histoire sociale des langues de France*, Presses Universitaires de Rennes, 2013, p. 23。
② André Burguière et Jacques Revel, *Histoire de la France. L'Etat et les pouvoirs*, Seuil, 1989, p. 278.

中的主要语言，成为所有人的语言。情况远不是这样。

在大革命时期，革命政权在推行中央的行政命令时，就注意到了当时地方语言的多样性："1790年1月14日，制宪会议公布了一项翻译政策，决定将所有决议翻译为各省方言"。① 出于了解国家语言状况的需要，革命政府曾经于当年展开摸底调查，调查报告（1793年）显示，（83个省之中）只有15个省使用巴黎的语言，其他各省中有300万居民说法语，600万居民勉强能讲，另有600万根本不懂法语。有鉴于此，1793年底，第一批国家初等学校问世，在教学中使用法语。1794年的"恐怖时期"，地方语言的使用一度被激进地予以禁止。

七月王朝时期（1830－1848），国家曾出台一项政策，要求公职人员必须会写法语。② 这一阶段的特点是国家推行法语的意愿多于行动，地方语言并没有遭到禁止。然而，到了第三共和国时期，语言方面出现了重大改革。从这一时期开始，共和国加大了对法语的推广，并且要求所有学校必须使用法语教学。这意味着，地方语言将在学校中被全面禁止。

二　法语"排他性"地位的确立

第三共和国时期（1870－1940）是共和体制在法兰西社会稳固扎根的阶段，也是1789年革命理想（一个和不可分、世俗主义、自由、平等、民主等）得到持续贯彻的阶段。其中，"一个和不可分"原则所隐含的文化同质化思想开始被公开推崇。

1902年，当时的教育部部长扬言要禁止下布列塔尼地区的所

---

① Fanch Broudic, "L'interdiction du breton en 1902: une étape vers la Séparation", in Jean Balcou, Georges Provost et Yvon Tranvouez, *Les Bretons et la Séparation 1795－2005*, Presses Universitaires de Rennes, 2006, p.215.

② 参见 Michel Nicolas, *Histoire du mouvement breton*, Paris, Syros, 1982, p.19.

有教堂使用布列塔尼语。这一举动不失为一个信号：如果说天主教会自大革命起成了共和国的"敌人"，那么地方语言则从19世纪开始被视为国族"统一"的阻碍。实际上，如上文所述，早在大革命时期，地方语言就已经进入政府的关注视野，但是尚未被视为"障碍"。

然而，在第三共和国时期，政府在语言方面进行了重大改革。从这一时期开始，地方语言的使用在学校中被全面禁止。"对那些原本一点儿不懂法语的孩子使用法语教学，而且还禁止他们说自己唯一知道的语言，其残忍程度可想而知"。[1]

以布列塔尼语为例。1925年，时任公共教育部部长就公开宣称："为了法兰西的语言统一，布列塔尼语应该消失"。[2] 接下来，布列塔尼语的衰退进程先是出现于城市，然后扩展到乡村。到2007年，一项调查显示，在传统氛围浓重的下布列塔尼地区，15岁及以上声称自己能讲好布列塔尼语或自认为讲得还可以的人，只占该地区被调查总人数的13%，根据这一比例推算，只有172000人可以熟练使用布列塔尼语；而在上布列塔尼地区，这一比例只有1%，约合22500人。[3] 通过这些数据可以想见地方语言的衰退程度之猛烈。

除了强制规定法语教学外，第三共和国还加大了初等教育的普及范围，制定了"免费、世俗、强制"的教育原则，这些原则持续至今。另外，像选举、兵役制等可以将人们聚集在一起的公民活动也促进了法语的使用，尤其是在服兵役的过程中，来自全国各地的年轻公民在一起时只能使用法语交流。到了20世纪，不

---

[1] Michel Nicolas, *Histoire du mouvement breton*, Paris, Syros, 1982, p. 21.
[2] Daniel Arnaud, *La Corse et l'idée républicaine*, L'Harmattan, 2006, p. 67.
[3] 参见 Fanch Broudic, *L'enseignement du et en breton*, Brest: EmgleoBreiz, 2011, p. 25。

仅教育的普及度越来越高，而且像广播、电视等媒体也大规模进驻日常生活，让法语成了统治性语言。

随着法语优势地位的形成，地方语言普遍表现出了明显的衰退迹象。前文中曾谈到，考虑到少数民族对自身语言发展权的诉求，法国颁布了迄今为止唯一专门针对地方语言的立法——《德克松法》（1951 年）。该法允许学校自行选择是否教授地方语言，第一批被纳入法律适用范围的语言包括：奥克语、布列塔尼语、巴斯克语和加泰罗尼亚语。后来，科西嘉语、塔希提语、阿尔萨斯德语等其他地方语言陆续被赋予同样的地位。

需要注意的是这一立法的前提和背景，那就是地方和少数民族语言此前处于被抑制或禁止的地位，因而这种立法性保护的本质只是"不再禁止和抑制"，这种理念与"保护和发展"还相距甚远。因此，复兴地方语言的努力没有取得更进一步的成果，地方语言始终被限制在虽然数量渐多，但仍有限的私立学校范围内，公共机构（劳动场所、学校、服务机构等）的规定用语仍然是法语。而与此同时，国家对法语的"统治性""排他性"地位的强化，也达到了前所未有的宪法高度。

三　法语地位的宪法保障

随着法国政府对法语的越发强调和重视，以往对地方语言的"包容"逐渐转变为"不容"，而且这种意图最终借助了宪法的权威加以明确。1981 年修宪时，"法语是唯一官方语言"的地位被加以明示。1992 年修宪之际，宪法第 2 条中增加了"法语是共和国的语言"的表述。作出这一变更的理由实际上略显牵强：那就是为了巩固法语在未来欧洲的地位。当时一位国民议会议员这样说道："未来的欧洲很可能只承认两种或三种官方语言，因此有必要在此时就让人们知道，法语是共和国的语言。"有了宪法依据以后，1994年8月4日，议会颁布法律，进一步明确："法语是教学、工作、商贸交易和公共服务的语言。"[1] 此规定相当于为"地方语言"列出了"禁区"，地方语言的发展空间不仅被大大压缩，而且将在多个领域中遭遇法律障碍。例如在布列塔尼地区，根据1951年《德克松法》建立的专门教授布列塔尼语的"蒂瓦纳"学校，就在2001年被最高行政法院禁止享有"公共机构"身份。2002年，最高行政法院再次判决"蒂瓦纳"学校也不能以私立机构身份进入公共机构体系展开教学活动。

在欧洲层面，对单一语言的宪法性明示也遭遇了尴尬。这种尴尬表现在《欧洲地区性或少数群体语言宪章》（*La Charte européenne des langues régionales ou minoritaires*）在法国的适用和推行问题上。1992年，欧洲理事会成员国共同签署了一项欧洲公约，名为《欧洲地区性或少数群体语言宪章》，旨在发扬跨文化主义和多语主义价值，保护和鼓励地区性和少数群体语言。其中第一条对"地区性和少数群体语言"作出了如下界定："（1）传统上由一国的国民在该国一定地域上使用，这些国民形成一个群体，数量上少于该国的其他人口，且（2）这种语言不同于该国的其他语言。不包括该国官方语言的方言和移民语言。"[2]

法国代表虽然签署了该宪章，但是政府却拒绝批准宪章在法国的施行，理由是"法国没有少数群体"。20世纪末期，以若斯潘为总理的政府曾试图批准《欧洲地区性或少数群体语言宪章》，但是由于遭到阻碍没能成功。法国至今仍未正式批准这个宪章，

---

[1] 转引自 Carmen Alén Garabato, "De la loi Deixonne à la révision de la Constitution en 2008: l'impasse idéologique?", in Georg KREMNITZ (dir.), *Histoire sociale des langues de France*, Presses Universitaires de Rennes, 2013, p. 323.

[2] 《欧洲地区性或少数群体语言宪章》，郭友旭译，《民族法学评论》第9卷，2012。

而且20多年以来不断推迟这项事宜。奥朗德在竞选总统期间曾承诺要批准这个宪章，他上台后也于2015年6月致信国会议员，称政府准备提出一条修宪法案，目的是让法国批准《欧洲地区性或少数群体语言宪章》，但此后便没有了下文。

在国际层面，由于已经签署却没有在国内批准该宪章，法国成为欧洲在少数群体语言保护方面的"例外"。在国内层面，对法语的绝对地位的宪法宣示，在客观上抑制了地方语言的使用与发展。

在法国，地方语言或少数民族语言是一个具有政治敏感性的话题。主流媒体或政界人士往往选择避而不谈或视而不见的方式予以对待，因而地方语言极少成为现代法国公共讨论的话题，因为这有悖于法兰西国族"单一和不可分"的政治宣示。关于语言问题的宪法表述最能反映这种意识形态："法语是共和国语言"，而"地方语言是共和国的遗产"。由此可见，国家意志对地方语言和少数民族语言的立场。然而在其他多语种国家，如西班牙，国家在将西班牙语作为官方语言和通用语言的同时，并不抑制少数民族语言（巴斯克语、加泰罗尼亚语、加利西亚语）的使用和发展。

尽管法国在推行单语政策上的立场强硬，却始终没能彻底"同化"少数民族。在那些民族主义运动活跃的地区，如布列塔尼和科西嘉，本民族语言始终是其民族主义诉求的重要组成部分。语言是文化的载体，在这一问题上，少数民族明显感到自己受到了不公正对待，这是法国少数民族民族主义，甚至分离主义情绪不时出现的原因之一。

第二节　少数民族集体身份的制度性缺失及其后果

在民族问题上，法国是一个善于把理想伪装成自身真相的国家，如果外人不深入其中去探索和发现，将永远被它宣称的崇高理想所蒙蔽，认为它的政治宣示便是真实法兰西的样子。尽管法国官方一再公开强调"法国没有少数群体"，但这种一厢情愿的宣示，并没有得到其他欧洲国家的认可。不仅如此，一些法国学者也认为，有些少数民族的文化特性时至今日都显而易见，尤其是科西嘉人和布列塔尼人。

一 "科西嘉人民"与"法兰西人民"的矛盾

自法国大革命以来，在公民权利平等原则的指导下，科西嘉人的特殊性历来被政府视为地区差异，而科西嘉人则认为是民族（people）的差异，并基于自身的历史文化特殊性向中央政府提出了多种权利诉求。

但是法国政府的回应是：只承认作为个体的科西嘉人的权利，不承认作为"people"的科西嘉人的权利，因为法兰西"people"是"一个和不可分"的。因此，法国政府对1966年的《联合国公民权利和政治权利国际公约》第27条作了保留，该条规定："在那些存在着人种的、宗教的或语言的少数人的国家中，不得否认这种少数人同他们的集团中的其他成员共同享有自己的文化、信奉和实行自己的宗教或使用自己的语言的权利。"直到现在，它仍是保障少数民族权利的唯一普遍有效的法律基础。然而法国不想适用这一条，理由是在法国没有少数民族。[①]

实际上，早在1991年的《科西嘉行政区身份法案》中，科西嘉代表就提出了"科西嘉人民"的表述。这一年，中央政府与科西嘉地方代表经过审慎的协商讨论，提交了《科西嘉行政区身份

[①] 参见〔瑞士〕尼考尔·托佩尔韦恩《宪政的理念》，聂资鲁、罗智勇、蔡岱松译，李存捧校，中国方正出版社，2009，第9页。

法案》，其中的第 1 条开篇表明："法兰西共和国确保作为法兰西人民（le peuple français）组成部分的'科西嘉人民（le peuple corse）'所组建的现有的历史和文化团体拥有保护其文化独特性以及捍卫其特殊的经济社会利益的权利。这些与岛屿特性相关的权利要尊重国家统一，在共和国宪法、法律及现有成文法允许范围内行使。"

但宪法委员会在法案通过几天后就废除了这一条，理由是"科西嘉人民"这一身份存在巨大争议，违背宪法原则。也就是说，该法案虽然最终通过，但实际颁布的法案文本中却不包含这一条款。法国的宪法委员会负责各种法律、规范的合宪性审查工作，上述条款未被通过的理由便是，"科西嘉人民"这一说法存在很大问题：对有些人来说，这一概念有悖于"一个和不可分的共和国"原则，法国宪法中已经明确宣示"法兰西人民"，那么根据"人民不可分"原则，就不能在"法兰西人民"之外还有其他"人民"存在；另一些人认为，它会引起布列塔尼人、阿尔萨斯人、加泰罗尼亚人、巴斯克人也提出同样的要求。

2018 年 2 月，新任总统马克龙（Emanuel Macron）访问科西嘉期间，民族主义者再次提出了"科西嘉人民"的法律身份、科西嘉语的地位问题以及一些财政经济诉求，但是马克龙的回应却较为强硬。总统承认科西嘉是"共和国的一个特殊地区"，但不可能独立于共和国之外。在科西嘉语地位问题上，马克龙虽然表示支持保护并发展科西嘉语的努力，但也同时申明不承认科西嘉语拥有与法语"并立的官方地位"（co-officialité），还表示在工作招聘中不能为讲科西嘉语的人单独保留位置。而对于民族主义者提出的"科西嘉人民"的法律身份诉求更是断然拒绝。可见，科西嘉人对"科西嘉人民"身份的追求仍然任重道远。

二 失而复得的布列塔尼"大区"身份

失去身份的不只是科西嘉人，还有布列塔尼人。但比科西嘉人还要不幸的是，布列塔尼人的传统地区被长期拆散分解，使布列塔尼在相当长的时间内只存在于文化观念中，而不是具有法律地位的地方单位。这种做法要追溯到大革命时代。大革命期间，革命者将国王赶下宝座后，立即对国家领土规划进行了改革。最大的变化是用新的行省（département）取代原有旧省（province）。1790 年，全国被划分为 83 个省，省级以下设大型区（district），大型区则由小型区（canton）构成。这种领土划分方式并没有考虑到像布列塔尼这样的历史区域的整体性，没有为这类区域设置行政身份。"这 83 个省的划分只是出于理论上的考虑，完全没有顾及地方的实际情况。"① 这种行政设置主要服务于中央集权体制，各省省长成为派驻地方的国家代表，负责传达执行中央的指令。在这种背景下，整个布列塔尼被分为 5 个省。

将省作为中央政权之下的最高级行政单位，是大革命时期形成并延续至 20 世纪的行政建制。在这种行政体制框架内，布列塔尼地区只存在于历史和文化观念中。二战以后，随着经济建设的恢复，原有的这种行政划分对本地区区域经济协调合作造成的阻碍越发凸显。重新将布列塔尼连为一体的呼声伴随着"布列塔尼利益关系与研究委员会"（Comité d'étude et de liaison des intérêts bretons，简称 CELIB）的成立而越发高涨。

1950 年，一位名为若瑟夫·马尔泰（Joseph Martray）的记者组建了"布列塔尼利益关系与研究委员会"（以下简称布列塔尼

---

① Jean-Jacques DAYRIES, Michèle DAYRIES, *La régionalisation*, Presses universitaires de France, 1982, pp. 8 – 9.

委员会），目的是协调整个布列塔尼地区的经济利益，代表地区利益与政府协商。其成立背景是，法国政府于1947年实施了一项经济现代化项目，旨在推动各地区的经济发展。但是该项目完全没有考虑到各个地区的实际，"一刀切"的做法反而导致了地区间经济发展不平衡状况的加剧。一些经济基础设施发达地区的发展优势明显高于基础设施落后的地区。

在这种背景下，布列塔尼委员会的努力方向主要集中在经济现代化、配套设施建设以及布列塔尼地区整体规划上。从1953年开始，这些计划得到逐步落实。次年，委员会推出了第二轮发展方案，在继续推动地区经济发展的同时，开始致力于从中央政府手中争取经济分权。1955年，布列塔尼委员会同全国其他21个类似机构一同被政府任命为"经济扩展委员会"（Comité d'Expansion économique），以地区经济咨询机构的身份为政府提供服务。为了给这22个"经济扩展委员会"划定活动范围，政府于1956年划定了22个大区（région），这就是后来法国各大区的雏形。

在布列塔尼经济扩展委员会的努力下，第一批着眼于大区整体行动的规划于1956年出台。但是经济领域的联合意向并没有得到政治方面的呼应。1958年，现在的法兰西第五共和国成立。政治领域的变革既影响了国家整体形势，也不可避免地触及了布列塔尼地区的政治结构。在意识形态方面，以民族主义、集权主义和独立自主的外交为主要特点的戴高乐主义占据绝对优势，在布列塔尼也不例外。热情拥护戴高乐主义的年轻人走上政治舞台，成为布列塔尼的政治主导力量。"大区化"进程的主动权仍然掌握在中央政府手中，结成大区进而分权的意愿不符合"国族利益"，尤其是集权主义主流思想。

于是1960年在为布列塔尼大区划界时，又出现了问题。1960

年 6 月 2 日政府行政令（旨在确认全国各大区所管辖之行政区域）出台时，只将 4 个省份划入布列塔尼。这种划分立即遭到布列塔尼人的反对。按照历史上布列塔尼地区的范围，它应该涵盖 5 个省，也就是说，还应将余下的一个省划入布列塔尼。当地举行大规模游行声索恢复布列塔尼的历史地域，并最终取得了胜利。

行政区域固定后，直到 1962 年，经济方面的联合意愿才得到当地政界的支持。这种联合是在"铁路斗争"（bataille de rail）这一特殊事件的推动下实现的。彼时，法国国营铁路公司意欲在全国范围内进行区域价格差异化改革。这意味着，下调高收益线路的车票价格，同时提升低收益线路的票价。1962 年以前，是政府与国营铁路公司以及布列塔尼地方的协商阶段，但当 1962 年国营铁路公司表现出不让步的姿态后，布列塔尼人也表现出团结一致的抵制：在铁轨上设置路障、占领主要车站；地方议员以罢工进行威胁，意欲让本地市政府停摆，同时还威胁将停止于当年举行的选举活动……不久后，布列塔尼人获胜，政府作出了让步。①

然而，在当年选举中，戴高乐主义者再次当选，这一次，新一届政府主动发起了着眼大区层面的行动计划，并设立了新的经济规划委员会以代替原有的布列塔尼经济扩展委员会。布列塔尼委员会逐渐被边缘化，丧失了往日的活力与声誉。但是直到 1982 年大区化（分权化）改革进程的正式开启（1986 年结束），该委员会始终都是积极的参与者与贡献者。

1982 年，新上台的左派政府为大区脱去了狭隘的"公共机构"身份，从法律上赋予大区地方行政机构地位。身份意味着权利。6 年一届的大区议会拥有"促进大区经济、社会、卫生、文

---

① 参见 Henri Poisson, Jean-Pierre LE MAT, *Histoire de Bretagne*, COOP BREIZH, 2000, p.601。

化、科技发展和领土整治，保持其同一性的职责"①，不仅可以自主地使用它的财政收入，行使法律赋予的经济参与权，今后还可以介入文化发展领域。这就为布列塔尼民间社会进一步表达自己的语言文化诉求找到了平台。

三 分离主义运动的时隐时现

在通过正常的政治渠道争取民族身份的同时，在科西嘉和布列塔尼均出现过民族分离主义，甚至使用暴力手段谋求独立的恐怖主义组织。直到今天，这两个地区仍然被认为是地方认同最强烈的地方。

(一)"科西嘉民族解放阵线"组织

第五共和国成立之初，适逢欧洲地区主义与民族主义运动盛行时期。爱尔兰人、西班牙的巴斯克人、布列塔尼人、奥克语区人（Occitans）等纷纷上街游行提出自己的诉求。科西嘉也在这次运动之列：由大学生组织的"科西嘉联盟"（Union corse）、"科西嘉学生民族联盟"（Union nationale des étudiants corses）和"科西嘉未来联盟"（Union Corse l'Avenir）分别于1960年、1962年和1964年先后成立，前者以文化活动为主，后两者倡导在科西嘉生活的意愿和让年轻人重返科西嘉。

1964年，另一个以经济诉求为目的的组织——"科西嘉利益研究与保护委员会"（Comité d'études et de défense des intérêts de la Corse）在该岛成立。具有文化和经济两种诉求倾向的组织很快就联合在一起，于1966年合并为"科西嘉地区主义阵线"（Front régionaliste corse）。科西嘉利益研究与保护委员会小组还创办了表

---

① 〔法〕古斯塔夫·佩泽尔：《法国行政法》，廖坤明、周洁译，国家行政学院出版社，2002，第143页。

达自己心声的报纸《阿里特》(Arritti)，20 世纪 70 年代，原来的地区主义者通过该报宣示自己是民族主义者。

除文化方面的问题外，中央政府在一些政治问题上的不公激起了更大的反响。二战后岛上仅有 10 万居民。1957 年，该岛接收了 17000 名从北非遣返回国的人。1966 年，法国政府制定政策为这些人重新分配土地，加剧了当地人民的不满情绪。当时一个叫"科西嘉地区主义者行动"(Action Régionaliste Corse，简称 ARC) 的组织对此项政策提出异议，认为这是一项歧视性政策，因为政府忽略了原住岛民的利益，一种不公平和被掠夺的感觉迅速在岛民内部蔓延开来，岛内社会气氛急剧紧张起来，不断出现爆炸事件。

中央政府推行的土地分配政策积聚的隐患，终于以 1975 年阿莱里亚 (Aléria) 事件为导火索集中爆发为暴力冲突。当年 8 月 22 日，由于一位从阿尔及利亚回来的法籍葡萄种植者的土地被八名"科西嘉地区主义者行动"组织成员侵占，当地政府权力机构出动了相当可观的军事威慑力量：轻型坦克、美洲豹直升机以及严阵以待的 2000 名士兵。在随后发生的暴力冲突中，有两名士兵被杀。这就是科西嘉当代史上最暴力的事件之一——阿莱里亚事件。8 月 27 日，"科西嘉地区主义者行动"组织解散，人们在巴斯蒂亚举行抗议游行并与官方发生暴力冲突，造成 1 死 16 伤。

针对这一事件，官方组建了一个阿莱里亚特遣队，它的出现无疑是科西嘉政治暴力拉开序幕的标志。此外，为了控制科西嘉民族主义独立运动，中央政府于 1975 年还采取"分而治之"的方法将科西嘉分为两个省，分别设立首府。但这种做法似乎没有太大成效。作为阿莱里亚事件的后续，1976 年 5 月 4 日夜里，岛上另一个民族主义激进组织——"科西嘉民族解放阵线"在科西嘉大部分村庄以及尼斯和马赛的一些地区制造22起连环爆炸事件。就在第二天,该组织在一个极具象征意义的地方——1755年7月14日科西嘉被宣布为独立国家的地方,举行了秘密记者招待会,宣布"科西嘉民族解放阵线"成立。

这个自称是科西嘉民族主义者的组织,实际是一个准军事组织,他们的目标已经不同于先前的或其他的组织,那些组织的目标是争取科西嘉"自治",而"科西嘉民族解放阵线"则是采用武力手段秘密地为科西嘉"独立"而斗争。该组织的命名直接是受阿尔及利亚民族解放阵线(FLN Algérien)的影响,他们的行动主要针对法国政府,以争取科西嘉岛的独立国家地位为最终目标。法国政府将其视为恐怖组织。

截至20世纪80年代初期,科西嘉民族主义者大致可分为两派:"温和派政治立场倾向于左派,只是要求保护科西嘉文化(语言与传统)、更加广泛的地区自治和恢复经济的有效措施,因为科西嘉已经成为欧洲最贫困的地区。而极端派则要求完全自治,甚至梦想在经济和政治生存力都成问题的岛上建立科西嘉国"。[①] 极端民族主义者的暴力恐怖活动直到2015年才完全销声匿迹,个中原因十分耐人寻味:2015年,科西嘉进行了地区立法选举,科西嘉民族主义党第一次在竞选中胜出,科西嘉岛也由此成为法国唯一既不是左派,也不是右派政党执政的地区。自科西嘉民族主义党执政后,发生在岛上的恐怖袭击活动立刻销声匿迹,这种变化不免引发大陆法兰西人的猜测和怀疑:科西嘉民族主义党与恐怖主义组织之间究竟有何关系?

(二)"布列塔尼解放阵线"组织

20世纪60年代,在布列塔尼争取大区身份的地区民族主义运

---

① Roger Caratini, *Histoire du peuple corse*, EditionsCriterion, 1995, p. 337.

动中，一些激进的独立主义思想也浮出水面，一些人呼吁让布列塔尼以独立身份与法国组建联邦国家，而极少数激进者索性放弃联邦建国的念头，转而投身于独立建国的梦想，而恐怖袭击则是他们表达诉求的手段。

最初，争取布列塔尼独立的意愿多通过个别行为体现，如出现在墙上、用布列塔尼语书写的标语："法国人滚出去"，但是这样的激进行为仅是零散地以非组织化方式出现。而"布列塔尼解放阵线"的成立却改变了这种状况。这股势力虽然最为边缘，但由于它力图诉诸暴力和武力实现独立，因而成为布列塔尼民族主义运动中不可忽略的一股力量。

"布列塔尼解放阵线"（以下简称"阵线"）从成立到行动方式都是受到爱尔兰人的启发。1966年，在庆祝爱尔兰起义50周年之际，"阵线"的部分成员出席了于都柏林召开的庆祝大会。同一年，南特和瓦纳地区的墙上首现"布列塔尼解放阵线"的缩写"FLB"。由于崇尚爱尔兰共和军（IRA）的模式，"阵线"也选择通过武力手段达到"解放"目标，并于次年策划实施了三起袭击事件。到1968年，袭击事件更为密集。当年底至次年初，该组织成员大量被捕入狱，但很快就于1969年被赦免。[①]

1970年，"布列塔尼解放阵线"以合法组织的身份重新出现在公众视线内。但仍然有一部分极端分子以"阵线"的名义进行地下活动。于是，人们从1971年开始再次不断听到"阵线"制造的一起起袭击事件。仅1978年就有28起事件出自"阵线"之手。直到1990年以后，该组织的暴力活动才逐渐销声匿迹。

在其存在的30年时间内，"阵线"的袭击活动引起了国际社

[①] 参见 Henri Poisson, Jean-Pierre LE MAT, *Histoire de Bretagne*, COOP BREIZH, 2000, pp. 611 – 612。

会对"布列塔尼问题"的关注,布列塔尼人虽然始终不被法国政府承认为"少数民族",但是被国际社会列入了欧洲"少数民族"名单。在这30年间还出现了一些亲"阵线"但采用缓和手段宣示独立和分离意愿的政党组织,如1979年成立过一个公开宣称要建立"布列塔尼共和国"的政党,并且该党还创办了名为《布列塔尼共和报》的日报,[1]但是并没有得到民意支持与回应。

四 "内陆人"与少数民族的隔阂

法国官方对少数民族身份的不承认与少数民族对自身身份的渴望形成了一对难以协调的矛盾。尽管法国官方和社会舆论从未有关于"民族关系"的讨论,但是不能否认法兰西国内各群体之间互动交往的事实以及基于交往形成的相互认知。法国的少数民族主要分布在边疆国境线上,多与邻国语言文化接近,少数民族彼此间不存在交错杂居的格局。比如布列塔尼与海峡对岸的大不列颠人具有宗教、族裔的同源性,科西嘉人过去曾长期属于意大利的热那亚共和国,巴斯克人和加泰罗尼亚人则分别与国境线对面的西班牙巴斯克人和加泰罗尼亚人有语言文化上的同源性,但布列塔尼人、科西嘉人、巴斯克人和加泰罗尼亚人之间却相距遥远,彼此交往不多。因此,法国国内的民族关系,主要涉及少数民族与少数民族口中的"内陆人"之间的关系。

在民族关系历史上,由于周边少数民族是通过吞并等手段陆续并入法兰西的,内陆法兰西与周边少数民族地区的关系最初就不是以平等合作的方式开始的。在少数民族语言和地方语言遭到禁止的第三共和国时期,所有这些非法语文化都曾遭到歧视和贬

---

[1] Henri Poisson, Jean-Pierre Le Mat, *Histoire de Bretagne*, COOP BREIZH, 2000, p. 619.

损。以科西嘉为例，第三共和国对科西嘉文化十分抵触，"一些（大陆）公共机构监察员的官方报告意图灭绝学校中科西嘉语的使用，带有偏见的侮辱性言辞在法国大陆大肆蔓延"，共和国总统前往科西嘉视察时，一家销量百万的报纸以《总统去了野蛮人那里》为题写道："人们可能要对巴黎提出疑问：让国家元首去那些好斗的、手里整日拿着武器、只知道家族仇杀的岛民那里是否为谨慎之举……唉！我们真是可悲的殖民者，我们的能力就只限于普罗旺斯的罢工，科西嘉和阿尔及利亚……都是我们手中的金矿，而我们却不能从中汲取财富，只会在那里的办公桌上搞一些堆积如山的行政文件！但是，阿尔及利亚，我们离那一天不远了！科西嘉，我们离那一天也不远了！"①

今天，虽然像以上那样的公然歧视言论已经难以公开宣传，但是少数民族对内陆法兰西人的"内陆人"称呼，以及"内陆人"对少数民族的"特殊地区"的称谓，以及相关影视作品中出现的诸如"科西嘉不是法兰西"的台词，仍然在一定程度上反映着彼此对于各自差异文化的互不认同和互不理解。

文化积淀涉及人的自我认同，是无法从个人身上剥离的东西，作为人之尊严的一部分，文化权利理应被人尊重。文化权利需要通过群体交往并在群体交往中实践和实现。失去群体支撑，个人的文化权利也就丧失了践行场域；而在现代法治国家系统内，身份意味着权利，没有相应身份，也就丧失了相关权利。比如没有统一的布列塔尼大区，布列塔尼语言文化的保护和发展就无法形成整体的推动力量和推动机制。倘若没有布列塔尼大区身份，布列塔尼人就不能成为向上一级国家机关提出相应诉求的主体。科

---

① 转引自 Roger Caratini, *Histoire du peuple corse*, Editions Criterion, 1995, p. 315.

西嘉人对自己"人民"身份的追求,更加能够说明文化维度在个人认同、集体认同中的关键性角色。由于地理环境特殊,科西嘉不太受制于人为拆解的问题。历史上科西嘉岛曾短暂并入相邻的大陆行政区,但是很快就从中独立出去单独组建大区。可以说,科西嘉人对自身集体身份的诉求,相对于布列塔尼人而言,是更进一步的诉求,但是由于触及宪法中的人民"一个和不可分"原则而始终无法得到承认。

基于文化差异、群体权益失衡而产生的国族内部民族极端主义思想,是困扰当今绝大多数国家的普遍问题,西方国家至今仍未找到解决此类问题的"灵丹妙药"。而与发展中国家和欠发达国家的民族分离主义问题不同的是,西方国家的此类问题之所以看上去"并不突出",往往是因为分离主义问题没有被蓄意"国际化",也就是说发达国家在自身内政方面是真正独立而不受外国势力干涉的。以法国为例,布列塔尼分离主义和科西嘉独立主义势力之所以要么销声匿迹,要么难以生存,更主要的原因是这些地区离开法国这个"大家庭",在没有外援的情况下,难以存活。分裂是对国家统一和团结的最大破坏,铲除分离主义思想产生的土壤,尊重差异文化群体的文化权利,缩小差异文化群体与其他群体之间的发展差距,对任何国家都具有非常重要的政治意义。

第三节 对多元文化主义的否定

在法国,文化多样性是一个既敏感又真实的问题。从整个社会舆论看,涉及该主题的公共讨论非常罕见,文化多样性既不是主流媒体的话题,也不是学术界的主流研究对象。这是一个刻意回避的问题,因为稍有不慎,就会与大革命以来的立国原则"一个和不可分的共和国",尤其是其中蕴涵的"单一性"原则相抵牾。尽管如此,我们却可以在一些国际场合看到法国官方代表谈论"多元文化主义"和"文化多样性",如何理解这种自相矛盾呢?

一 否认多元文化主义,承认文化多样性

与国内一些看法相反,法国官方在制度设计上从未正式作出多元文化主义(multiculturalisme)的选择,也从未将这个术语应用于本国社会。2010年,德国总理默克尔认为德国试图建立一个战后多元文化社会的努力完全失败了;2011年,英国首相卡梅伦宣布业已执行30年的多元文化主义政策是个失败;同年,法国总统萨科齐的说法只是"多元文化主义是个失败",他还补充说,法国尊重差异,但来到法国的移民必须认可法国所崇尚的价值观。

实际上,多元文化主义这个词具有多重含义,可从描述性及规范性两个层面加以界定。"作为描述性的词,它意指一个社会中因为有多种民族群体,因而有文化上的歧异(diversity)与各自的集体认同。……作为规范性概念,则多元文化主义表现为对于文化歧异的尊重与肯定态度,它认为不同的文化群体,都有权受到主流社会的认可及尊重"。[1] 因为"只要文化认同是人之尊严所不可分割的一部分,它就会被配附以一种公众承认的需要"。[2]

然而,当代法国社会的异质性已经是无可否认的事实,拒绝多元文化主义,如何协调"一个和不可分"与社会的多元文化事实?对此,法国官方只承认自身是一个存在"文化多样性"的社

---

[1] 海伍德(Andrew Heywood):《政治的意识形态》,陈思贤译,台北,五南图书出版公司,2009,第304页。
[2] Gérard Ze Mendo, *La citoyenneté différenciée, une approche comparée des modèles d'intégration américain et français*, éditions Connaissances et Savoirs, Paris, 2011, p. 10.

会。有意思的是,这种"文化多样性"概念的政治宣示,并不是基于对自身社会异质性的认识,而是源于与其他国家在经济领域中的利益博弈;不是对内的政治承认,而是对外的政治主张。

1986年9月,在乌拉圭举行了关贸总协定部长级会议,决定进行一场旨在全面改革多边贸易体制的新一轮谈判,也就是"乌拉圭回合谈判"。在谈判过程中,当时的欧共体国家提出,将"文化例外"(exception culturelle)作为一项特殊条款,使欧洲国家可以此名义拥有视听产品方面的自由政策。而欧洲的真实目的,在于免受美国文化产业的冲击,保护本国文化产业。[1]

但是,由于没能争取到多数国家的支持,这一协定最初并没有出现"文化例外"的条款。以法国为首的欧共体国家断然拒绝走上视听产品自由化道路。为了争取更多支持,最初提出这一原则的法国,从1994年起与加拿大共同推出了一个新战略:文化特殊性应以"文化多样性"的名义加以保护。为了使自己的特殊文化身份诉求得以实现,它们围绕"保护多样性"观念组建论据。这种方法使它们成功联合了一批与此有利益关涉的国家。[2]

在这一过程中,法国的论证逻辑可以简要归结为:人类的文化多样性是有价值的,以法兰西文化是世界多样文化中的一元为由,请求国际社会对其加以保护(尤其是在文化产品贸易领域)是正当要求。

2001年10月15日,联合国教科文组织第31届全体大会在巴黎举行,法国时任总统希拉克在开幕式致辞中指出:当今世界是一个文化多样的世界,每个民族都为丰富全人类的文化贡献了自

---

[1] 参见肖云上《法国为什么要实行文化保护主义》,《法国研究》2000年第1期。
[2] Haut Conseil à l'Intégration, "Une culture ouverte dans une République indivisible. Les choix de l'intégration culturelle", Version 10 octobre 2012, pp. 9–10.

己的力量,每种民族文化都是全人类共同的财富,然而全球化推动下产生的标准化趋势已经成为文化的碾压机,应对这种文化标准化威胁的办法,就是保护文化多样性。因此各种文化有权以其文化特殊性名义要求保护。① 后来这一概念也得到了联合国教科文组织的认可,后者于当年通过了《文化多样性世界宣言》(*Déclaration universelle sur la diversité culturelle*)。

那么,法国官方承认的"文化多样性"(diversité culturelle)概念指的是什么呢?它是指:"群体、社会借以表达自身文化的形式多种多样。这些表达(expressions)在群体内部、社会内部及群体与社会之间相互传递。文化多样性不仅表现在人类文化遗产本身的多种形式中(这些形式由于文化表达的多种多样才得以丰富和传达),而且还表现在文化表达方面的艺术创造、生产、传播、推广和享受其中之乐趣的多种形式中,无论使用怎样的方法和技术。"② 该定义与联合国教科文组织认定的"文化多样性"概念一致。

实际上,该定义可以简要概括为以下两点:第一,群体或社会的文化遗产本身的多样;第二,表达这些文化遗产的方式多样。我们可以发现,该定义实际上与多元文化主义的描述性定义——"一个社会中因为有多种民族群体,因而有文化上的歧异(diversity)与各自的集体认同"存在很大相关性,即多元文化主义必然包含文化多样的事实。

除描述性定义外,多元文化主义一词还表达了一种规范性含

---

① 《联合国教科文组织第 31 届全体大会上法国前任总统希拉克的开幕式致辞》,http://www.jacqueschirac-asso.fr/fr/wp-content/uploads/2010/04/UNESCO-15_10_01.pdf,2015 年 2 月 7 日。

② Haut Conseil à l'Intégration, "Une culture ouverte dans une République indivisible. Les choix de l'intégration culturelle", Version 10 octobre 2012, p. 8.

义，我们可以将后者理解为"处理文化多样性的态度与方式"。而法国官方也有处理自身文化多样性的方式，其国内舆论常称之为"共和模式"，我们也可称其为"法兰西"方式。接下来不妨将"多元文化主义"方式与"法兰西"方式作一比较。

总的来讲，多元文化主义方式对文化多样事实的回应是"对于文化歧异的尊重与肯定态度"，"认为不同的文化群体，都有权受到主流社会的认可及尊重"。而在具体实践中，"多元文化主义"方式根据各国历史基础、现实国情的不同而拥有不同的落实途径，所以美国、加拿大、南非等国家的多元文化主义政策在实施方式上各不相同。而欧洲一些国家的所谓"多元文化主义"政策虽然在理念上受到上述美洲国家的启发，但是在实施过程中因国而异。20世纪七八十年代以后开始在荷兰、英国、德国等欧洲国家施行的所谓"多元文化主义"政策，总的出发点是让外来移民在接受社会保持安定，而没想过让他们"融入"接收社会的问题。因而欧洲的"多元文化主义"政策在某种程度上反映的是公权力机构对移民群体的一种"放任"甚至"孤立"态度。然而，移民群体本身有"融入"主流社会的需求，正是由于难以"融入"或在"融入"过程中存在障碍（如就学就业中的社会歧视现象）才会产生各种社会问题。由此，"多元文化主义"政策才被这些欧洲国家领导人先后宣布"失败"。欧洲"多元文化主义"的失败之处并不在于对差异的尊重和承认，而是在于对共性和共同生活意识的忽视。

而法国在对待文化多样性问题上由于受制于"一个和不可分"原则，所以必须要小心翼翼地回避"多元文化主义"方式提出的"文化群体"问题，这是法国官方否定多元文化主义的根本原因。那么又该如何理解法国官方承认文化多样，尊重差异文化的姿态呢？法国对文化多样性的承认，实际上是对个体文化权利不平等的掩盖，是将文化从人的身上剥离，转而尊重一种抽象文化，也就是说，少数民族文化或移民文化可以像古希腊文化一样被宣传和研究，却不能作为"活的文化"参与公共生活。而"多元文化主义"的治理方式，恰恰是要为所有"活的文化"设计合理的社会地位。在否定多元文化主义之后，法国如何处理"一个和不可分"原则与"文化多样性"事实之间的张力呢？

二 处理文化多样性的"法兰西"方式

在国际层面提出文化多样性概念的同时，法国也开始在国内公开承认法兰西是一个文化多样的社会。法国官方的前后变化表现为：20世纪70年代以前，文化被视为一个脱离国家背景的普遍性事物，少数群体文化，通常指代的是地区文化或移民文化，而这类文化只有极少数人感兴趣，往往被视作"民俗"。1982年，左派政府成立了"交融文化关系发展办事处"（Agence pour le Développement des Relations Interculturelles，简称ADRI），旨在促进移民以及移民出身的人群的社会、职业融入，力图通过所有途径促成文化间的对话和交流。也就是说直到此时，移民的文化刚开始被当作"文化"对待。

那么，对于多种文化共存于同一社会的事实，如何看待，如何处理？希拉克在上述2001年大会的开幕式讲话中也提到了这个问题。他认为尊重他者非常重要，"我们生活在一个个开放而又多元的社会中，在这样的社会中，他者既是我们的邻居，又是我们的复本，时而表现出差异，时而与我们相似。与这样的他者相处，应该制定出共同生活的准则。任何现成的办法都将无法适用。这是所有社会都需面对的一项巨大挑战。"希拉克认为，完成这一任务，需要开放思想、信任、想象力、责任感等，目的是不破坏社会团结，让各种信念、主张、宗教都能和平共存，使所有人尊重和分享自由与包容的价值观，没有这些将不可能共同生活。

因此，在希拉克看来，文化多样不是问题，问题在于如何"制定出共同生活的准则"。因此，处理文化多样性的"法兰西"方式就是抛开文化，集中应对生活准则，即价值观问题。因为"符合某个人、某个集体所秉持的理想的所有规则和行为准则之集合"① 就是价值观。

但是一般认为，文化与价值观是密不可分的。对此，法国又是如何看待的呢？我们发现，法国公认的文化定义是："作为某一社会特点的结构与智力、艺术等表现形式的集合"。② 这种文化定义与价值观无涉。而且在2001年召开的联合国教科文组织第31届全体大会《会刊》中，与会者特别强调，"文化应被视为某一社会或社会群体与众不同的精神与物质特点、智力与情感特点的集合，不包含艺术与文学、生活方式、与他人共同生活的方式、价值观体系、传统和信仰"。③

由于法国观念中的文化与价值观不存在相关性，所以法国官方的做法可以归纳为：文化上承认差异群体的特殊性，但这种特殊性不受法律保护，同时更强调对主流社会价值观的认同。"在法律上承认，但文化特殊性不受法律保护"表现为，在少数民族问题上，少数民族语言文化发展权不受国家层面的法律保护，地方立法可在不违背上级法的前提下自主决定，但由于集体身份的制

---

① 《拉鲁斯法汉双解词典》，外语教学与研究出版社，2001，第1993页。
② 《拉鲁斯法汉双解词典》，外语教学与研究出版社，2001，第492页。
③ 参见联合国教科文组织第31届全体大会《会刊》，转引自 Haut Conseil àl'Intégration, "Une culture ouverte dans une République indivisible. Les choix de l'intégration culturelle", *Version* 10 octobre 2012, p. 12。

度性缺失，这种"自主"的空间能有多大，可想而知，这方面前文已有阐释，不再赘述。在移民问题上，当穆斯林群体因其宗教文化特殊性而受到歧视和排斥，并据此提起诉讼时，他们一定会败诉。因为主流社会的法律将这种特殊性严格限定在了私人空间内，之所以遭到他者的歧视和排斥，是因为这种特殊性彰显于公共场合，违背了主流价值观。

1989年头巾事件中校方的回应："请家长尊重学校的世俗主义原则"，萨科齐的讲话："法国尊重差异，但来到法国的移民必须认可法国所崇尚的价值观"，以及2015年1月7日恐怖袭击事件后，主流媒体第一时间的表态："一个和不可分、包容、世俗、社会的共和国比以往任何时候都更应被加以肯定"，这些都在表明这种要求差异文化群体认同法兰西价值观的强势态度。只不过这种强势是借着某种责任感的宣示而表达出来，这与亨廷顿的论调有异曲同工之妙："美国和西方的未来取决于美国人再次确认他们对西方文明的责任。在美国国内，这意味着拒绝造成分裂的多元文化主义的诱人号召"。①

但是，在文化差异之外，移民群体还承受着由于自身文化特殊性带来的不平等境遇。对此，政府则主要从促进平等的角度着手解决。法国官方一再强调，政府制定政策的逻辑，是遵循"平等"原则，而不是"少数人"原则，即由于他们处于"不平等"的境遇才享受到政策优待，而不是因为他们是"少数人"。

于是，20世纪80年代国家推出了一系列"城市政策"（politique de la ville），其中包含了明显向移民人群倾斜的优惠措施。一直延续至今的"优先教育地区"（Zones d'Education Prioritaires,

---

① 〔美〕塞缪尔·亨廷顿：《文明的冲突与世界秩序的重建》，周琪、刘绯、张立平、王圆译，新华出版社，2010，第282页。

简称 ZEP）政策是其中较为突出的一项，它旨在通过给予移民出身的学生比重大的学校更多的辅助性手段来遏制该群体的学业失败现象。该政策的主要受惠群体虽然是移民，但是政策的目标设定却是地区，这就意味着那个地区的所有儿童，无论是否出身移民，都可享受到这种政策优惠。

此后，以"反歧视""促平等"为名的各种政策、机构陆续涌现，如 2005 年，希拉克政府成立"反歧视与促平等高级公署"（Haute Autorité de Lutte contre les Discriminations et pour l'Egalité，简称 HALDE），巴黎骚乱后又创立了"国家促进社会凝聚与机会平等处"（Agence Nationale pour la Cohésion Sociale et l'Egalité des Chances，简称 ACSé）等。然而，就像前文中已经提到的，官方的这些举措似乎没有被所有本土法兰西人理解，"平等"与"团结"反而被认为是"吃亏"的源头。

三 结语

我们承认，促进社会公平、公民平等，应是一个不计族裔差别的过程。在这种意义上，倾斜性政策只具有地区指向，不针对某个群体的做法具有其合理性。但是在促进平等方面，法国始终固守的是一种形式平等理念。所有倾斜性政策旨在促进被帮助人提升自身竞争能力，让他们具备与主流社会的竞争者同样的资质，而不是像南非那样坚定地推行体现"逆向歧视"的"肯定性行动"[①]。

之所以只能停留在形式平等，是因为稍有不慎，纠正不平等的做法就会滑向美国、南非式具有群体指向性的"逆向歧视"，这

[①] 南非的"逆向歧视"（"肯定性行动"）是被明确写入宪法的国家治理原则。参见于红《南非的肯定性行动》，《世界民族》2014 年第 6 期。

种做法不仅有悖于共和国的平等原则，也对"一个和不可分"原则构成了威胁。

如果说整合的目的是催生国族归属感，[1]那么法国坚持认为，它可以通过强化全体公民对共和国价值观的认同，从社会、经济、政治上促进某种形式平等的办法来实现国族认同，增进社会团结。然而殊不知，这种强势同化的姿态，只是在"固守"法兰西原有的价值观，早已背离了希拉克所说的"创设"（inventer）共同生活的准则。单方面强调一方的文化和价值观，无视并力图抑制另一方的文化，从本质上说就是文化权利不平等的表现。

多元文化主义强调对差异文化群体的尊重与承认，并对此作出有利于差异文化发展的积极回应，其预设是，国家提供这些保护可以换来差异文化群体的认同。但是多元文化主义弱化甚至缺少对共同价值观（尤其是共同生活方面的行为准则）的倡导和界定，一味强调和固化差异将无法避免国族内部不同文化群体之间的矛盾和冲突。简单来说，这种"重差异，轻共性"的理念本身的确有缺陷，但是"多元文化主义"提倡对差异文化的尊重，这是值得肯定的。法国的问题在于，官方始终在强调接收社会单方的价值观，在事实上已经形成了文化权利不平等的制度格局。文化不平等是导致歧视的根源，法国政府在社会领域所作出的种种努力，最终恐怕还会由于不能正确处理文化权利平等问题，而继续引发主流法兰西人的抱怨。

移民与少数民族都属于差异文化群体。文化认同是人之尊严不可分割的一部分，如果只是因为这种文化与主导文化存在差异而遭到歧视，那么这显然有悖于公民平等的原则。因为不一样而

---

[1] Muriel Rambour, "Les mutations de l'Etat-nation en Europe. Réflexions sur les concepts de multi-nation et de patriotisme constitutionnel", *Pôle Sud*, N°14 – 2001.

不平等，这种结论似曾相识：在封建等级社会中，社会成员因为等级出身的不同而不平等，由此才掀开了资产阶级推翻封建统治阶级的斗争，导致了法国大革命的爆发。如今，文化权利的不平等虽然不至于导致"斗争"或革命，但是对国族统一和团结的破坏作用却显而易见。

公民身份是一个权利和义务体系，受探讨主题所限，本书仅谈论权利，而没有涉及公民义务。公民义务主题恐怕是另一本书，甚至几本书需要探讨的主题。仅就公民权利而言，它包括公民的民事、政治、社会等权利，这是一个随着物质条件改善而不断丰富的权利体系。公民的文化权利是否应该得到承认，这是摆在当今西方学者面前的一道难题，因为这一权利与文化差异较大的移民群体有着难以割裂的关系。

法国在文化权利问题上采取的差别对待做法，单方面强调多数人的法语文化权利，对于少数群体的语言使用权、文化发展权，目前只是由"抑制""禁止"态度转变为"不再禁止"，还没有达到"保护和促进发展"的地步。国民文化权利的不平等表现为法语的排他性地位与其他语言的边缘性衰退性发展，表现为本土少数民族集体身份的制度性缺失和对多元文化主义的否定。这些做法背后的逻辑是一致的，那就是法兰西国家、国族、人民甚至语言的"一个和不可分"。

文化认同是人之尊严不可分割的一部分，这是一个值得反复强调的事实。如果有人因为自身文化与主导文化存在差异而遭到歧视，那么这样的社会就难以自称为"平等社会"。从事实来看，公民文化权利的不平等已经损害了人们对社会权利平等理念的认可和追求，公民身份平等的理想出现了内在矛盾。在这种情况下，我们不得不承认，公民文化权利的承认和保障，对人民团结、群体团结的作用是不容忽视的。与今日法国不敢公开承认公民文化权利平等的做法形成鲜明对照的是，中国政府已经在保护和发展少数民族文化权利方面探索出了具有自身特色的解决民族问题的正确道路。

第 六 章
移民融入与法国宗教政策

　　法国少数民族与主体法兰西人之间的文化差异主要表现在语言方面，而外来移民的文化差异要更加明显和多元。除语言差异外，移民的文化特殊性还表现为族裔和宗教的不同。法国政府和社会对族裔多样的包容度之高是公认的。早在美国实行种族隔离制度时期，许多美国黑人作家就选择了前往法国定居。无论是官方还是主流社会，反对种族主义的立场是坚定的。然而在宗教事务上，法国拥有明确的价值观导向，于是宗教问题就成了信教移民与主流社会产生直接冲突的一个重要方面。20世纪80年代以来，因穆斯林移民宗教习惯引发的争议接续不断。2015年1月《查理周刊》遇袭事件以及此后不断的恐怖袭击更是将穆斯林移民置于"风口浪尖"，社会关系空前紧张。在这种背景下，法国政府为缓解族群关系作出了很大努力，其中最明显的两个成果当数"世俗主义观察所"（Observatoire de la laïcité）以及"法国穆斯林信仰理事会"（Conseil Français du Culte Musulman，简称CFCM）的创设。应该说，这是法国政府本着务实目的为争取社会团结和谐的一项创举，但是在宪法明确规定的"世俗主义"共和国的前提下，"法国穆斯林信仰理事会"的建立却引发了褒贬不一的评价。

第一节　移民宗教习惯引发的争议

20世纪80年代以来,穆斯林移民宗教习惯在法国引发过数次社会性大讨论,讨论的主题不外乎以下两类:一是围绕共和国"世俗主义"原则,二是《查理周刊》事件后关于"表达自由权"边界的讨论。这种全民热议的氛围,反过来又导致穆斯林移民的宗教习惯变得越发敏感。

一　移民宗教习惯的敏感化

早在1989年,公立学校中穆斯林女学生在校园内佩戴头巾就曾经被学校禁止,面对家长的疑惑,校方的回应是:"请家长尊重学校的世俗主义原则"。该事件当时就引发了一场全国性大讨论,并在接下来的时间内持续发酵。最终,立法部门于2004年颁布了在公立学校中禁止佩戴具有宗教象征意义的头巾的禁令,也就是人们常说的《头巾法》。该法的出台立刻遭到了联合国人权委员会的批评,后者认为法国此举违反了《公民民事与政治权利国际公约》(Pacte international relatif aux droits civils et politiques)。然而这并未影响该法在法国的继续施行,不仅如此,参议院又于2010年通过了一项《禁止在公共场所遮盖面部法》(loi interdisant la dissimulation du visage dans l'espace public)的法案,也称《禁止在公共场所穿遮面长袍法》,将禁止遮面长袍的范围由原来的学校扩展到所有公共场所,其所针对的目标群体显而易见。

实际上,法国并不是唯一禁止遮面长袍在公共场所出现的欧洲国家。早在20世纪70年代中期,德国为了应对恐怖主义,保护公共秩序,就已经颁布法律禁止在公共场所遮盖面部。英国曾在 2006 年发生过穆斯林妇女因穿戴面纱而遭解雇的事件并引发争议。2007 年，英国学校收到指导（但不是法律），允许学校可以基于安全等原因禁止遮面的学生进入校园。此外，在丹麦、比利时、荷兰，类似的问题也引发了激烈争议，并在个别国家形成了相关立法。① 比较而言，在出台禁令的理由方面，除了考虑公共秩序与安全因素外，法国还比其他国家多了一条违反"世俗主义"原则的理由。这就是此后穆斯林宗教习惯会不断在法国被"人为炒作"进而引发争议的原因。

2014 年，法国右翼政党国民阵线领导人马丽娜·勒庞提出，国民阵线将会禁止该党所辖的 11 个市镇的学校向穆斯林学生提供"清真餐"（指不含猪肉的食品）。极右翼政客认为，"是法国人，就应该把培根和香肠作为校餐"，为穆斯林学生提供没有猪肉的食品，违反了法国的世俗主义价值观。

对于这种言论，法国政府的专设机构"世俗主义观察所"②在 2015 年 3 月 17 日的媒体通报中宣布"不应以世俗主义的名义禁止校园套餐的多样性"③。尽管如此，仍然有右派官员不顾劝告一意孤行。2015 年 8 月，法国中东部沙龙－苏尔－索恩镇（Chalon-sur-Saône）共和党（Les Républicains）籍市长宣布取消本镇校园食堂中的"替选餐"（即不含猪肉的套餐）。此举首先遭到左派人士的强烈反对，两年后，地区行政法院以侵犯儿童权利为由勒令该镇取消这一规定，并强调指出，此类替选餐自 1984 年在本地

---

① 关于欧洲国家在穆斯林面纱方面的争议与立法情况，请参见〔法〕鲍佳佳《"世俗化"与法治的概念：法国〈禁止在公共场所穿遮面长袍〉新法案的讨论》，《法学杂志》2011 年第 8 期。
② 该所的具体情况将在本章第三节详述。
③ Observatoire de la laïcité, *Rapport annuel de l'Observatoire de la laïcité 2014 – 2015*, 2015, p. 302. 法国政府官方网站，http://www.gouvernement.fr/documents-de-l-observatoire-de-la-laicite，2018 年 1 月 18 日。

校园出现以来，从未引发过质疑。

校园"清真餐"的行政判决尚未出台之际，穆斯林妇女的泳装问题又掀起了波澜。2016年7月28日，法国东南部一滨海小城戛纳宣布在海滩上禁止女性穆斯林穿"布基尼"（Burkini）泳装。紧接着，多个东南部滨海城市也相继颁布同样的禁令。8月19日，刚刚遭受恐怖袭击重创的尼斯也下令将"布基尼"驱逐出它的"蓝色海岸"。但很快，这一引发争议的行政规定就被最高行政法院勒令撤销。"世俗主义观察所"也发布通告称"此类限制着装的规定并非立据于世俗主义原则"①。

从"头巾"到"布基尼"泳装，这些案例实际上都关涉"世俗主义"原则中"宗教符号不能在公共场所出现"的规定，这些看似针对伊斯兰宗教习惯的争议与规定，其实际指向却是穆斯林移民。一些排外主义者正是借助这一规定，强行将"清真餐"、"布基尼"泳装等与穆斯林生活习惯相关的事物"问题化"和敏感化。

而接踵而至的恐怖袭击更如雪上加霜般将伊斯兰教和穆斯林群体置于聚光灯下，导致涉及"世俗主义"原则以及宗教事件时的社会氛围总是高度紧张。"islamophobie"一词的创生和传播正是这种不安的社会氛围的直接体现。

自1989年"校园头巾"引起热议以来，将穆斯林视为"麻烦"和"问题"的言论，甚至针对伊斯兰信教者和礼拜场所的暴力侵害在法国始终存在。这种视伊斯兰教为麻烦和威胁的思想与行为，被官方和媒体统称为"islamophobie"。从构词法角度直译，该术语是指"伊斯兰恐惧症"。然而就该术语的实指而言，真实的

---

① Observatoire de la laïcité, *Rapport annuel de l'Observatoire de la laïcité 2016 – 2017*, avril 2017, p. 386.

社会言论和行为早已远远超出"恐惧"的范畴，往往呈现为"敌视"或"歧视"。

根据"法国反敌视伊斯兰团体"（Collectif Contre l'Islamophobie en France，简称CCIF）①的定义，"敌视伊斯兰"（islamophobie）是指："由于一些个体或机构被认为拥有或事实上拥有穆斯林宗教信仰，而对其排斥、歧视或侵害的所有行为。它还可以指那些鼓励、引导或平常化这些行为的言论、宣示中所包含的意识形态"。②

二 接收社会的"表达自由权"

2015年《查理周刊》恐怖袭击事件以来，围绕"表达自由"（指通过言论、绘画等表述途径表达自己观点的自由）与"亵渎宗教"之间的争论，集中凸显了法国主流社会与穆斯林移民在"自由"问题上的价值观差异，同时还反映了法国社会在种族问题和宗教问题上的不同立场。

《查理周刊》袭击事件后，杂志社再次刊发印有伊斯兰教先知穆罕默德的讽刺漫画。此举引发了国内外伊斯兰世界的不满。总的来讲，来自外部世界的抗议更为激烈：土耳其、埃及等国爆发了游行示威活动，伊朗外交部部长也表达了强烈谴责。而法国国内的伊斯兰宗教组织的表现则较为克制，鉴于空前紧张的社会气氛，这些组织号召信众保持克制冷静。在记者对法国穆斯林个体的采访中，有一些人认为这种做法是极大的挑衅，因为伊斯兰教是禁止描绘先知形象的。在法国主流社会这边，坚决捍卫表达自由权的声音十分普遍。于当年底举办的国际漫画家大会上，当被

---

① 该组织创建于2003年底，旨在帮助那些遭受此类侵害和歧视，却无力伸张自身权利的法国穆斯林公民。
② 《法国反敌视伊斯兰团体2015年报告》，http://www.islamophobie.net/sites/default/files/Rapport-CCIF-2015.pdf，2015年7月8日，第5页。

问到"在你们国家，有哪些题材是禁止绘画的"这一问题时，法国漫画家的回答是："问题不是禁止某个内容，而是禁止本身"。

法国媒体人之所以如此珍惜和看重"表达自由权"，是因为这是历史上的法国民众靠不懈斗争争取到的宝贵成果。在1789年法国大革命时期，表达自由权就已经被认为是人类最宝贵的权利之一，明确写入了《人权与公民权宣言》中："自由传达思想和意见是人类最宝贵的权利之一；因此，各个公民都有言论、著述和出版自由，但在法律所规定的情况下，应对滥用此项自由负担责任。"（第11条）。该条中后半部分所说"法律所规定的情况"，是在确立该项权利之后才出台的。比如，1822年、1835年、1848年都颁布过禁止"蔑视或仇恨"或禁止"引发仇恨"、禁止"破坏公共和平、引发蔑视和仇恨"的法律，但这些法律都是针对国内阶层间关系而言。由于当时社会政治动荡，这些法律的时效性可能是有限和不确定的。

为了保障表达自由权的充分实现，第三共和国颁布了一项沿用至今的《媒体自由法》，其全称为《关于媒体自由的1881年7月29日法》（loi du 29 juillet 1881 sur la liberté de la presse），也称《1881年7月29日法》。该项法律的颁布，是为了保障表达自由权，更是为了保障当时的报界、媒体的权利。因为此前阶段，办报不仅需要权威当局的事先审查，还需要缴纳一笔不菲的保证金，报界长期被这种制度压制。《媒体自由法》废除了事先审批和保证金制度，舆论界由此得到解放。因此，该法是表达自由权得到彰显的一个具有里程碑意义的法律，也是日后法兰西第五共和国的立法基石之一。

《媒体自由法》本身也对媒体使用表达自由权的界限进行了规定。总的来讲，侮辱、诽谤、教唆犯罪、协助犯罪、煽动叛乱是被法律明文禁止的。第 24 条关于教唆罪中规定，直接引发谋杀、抢劫和纵火，或威胁国家安全的言行将受到相应惩处。在侮辱、诽谤罪方面，第 31 条更加详细地规定不得对部长、公职人员、议会议员等承担公职的人员进行诽谤（2013 年修订该法时又在这项条款中增加了不能对共和国总统进行诽谤的规定）。该法当然也对相应的刑罚（监禁期限和罚金数额）进行了规定。

三 表达自由是亵渎宗教的理由吗？

那么，表达自由就可以是亵渎宗教的理由吗？穆斯林群体的答案当然是否定的，法国主流社会的答案却是肯定的。双方的价值观冲突集中体现在了"表达自由的边界"这个问题上。给出否定答案的人认为，表达自由不能成为伤害他人信仰的辩护理由；给予肯定回答的人认为，表达自由权是神圣不可侵犯的。

法国人的表达自由真的没有限制，可以讽刺一切吗？当然不是。法国不仅有自己的"政治正确"原则，而且比美国更为先进的是，该原则还有法律作为支撑，那就是 1990 年 7 月 13 日颁布的《盖索法》（*loi Gayssot*）。

《盖索法》全称为《旨在制止所有种族主义、反犹主义或排外主义行为的 1990 年 7 月 13 日第 90-615 号法律》，实际上是对以往立法中所有规定过表达自由权使用范围的总结。该法共 15 条，其中第 1 条规定："禁止所有因归属或不归属某一族裔（ethnie）、国族（naiton）、种族（race）或宗教而引发的歧视。"从此以后，禁止由于个体归属某一种族、宗教而对其采取歧视性仇恨性言论，不仅作为规范性条款予以明示，而且被辅以相应的惩罚。

在司法实践中，依据《盖索法》作出的判例多关涉反犹主义言行，尤其是否定主义（négotionnisme，指否认纳粹分子对犹太人施行种族灭绝，特别是否认瓦斯毒气室的存在的态度）言论。这与法国政府坚决反对纳粹主义，对纳粹主义意识形态始终保持警醒的政治立场密切相关。

一方面反犹主义言论在法国毫无疑问地遭到舆论痛斥和法律制裁，而另一方面亵渎伊斯兰教、敌视伊斯兰的现象又变得"平常化"、较少受到指责。如何理解这种矛盾？对此，法国官方的逻辑是，犹太人问题属于种族主义范畴，尽管犹太人也有自己的宗教，但反对种族主义是法国政府由来已久的一贯立场；而敌视伊斯兰则属于宗教问题范畴，关涉宪法规定的世俗性（laïcité）原则，或称世俗主义原则，该原则就是表达自由权在宗教问题上的"保护伞"。世俗主义原则的本意是指政教分离，即国家政权与宗教相互分离，因此该原则也被称为"政教分离"原则。在法国，该原则包含以下几个层面：（1）国家与教会分离；（2）教育与教会分离；（3）民事生活（生、死、结婚）归公共机构管理，不再由教会负责。因此，法国的世俗化不是简单的"去宗教化"，世俗主义也不是字面上所示的"不容宗教"主义。

"法国反敌视伊斯兰团体"观察到，《查理周刊》袭击事件（2015年1月）后，穆斯林群体不断被要求表明立场（是不是"查理"）。尽管时任总统朗德多次强调不要将"伊斯兰教"与"恐怖主义"混淆，但人们仍然能在街头、媒体和互联网上，看到敌视伊斯兰现象以更为频繁的节奏出现：对伊斯兰教的辱骂、对穆斯林礼拜场所的破坏、对信教男女及儿童的侵害、煽动仇恨的言论等。

在各种侵害行为中，穆斯林妇女、儿童以及宗教场所是最易受攻击的目标。然而这些报道并没有引发有如"头巾风波"、校园

"清真餐"、"布基尼"泳衣那样的争论与关注。随着恐怖主义威胁的加重,伊斯兰教以及其信众越发易受攻击,时有极端"世俗主义者"破坏穆斯林礼拜场所的消息传出,社会氛围变得格外紧张和敏感。

综上,法国穆斯林移民与主流社会之间的分歧主要表现为对下述两个价值观的不同理解,它们分别是"表达自由"和"世俗主义",这是历史上形成的、让法国人倍加珍视和坚持的两个重要价值观。

表达自由是亵渎宗教的理由吗?对于这个问题的不同答案反映的是两种价值观体系的认知冲突:法国将宗教与个体剥离,认为亵渎宗教无罪,歧视信教者个人则属于违法。因此在宗教问题上,法国官方和主流社会坚持表达自由优先的原则。然而问题在于,法国对宗教问题的理解不是普遍认可和接受的理解方式,法国主流社会一方如果能认识到自己的宗教认知方式是独特的,并且看到,自己与多数国家的思维方式之所以不同,是因为他们有着与众不同的思想演进历程,而不是因为自己更"自由";而伊斯兰世界一方如果能够了解到,多数人法国人坚持表达自由优先是基于其特殊的世俗化经历,而不仅仅是出于情绪化的对抗,如果双方都能明白各自的最主要关切所在,那么就能尽可能多地减少误会。

如果说在法国,"表达自由"可以等于"亵渎宗教自由"的话,那么穆斯林宗教习惯在法国社会的越发敏感化现象,却折射出官方和主流社会对"自由"的片面理解。许多法国人只看到了体的表达自由,而看不到穆斯林移民的着装自由和选择食物的自由,因此法国媒体几乎一边倒地只强调"世俗主义",而完全无视穆斯林的生活选择自由。"世俗主义"原则在法国有过怎样的经历，竟能让它可以凌驾于公民的某些选择自由之上？

第二节 法国宗教政策的核心原则及其形成

法国的"世俗主义"原则看似是在强调国家与宗教的分离与分立姿态，却包含着一系列关涉宗教事务的行为规范，实际上是国家宗教政策的纲领性原则。

"世俗主义"原则也称"世俗性"或"政教分离"原则，三种译法对应同一个法文词汇"laïcité"。国内研究法国问题的学者几乎都注意到了这个原则以及与之相关的一些问题，只是观察视角各异：教育[1]、法学[2]、宗教[3]、社会[4]，不一而足。受限于各自的主题，读者从中只能看到"世俗主义"的部分面相。而实际上，"世俗主义"在法国既是宪法原则，又是国家、宗教组织、公权力机关和公民个人等各关涉方的行为准则，既承载过重要历史（天主教会与世俗政权的政教分离史），又经历着新现实的严峻考验（伊斯兰信教者在法国的融入问题），是一个内涵丰富、层次多元、历史悠久的政治原则。

一 什么是"世俗主义"？

根据法国政府的官方界定，"世俗主义"依托于三个原则，提

---

[1] 王晓辉：《为了社会和谐：法国教育的若干政策取向》，《比较教育研究》2008 年第 4 期；郑崧：《反教权主义与 19 世纪下半叶法国的教育世俗化》，《世界历史》2007 年第 1 期；等等。
[2] 朱明哲：《论法国"世俗性"原则的斗争面向》，《欧洲研究》2016 年第 6 期；〔法〕鲍佳佳：《"世俗化"与法治的概念：法国〈禁止在公共场所穿遮面长袍〉新法案的讨论》，《法学杂志》2011 年第 8 期；等等。
[3] 沈坚：《世俗化与法国天主教的现代定位》，《世界历史》2007 年第 1 期；陈玉瑶：《表达自由可以成为亵渎宗教的理由吗？——法国在宗教与种族问题上的双重标准》，《黑龙江民族丛刊》2016 年第 2 期。
[4] 张金岭：《当代法国社会的信仰多元及其价值冲突》，《思想战线》2010 年第 5 期。

供两种保障，框定一种关系模式。三个原则分别是：第一，信仰自由以及在遵守公共秩序前提下展示信念的自由；第二，公共机构与宗教组织的分离；第三，所有人在法律面前一律平等，不论其持有哪种信仰与信念。两个保障分别是：第一，世俗主义保障信教者和不信教者同样享有表达自身信念的自由，保障信教或不信教、更改或不更改宗教的自由；第二，世俗主义保障践行宗教活动的自由和宗教自由（liberté de religion），同时还保障个人面对宗教时的自由：任何人都不应被迫遵守宗教教义或规定。此外，"世俗主义"原则还框定了国家与宗教组织之间的关系模式：国家是中立的，要与宗教组织分离。政治秩序建立在人民主权这个唯一的基础上，国家不承认、不财政支持、不补贴任何信仰崇拜（culte），也不插手管理宗教组织的内部运行。国家、地方领土单位（collectivités territoriales）①和公共机构的中立性于此体现。世俗的共和国通过这种方式保证公民在行政机关和公共机构面前的平等地位，无论他们持有怎样的信念和信仰。②

像法国这样，在宪法原则中宣示自身"世俗共和国"特点，并在政府内部设立专门机构以监督落实情况的国家并不多见。对于法国的这种独特性，必须通过回溯历史上漫长的政教结盟与分离历程方能理解。因为政府对"世俗主义"原则的如上规定，实际上是此前数世纪世俗政权在相关领域的实践经验总结。

二 教权与政权的结盟与破裂

历史上，古代高卢是今日法兰西的前身。高卢人曾先后遭遇

---

① 指大区、省、市镇这三类行政单位。
② "三个原则、两种保障、一种关系模式"是笔者对法国官方界定的"世俗主义"原则进行的总结归纳，原文中并没有进行分类说明。参见法国政府官网 http://www.gouvernement.fr/documents-de-l-observatoire-de-l-laicite，2018年1月18日。

罗马人和法兰克人的征服。在这一过程中，高卢成为罗马帝国的一部分，变成了高卢-罗马。世俗王权与基督教的关系紧密肇始于这一阶段。刚开始，"基督教并没有给公元 2 至 3 世纪的罗马化高卢带来深刻变化"，"大约在公元 367 至 390 年，基督教在高卢获得了最快发展，这种进步真正令人惊叹：绝大部分的城市居民受礼、接受教理并组织起来，最高行政院也完全被基督教掌握，教育……同样也被教会赢得。所有的进程非常温和，没有冲突，也没有公开的抵抗"。[1]

法兰克人征服高卢-罗马后，法兰克王国的奠基者克洛维（481～511 年在位）非常明智地接受了洗礼，皈依基督教，使自己与臣民处在同一宗教阵营中。这在法国历史上是最具决定性意义的事件之一。当时除了基督教以外，异教徒以及尤其是基督教异端——阿里乌斯教派（arianisme）的力量同样不容小觑。"克洛维没有像其他日耳曼国王那样成为阿里乌斯教派的信徒，从而使高卢和法兰克避免了长期的宗教分裂和国家分裂，而这种情况发生在哥特人和伦巴第人的意大利，发生在西哥特人的西班牙，发生在旺达尔人的北非"[2]。

克洛维的皈依使基督教在高卢-罗马得到了极大促进。从法兰克王国初期开始，"教会的地产激增，教会同世俗贵族一样，成为法兰克王国的大地主"[3]。这种处境使得教会时而成为封建王权的有力支柱，时而又因土地问题与世俗王权发生矛盾。但无论如何，教会与俗权之间的矛盾在这一阶段仍属于国家的内部矛盾。

---

[1] 〔法〕乔治·杜比主编《法国史（上卷）》，吕一民等译，商务印书馆，2010，第 166、177 页。
[2] 〔法〕乔治·杜比主编《法国史（上卷）》，吕一民等译，商务印书馆，2010，第 188 页。
[3] 张芝联主编《法国通史》，北京大学出版社，2009，第 25 页。

而罗马教皇国的建立则为教会与俗权之间的关系增添了新的复杂因素。754年，罗马教皇来到法兰克宫廷，请求当时的国王丕平（741～768年在位）帮助解决罗马教廷被伦巴第人围困的处境。于是754年和756年，丕平两次出兵意大利，迫使伦巴第国王将其侵占的罗马地区交给教皇统治，从此历史上便出现了一个教皇国。此后，法兰克王朝与教会之间的关系更为紧密。然而当时教皇的势力并不强大，主教的选举仍受国王的控制，教会受王朝的保护。

随着教皇影响力的巩固和壮大，教权高于俗权的声音不断出现，教皇意欲反过来牵制王权的意图越发明显。公元987年，加佩家族成为法兰克王国的新统治者，法国进入加佩王朝时期（987－1328）。加佩王朝诸王一方面极力和罗马教会建立友好关系，帮助天主教会打击宗教异端；另一方面又坚持自己对本国教会的任命权，并同教会鼓吹的教权高于俗权之说进行斗争。天主教在法国的国教地位从这一时期开始确立。①

法国国王、罗马教皇、法国教会这种三角关系互动到16世纪时期，"法国的教会在神学体系特别是组织形式上越来越表现出对罗马教廷相对独立的民族性倾向"，②寻求以自治方式独立于罗马教皇，反对"教皇绝对权力主义"（ultramontanisme）。法国教会也因此拥有了"高卢派教会"（gallicanisme）的别称。因此在"反对教皇"这一点上，"高卢派教会"与国王的目标一致。

1516年（当时是波旁家族掌权），国王弗朗索瓦一世和教皇利奥十世达成一项教务专约，进一步加强了王权对"高卢派教会"的控制权："法国的高级教士由国王任命，教皇批准。法王得以举

---

① 参见 Haut Conseil à l'Intégration, *L'Islam dans la République*, novembre 2000, p. 9。
② 张芝联主编《法国通史》，北京大学出版社，2009，第108页。

荐亲信担任教会要职，并让需要替补的神职长期空缺而占有其收益，从而获得前所未有的掌握教会和教产的权力"①。

与此同时，强调信仰得救、否认罗马教廷权威和封建等级观念的加尔文新教派在16世纪传入法国并且发展很快，"据非正式的统计，西元一五五九年有百分之十至二十的平民、资产阶级、贵族都信仰喀尔文（即加尔文——笔者注）教派，喀尔文主义的发展甚至影响到波旁王室，国家必须维持正统派天主教的存续以防止国家在宗教改革中倾覆"②。加尔文教派对王室和天主教会的威胁日益显著，新旧教派之间的宗教战争终于不可避免地爆发了。最终，国王亨利四世于1598年颁布南特敕令，既承认天主教的国教地位，又规定法国全境有信仰新教的自由，这才结束了一场持续36年的宗教战争。但将近一个世纪后，南特敕令被自诩为"天主教保护者"的路易十四于1685年废除，为的是打造"一个信仰、一种法律、一位国王"的一统局面。天主教再次回归了唯一合法的国教地位。但也是将绝对君主制发展至极盛时期的路易十四夺回了国王任命国内主教的权力（1673年），继1516年的教务专约后，王权与法国教会联合起来，共同抵制罗马教廷的干预，进一步削减了教皇在法国的特权。

因此，总体来讲，在1789年大革命爆发前法国的宗教特点是：天主教长期占据国教地位，教权与俗权关系中有两个重要问题不断循环出现。一是在对外关系上，法国如何从罗马教廷争取独立的问题；二是在王国内部，既然天主教占据国教地位，那么其他宗教（犹太教以及从16世纪开始出现的新教）应处于何种地

---

① 张芝联主编《法国通史》，北京大学出版社，2009，第108页。
② 刘增泉：《法国史》，台北，五南图书出版有限公司，2010，第153页。

位的问题。①

既然俗权与教权的结盟经历过如此漫长的历程，彼此间形成了盘根错节的关系，那么强调世俗政权与教权分离的世俗化进程就不可能以一蹴而就的方式实现。

出现转机的关键是法国大革命的爆发。巴黎起义胜利后，制宪议会成为国家的立法机关和革命领导机关。1789年8月26日，制宪议会通过了资产阶级大革命的纲领性文件《人权与公民权宣言》，其核心内容是人权和法治。资产阶级希望用以法律为标志的国家权力取代以君主为代表的封建特权。因此，既然自从三个世纪前绝对君主制度建立以来国王一直掌握着高级教士的任免权，那么大革命以后，国王就不能再保有这种特权，有必要针对教士任命和教会地位制定一套新的法律制度。同月，制宪议会任命了一个专门处理教会问题的委员会。正是这方面的新举措产生了内外联动的效果，使上述两个重要问题均产生了新的转向。

变化的源头始于削弱国王权力。由于教士地位严重依赖国王的权力，所以他们也帮助巩固和维护王权。因此在人民的眼中，教会是应被压制的对象，而不是应被解放的对象。虽然在1789年8月4日的国民议会大会上，教士与贵族一起投降，放弃了不纳税的特权，但这种让步似乎还不够。紧接着，教区什一税被废除，11月2日颁布没收教会财产的法令，12月29日颁布以教会财产为抵押发行财政票据（指券）的法令，1790年3月17日出台将教会财产作为"国有财产"出售的法令。这些举措从物质上沉重打击了天主教势力。

---

① 由于本部分主要探讨"世俗主义"的来历，而该原则主要牵涉天主教，且篇幅所限，笔者对法国其他宗教的处境没有给予更详细的说明。关于1789年以前法国的宗教特点可参见 Haut Conseil à l'Intégration, *L'Islam dans la République*, novembre 2000, p. 9。

教会财产"国有化"（nationalisation）以后，负责教会问题的委员会又草拟了一份分配方案，即《教士公民组织法》（Constitution civile du clergé），意欲根据新宪法管理教会与国家关系。1790年11月27日，国民议会决定强迫教会接受《教士公民组织法》，要求所有担任圣职或行使公共职责的神职人员都宣示效忠国族、法律和宪法。这种做法产生了严重的后果："它不仅使这个国家的敌对情绪形成了一股强劲的潮流，而且迫使国王寻求欧洲其他国家的保护，与他的人民作对。正是从一七九零年的宗教危机开始，一系列的谈判阴谋最终导致了一七九二年的全面战争"[1]。

《教士公民组织法》自然惊动了远在罗马的教皇。法国国王虽然从一开始就在该法的颁布问题上向罗马提出请示，然而直到1791年春天，教皇才对法国制宪议会的《教士公民组织法》表示否定并提出谴责，教皇的立场导致法国与罗马教廷出现暂时的关系破裂（schisme）。

奇怪的是，直到此时，"几乎没有人考虑过政教分离或废除国教制度的方案"[2]，《教士公民组织法》仍然承认法国天主教会的地位并规定由国家给其神职人员支付薪水。

体现政教分离思想的举措直到1794年国民公会（Convention）时期才开始出现。该年9月18日的一项法令规定"共和国不再为任何信仰支付费用和发放薪水"[3]，这种思想在1795年法令中再次被强调。这一规定在一个世纪之后才以稳定持久的形式成为体现国家中立立场的主要内容，但在这百年间却有所中断。

1801年，拿破仑与罗马教廷恢复了外交关系，并于次年达成

---

[1] 〔英〕艾克顿勋爵：《法国大革命讲稿》，高望译，广场出版社，2013，第175页。
[2] 参见〔英〕艾克顿勋爵《法国大革命讲稿》，高望译，第176页。
[3] Jean-Paul Scot, "L'Etat chez lui, l'église chez elle", Comprendre la loi de 1905, Editions du Seuil, 2005, p. 52.

《教务协定》（1802年），主要神职人员由此再次获得了国家发放的薪水。当然，这项协定最重要的一点还是在于将法国天主教定性为"大多数法国人的宗教"而不是国教，主教由第一执政任命。此后的一系列法律又使新教和犹太教获得了合法的地位，但新教牧师和犹太教教士分别到1804年和1831年才获得由国家发放的薪水。

因此，总的来讲，大革命的爆发在思想上和政治上均打断并改变了教权与国家政权结盟的关系。在思想上，公民自由和平等的理想使国教的存在受到质疑，国教对其他宗教的压迫更是变得不可接受；在现实政治方面，宪法的颁布既限制了王权，又重塑了宗教与世俗权力的关系，而罗马和其他欧洲封建国家对法国大革命的激烈反对则加速了国家与罗马教廷以及本国天主教会的关系破裂。可以说，宗教领域是资产阶级同封建特权斗争的重要组成部分，而大革命只是这场斗争的开始。

三 政教分离：从争夺教育主导权开始

1789年大革命既是一场政治革命，也是一场思想革命。直到1799年大革命结束，事关宗教的三种思想倾向始终存在：第一是1794年才得以明确的"教权与俗权分离"思想，表现为"共和国不资助任何宗教"的规定；第二是宗教自由观念，表现为天主教国教地位的动摇和其他宗教合法地位的获得；第三是公权力对教会有监督权，表现为神职人员宣誓效忠宪法的规定。

但是以上这些观念或思想在这一阶段只是作为一种"倾向"存在，由于政局的持续动荡，并没有得到持久性确立。例如，最为关键的天主教地位问题就数次发生改变：拿破仑帝国倒台后，波旁王朝于1814年成功复辟，实行资产阶级君主立宪制。新宪法将拿破仑在《教务协定》中规定的"天主教是大多数法国人的宗教"改为"天主教是法国国教"。这是一个很大的改变，激发了民众的反教权主义情绪。这种情绪在后来的七月王朝复辟时（1830年）表现得尤为激烈，于是，从1830年起，天主教由"国教"再次改回"大多数人民的宗教"。

但从1815年后，法国社会在另两个方面也呈现出稳定趋势：一是在思想上，个人信仰自由的观念已经被普遍接受；二是法国天主教的自治组织形式逐步固定，相对于罗马教廷的独立性越来越高。

新的矛盾开始形成并逐渐集中于国内天主教会与反教权的共和派之间的矛盾。两派之间分歧的明朗化源起于1830~1850年有关教育自由的大讨论。一直以来，教育始终是天主教会的固有领地。七月王朝时期（1830-1848），天主教虽然再次被定性为"大多数人民的宗教"，然而"政府并不打算真正同教会实行对立，而只是从教会手中收回教育大权，既发展世俗教育，也实行教育自由，允许私人开办学校，让教会学校继续存在下去"①。1833年颁布的关于初等教育的《基佐法》（*Loi Guizot*）正是在这种背景下出台。在"既有自由教育，又有国家教育"思想的指导下，"《基佐法》尝试满足新的教育需求，同时要求各省建立师范学校以培养公立学校的小学教师"②。

1850年《法鲁法》（*Loi Falloux*）对中等教育领域的教育自由作出了相关规定，但同时也强调了"天主教会对公立教育的监督"角色③。该法的出台反映的是这一时期（第二共和国，1848-

---

① 邢克超、李兴业：《法国教育》，吉林教育出版社，2000，第79~80页。
② Jean-Paul Scot, "*L'Etat chez lui, l'Eglise chez elle*", *Comprendre la loi de 1905*, Editions du Seuil, 2005, p. 75.
③ Haut Conseil à l'Intégration, *L'Islam dans la République*, novembre 2000, p. 11.

1852）政治上的倒退，其实质是取消国家对教育的领导，让教会重新掌控教育。

从第二帝国时期（1852－1870）开始，教权派和共和派的对立形势开始向尖锐化态势转变。为了维系与罗马的良好关系，拿破仑三世允许并鼓励宗教教育发展，这种举措本身已经是一种倒退，而罗马教皇的一系列举动更是引发了法国在内的欧洲各国民主进步势力的集体反抗。1864 年，罗马教皇以教谕形式发表了《我们时代的主要错误思想》（*Principales erreurs de notre temps*），否定了许多现代文明所拥护的基本原则，如政教分离、宗教宽容等。

这种情况让共和主义者无法容忍，"在反教权主义的共和派看来，天主教学校教育中所渗透着的普适性、宗派性、反现代性、政治上的保守性不利于建设民族国家，培养现代公民，创建共和制度，所以他们极力将学校教育的世俗化作为政治现代化的一个不可缺少的组成部分。法国教育的世俗化问题因此成为了一个政治的问题，围绕着这一问题而展开的斗争也因此变得比其他西方国家更为激烈"。[1] 于是，法国共和派十分明确地提出了教育领域世俗化（laïcisation）和国家与教会分离的诉求与主张。

最终，围绕教育主导权的这场旷日持久的斗争在第三共和国时期迎来了彻底的解决方案。鉴于以往的博弈历程，以及尤其是为了防止教会势力的报复性回潮，坚决而又彻底地反对教权的想法促生了一系列重要立法。1882 年 3 月 28 日，关于实施世俗义务教育的法律问世，其中就作出了诸如"将带有耶稣像的十字架移出教室，用道德和公民教育代替原来的宗教教育"[2] 的重要规定。1901 年，

---

[1] 郑崧：《反教权主义与 19 世纪下半叶法国的教育世俗化》，《世界历史》2007 年第 1 期。
[2] Haut Conseil à l'Intégration, *L'Islam dans la République*, novembre 2000, p. 11.

《社团法》(lois sur les associations) 对宗教修会 (congrégation) 的地位作出了说明，并要求所有修会要服从于两个议院的权威。1904 年与梵蒂冈断绝外交关系后，共和国颁布了禁止修会人士办学的法律。1905 年，旨在将共和国与教会关系固定化的《教会与国家分离法》(Loi de séparation des églises et de l'Etat) (也称《政教分离法》或《1905 年法》) 最终明确而又全面地确立了"世俗共和国"的应有之义。

该法第一条第一款规定：共和国保障宗教信仰自由。国家保证在遵守下述条款规定的条件下从事宗教活动的自由。第二款规定：共和国不承认任何信仰崇拜、不资助任何宗教活动，也不为从事宗教活动的人员发放薪水。因此，从 1 月 1 日本法颁布之日起，国家、各省和各市镇与宗教活动相关的所有预算支出都将取消……

可以认为，1905 年《政教分离法》的颁布是世俗政权胜利的标志，国家在宗教事务领域的主导地位也由此确立并持久化。而第三共和国的存续时间之久[①]，也为事关宗教的各方关系模式的稳定持续创造了极为有利的条件，尽管该法不是以统一和一致的方式被各地各团体接纳。[②]

《政教分离法》的这些规定，实际上已经表现出国家的这样一种意愿了，那就是形塑公民生活，最大限度地限制宗教活动和宗

[①] 法兰西第三共和国历时 70 年（1870 - 1940）之久，是法国迄今为止存续时间最长的共和国，同时也是法国走向现代化的关键时期，许多重要的政治原则都是在这一时期稳定下来并持久化，其中既包括影响至今的"世俗主义"原则，又包括在学校中全面禁止地方语言的同化政策。

[②] 天主教和犹太教从 1906 年开始即按规定进行了相关申请和不动产处置，而天主教会直到 1924 年才接受法律赋予的文化协会身份，并遵守不动产处置方面的规定。根据规定，部分海外领土可以不适用《1905 年法》，法国本土的阿尔萨斯、摩泽尔省至今都不适用该法，实行特殊的宗教政策。

教思想在公共场所的彰显。1905年，政府同时宣布法国是世俗国家。在这前后，教会和天主教主义（catholicisme）遭到了来自各方面的抨击。人们对"世俗法兰西"的认识延续至今已有一百多年的历史，这就是当今法国坚决捍卫"世俗主义"的原因和逻辑所在。

如果说，昔日"世俗主义"的主要斗争对象是天主教教会，[①] 那么如今，在很多人看来，伊斯兰教似乎取代了天主教，成了挑战"世俗主义"原则的新力量。

但事情的本质并不是一句"伊斯兰教是'世俗主义'新挑战"就能够概括的。"世俗主义"原则的产生与发展经历过曲折而艰难的过程，已经成为一个具有多重维度和内涵的概念，它牵涉了国家、公共机构、宗教信仰、宗教团体以及信教个人之间彼此交织的复杂关系，不仅有抽象原则（国家中立、信仰自由）的引领，还有对细节事务的规定（如宗教属于私人事务，不得彰显于公共领域等）。由此才会出现一个奇怪现象：看似都关涉伊斯兰教，但穆斯林个体、伊斯兰宗教团体这两者与"世俗主义"原则的关联点却完全不同，这就导致政府在管理个体与宗教组织时出现了既"坚守"又"违背""世俗主义"原则的不同举措。

第三节 旧政策的保持与新机构的成立

既然"世俗主义"原则在法国已经历长达百年的悠久历史，在人民心中有着如此深厚的认同根基，那么"校园头巾""校园清真餐""布基尼泳衣"，这些看似普通的"小事"总是引发社会

[①] 参见朱明哲《论法国"世俗性"原则的斗争面向》，《欧洲研究》2016年第6期。

舆论的轩然大波也就不足为奇了。因为这些看上去只关涉公民的某些选择自由的"小事"，与写入宪法的"共和国价值观"有直接关联。于是，为了让穆斯林移民顺利融入本国社会，也为了让备受珍视的"世俗主义"原则继续保持，法国政府采取了新的治理措施来应对差异宗教文化带来的新考验。

一 "世俗主义观察所"的创立

在穆斯林宗教习惯越发敏感化的背景下，"世俗主义观察所"应运而生。该所是法国总理的顾问机构，最初于2007年由时任总统希拉克和时任总理德维尔潘（Dominique de Villepin）设立，但是直到2013年，才在时任总统奥朗德和总理让－马克·埃罗（Jean-Marc Ayrault）执政时期得到实质性组建和正式运行。该所任务是收集相关事实、数据进行分析研究，为总理提供维护"世俗主义"原则方面的政策建议，帮助公权力机关明确自身在维护该原则方面的职责。就像前文中提到的，但凡涉及"世俗主义"的事件，"世俗主义观察所"都要发表公开通告，澄清事实，表明立场。

在具体工作方面，从其年度报告的内容来看，"世俗主义观察所"的主要工作集中于监督引导社会生活中出现的关涉个体与公权力机关之间的事件，主要包括地方公权力机关是否胡乱、盲目使用"世俗主义"原则、信教公民或宗教人士的宗教活动是否"逾矩"等问题。此外，推动全社会对"世俗主义"原则的认知、进行相关宣讲教育也是"世俗主义观察所"的工作重点。

因此，"世俗主义观察所"的职责不仅是在维护"世俗主义"原则的正确认知与使用，而且还通过维护这一原则营造和谐的社会关系，让所有企图利用"世俗主义"去排斥、歧视穆斯林的行为得以纠正。因为该机构并非专门监督和针对信教者一方，纠正国家和地方公权力机构对"世俗主义"原则的"过度解读"甚至"误读"也在其工作职责范畴内。"校园清真餐""布基尼泳衣"事件发生时,"世俗主义观察所"总能及时发声指出地方公权力机构的错误认识,在很大程度上起到了防止极右翼人士通过过度解读"世俗主义"进一步扩散排外主义情绪的作用,有助于增进主流社会与信教移民对"世俗主义"原则的正确理解,进而减少矛盾误解。

值得注意的是,宗教组织管理并不在其工作范畴之内。对于这一方面的工作,法国政府启动较晚,以"法国穆斯林信仰理事会"的创建为标志。

二 "法国穆斯林信仰理事会"的创建

相对于穆斯林移民,伊斯兰宗教组织或团体在法国的出现是更为晚近的事。直到一战前,伊斯兰教还不属于法国本土事务,它通常被法国官方视为殖民地原住民的私人事务。早期北非穆斯林的到来,并没有让法国本土的伊斯兰宗教团体变得显见。

兴建于20世纪20年代的巴黎大清真寺虽然是法国第一个也是最大的清真寺,但其最初的意义并不关涉太多宗教因素:由于30万来自殖民地的穆斯林参加了1914～1918年大战,而且其中10万人为捍卫法兰西而死伤,为了纪念和感激这些人,法国政府决定资助兴建一所穆斯林研究所,配备有清真寺、会议室和图书馆。这就是现今位于巴黎第五区的巴黎大清真寺(Grande Mosquée de Paris,1924年落成)的来历。但是其建造、管理都属于外交和官方层面,不属于精神领域和纯宗教事务。[①] 由于当时《政教分离

---

① 2014年2月17日,时任法国总统还前往清真寺悼念大战期间为法国牺牲的穆斯林。

法》已经颁布，规定国家不承认、不资助任何宗教，不给任何宗教职务发放补贴，所以该项工程最终由法国外交部（而不是内务部）完成。① 巴黎大清真寺自建成以来直到 1954 年，一直由阿尔及利亚裔宗教人士担任领导。阿尔及利亚独立后，阿政府曾以遗产的名义声索巴黎大清真寺的所有权，但遭到法国政府的拒绝，其所有权归属是一个争论至今的问题。

随着穆斯林移民来源的多样化，1980 年以后，各种伊斯兰宗教组织在法国竞相出现，并形成竞争态势。随着伊斯兰宗教团体的涌现，从 20 世纪 90 年代起，内务部感到有必要创建一个能够正式发声的法国伊斯兰教机构，以便能在穆斯林宗教信仰问题上代表所有信众发表意见。这一设想于 1999 年由时任内政部长舍韦内芒（J.-p. Chevènement）提出，但并未立即落实。2001 年"9·11"事件后，马德里、伦敦的恐怖袭击也接踵而至。严峻的安全形势所引发的公众恐惧使内务部感到了某种迫切性。于是 2003 年，在时任内政部长萨科齐（Nicolas Sarkozy）的推动下，"法国穆斯林信仰理事会"（以下简称"全国理事会"）正式成立，隶属于内务部。在全国理事会成立时，萨科齐表示，这样做的目的是"要将法国伊斯兰教迎接到桌面上来"。

在组织结构方面，所有较大宗教团体以及各地主要清真寺均被覆盖进来，通过层层选举的方式推选出一些代表组建成全国理事会并进行管理。全国理事会是国家层面的机构设置，在地方还设有下级分支，即"大区穆斯林信仰理事会"（简称"大区理事会"），是大区层面的对话者，成立之初在全国共有 25 个。

2003 年 5 月 3 日全国理事会和大区理事会正式成立之际，召

---

① Poulat Emile, Alain Boyer, "L'Institut musulman de la Mosquée de Paris", In: *Archives de sciences sociales des religions*, n°82, 1993.

开了第一届全体代表大会。当时共有 200 个代表参会，其中有 10 人是经全体代表同意参加，40 人是由各团体和大清真寺指派参加，另外 150 人则是由 4000 名"高级选民"（grands électeurs）选举产生，这 4000 个"高级选民"又是从 995 个礼拜场所选出和委派，而这 995 个礼拜场所又是从在行政部门登记的 1316 个相关场所中遴选出来的，遴选标准是场所的建筑面积，每 100 平方米产生一位代表。①

成立之初，全国理事会承担的任务十分宽泛。其职能定位是"捍卫全国穆斯林宗教信仰的尊严与利益；组织所有礼拜场所之间的信息与服务共享；鼓励各宗教间的对话；保证礼拜场所在公权力部门的代表性"②。在具体事务上，全国理事会需要负责管理国内所有与穆斯林宗教信仰有关的事务，诸如清真寺的建造、清真屠宰、清真食品市场管理、穆斯林安葬、伊玛目培养等。"唯一的限制是不得在精神和道德领域输出宗教建议或意见。简言之，其职能在于实践领域，而不是在宗教理论方面"。③

三 "法国穆斯林信仰理事会"引发的争议

与此同时，全国理事会的成立又是一件备受争议的事情。争议和质疑的方面不止一个，如按照礼拜场所的建筑面积去确定代表数量的做法，以及全国理事会的代表性问题，即它关涉的是严格意义上的信仰崇拜，而不是穆斯林文化，更不能代表全国穆斯

---

① 具体情况详见 Antoine Sfeir, Julie Coste, "Le Conseil français du culte musulman à l'épreuve du temps", In: *Hommes et Migrations*, Année 2006, n°1259, pp. 44 – 54。
② Malika Zeghal, "La constitution du Conseil Français du Culte Musulman: reconnaissance politique d'un Islam français?", In: *Archives de sciences sociales des religions*, n°129, janvier-mars 2005.
③ Antoine Sfeir, Julie Coste, "Le Conseil français du culte musulman à l'épreuve du temps", In: *Hommes et Migrations*, Année 2006, n°1259, pp. 44 ~ 54。

林整体。但除了这些针对法律身份、代表性、内部构成、运行方式等方面的批评意见之外，最大争议在于其存在本身有悖于国家的"世俗主义"原则。因为根据政府对"世俗主义"原则的界定："共和国不承认任何信仰崇拜，不资助任何宗教活动，也不为从事宗教活动的人员发放薪水"，"不插手管理宗教组织的内部运行"。

从组建过程看，全国理事会及大区理事会是在政府推动下建立，因此在不少政界人士看来，这种做法"无论是在象征意义上还是在制度层面上都意味着对法国第二大宗教，伊斯兰教地位的承认"①。这种政治承认无疑有悖于1905年《政教分离法》中"国家不承认任何信仰崇拜"的规定。而具体实践中由政府发起并推动组建国家理事会的举措既有违"国家不插手管理宗教组织的内部运行"的规定，也有悖于信仰自由原则。

然而全国理事会从创建运行至今已有15年之久，这也说明支持和赞成的声音是占据多数的。支持者多是从实用主义的角度去看待问题。有学者总结认为，首先，国家实际上是在帮助整合碎片化的伊斯兰宗教组织以使其形成统一的声音。因为相对于其他信仰，伊斯兰信仰在法国属于后来者，全国理事会的成立有助于解决这些宗教团体自我组织能力不足的问题，因而从本质上讲，国家是在帮助伊斯兰教弥补历史差距；其次，政府冒着"官方伊斯兰"的舆论风险，界定并促生一个对话者，让它自己探索信众与公权力的对话途径，这虽然是某种程度上的政治承认，但同时也是对穆斯林国民的整合；最后，对国家和民事社会而言，设立国家理事会就等于创建了一个"法国伊斯兰教"（Islam français），

---

① Malika Zeghal, "La constitution du Conseil Français du Culte Musulman: reconnaissance politique d'un Islam français?", In: *Archives de sciences sociales des religions*, n°129, janvier-mars 2005.

也就是说要在民族国家范围内界定和整合伊斯兰教，在赋予其边界的同时，也使它能够成为连接外部伊斯兰世界的政治桥梁和中介。①

可见，在当前特殊的历史时期，出于特殊的社会治理需求，政府推动组建"法国穆斯林信仰理事会"这件事虽无合法性，却有合理性。因此，法国政府现在的做法实际上是在冒着违宪的危险引导推动外来宗教"法国化"。这将像法兰西历史上曾经经历过的那场天主教"国族化"改革一样漫长而充满曲折。"世俗主义"原则，既是当初那场改革的结果，又是今天这一努力的起点。

回顾历史，才能理解当下。在法国历史上，世俗王权、国内天主教会与罗马教廷之间存在漫长曲折而又复杂的三角关系：王权与教权之间，法国与罗马之间，从"结盟"到"分手"历经数个世纪，形成了内涵丰富的"世俗主义"原则。

早在该原则逐步确立的 19 世纪，"世俗主义"的主要斗争对象是天主教会。俗权与教会对教育主导权的争夺产生了多个具有深远影响的后果。宗教由此成为私人事务，不得彰显于公共领域，尤其是学校中。该原则得到确立并持久生效半个多世纪后，"校园头巾"事件开始出现并持续升温，导致多个强化性规定的出台，不断宣示着政府捍卫"世俗主义"原则的决心，以至于"世俗主义观察所"应运而生。该机构在维护"世俗主义"原则的正确认知与使用的同时，还可以营造公正和谐的社会关系，让所有企图利用"世俗主义"去排斥、歧视穆斯林的行为得以纠正。

但是法国的"世俗主义"内涵不仅包括以上事件中涉及的

---

① 有关全国理事会的更多争议，可参见 Malika Zeghal, "La constitution du Conseil Français du Culte Musulman: reconnaissance politique d'un Islam français?", In: *Archives de sciences sociales des religions*, n°129, janvier-mars 2005。

"宗教符号不得彰显于公共领域",还包括"国家不插手管理宗教组织的内部运行""不承认任何信仰崇拜",在后一含义层面,政府出于社会治理目的而推动创建的"法国穆斯林信仰理事会"却又明显违背了自身坚守的"世俗主义"原则。素来标榜"法治国家"的法兰西共和国还需要在未来的实践探索中进一步确立"全国理事会"及其下级机构的法律身份,并理顺政府与理事会的法律关系,让它成为维护族群关系团结和谐的既合理又合法的存在。

结　论

　　"团结"（solidarity）是一个既熟悉又陌生的概念。我们对它感到熟悉，是因为人们在社会生活的各个方面——政治、经济、气候、安全等等领域都在提倡团结；我们对它感到陌生，是因为"团结"在今天的社会科学界处于边缘化地位，继迪尔凯姆的《社会分工论》之后，再也没有人能将其带回社会科学研究的显著位置，而这种状况已经长达一个世纪之久。学术界不应对一个社会生活各领域都在强调和倡导的理念视而不见。

　　"团结"是一个既包含事实评判，又包含价值评判的概念。其事实层面的含义是，同一命运共同体的成员之间存在天然的连带关系和相互依赖关系和伴随社会协作而产生的相互依赖关系，并且就像迪尔凯姆早在一百多年前指出的，社会协作越是广泛，分工越是发达，人们的相互依赖程度越高。基于对天然连带关系和相互依赖关系的认知，人们得出了应该强化这种关系纽带的价值评判。由此，才产生了人们通常谈到"团结"术语时所希望传达的意思：命运共同体成员在意愿与行动上的联合、互助，整体效果上的凝聚、融洽、和谐。人们对于这些价值评判引申含义有普遍性认可，但是在具体情境的使用中往往会强调和突出其中的某一方面。

　　这样一来，中国强调"民族团结"，法国提倡"国民团结"

也就不足为奇了。在我国民族研究学界,"民族团结"通常都不言自明地具有"民族关系"指向,指各民族和谐融洽的状态;法国政治话语中的"national solidarity"(solidarité nationale),字面上似可对译为"民族团结",但其实质却是"国民团结",即"人民的团结",在具体实践中通常落实为帮扶弱者的"社会政策"。而在国家民族层面,"国族的团结"应既包括"人民的团结",也包括国内"各民族的团结"。这两个方面同时也是用来审视法国的工具和视角。

法国"国民团结"理念最终落实为"社会政策",不仅由于法国对"团结"概念中"互助"内涵的刻意彰显,更多是法兰西公民国族观念所致。法兰西的"公民国族观"包括两方面内涵:一是"公民国族主义"(通常被称为"公民民族主义")思想;二是人民、国族、国家的对等和"单一性"原则。

"公民国族主义"是对平等公民根据共同意愿形成国族这一观念的高度提炼。但该术语所蕴含的"自由平等博爱""人民主权""公民身份"理论以及三者之间的关联才是"公民国族"的重点所在。尽管在大革命时期,"公民国族主义"的这一命名尚未问世,但是将国族作为践行以上先进思想的政治场域的共识已经形成。后至普法战争期间,围绕阿尔萨斯-洛林地区的归属问题产生争论后,法国的这种强调公民身份与共同意愿的国族观才在与德意志族裔国族主义的比照中获得了正式命名。学界虽然素来以法国作为"公民国族主义"的现实典型,但"公民国族主义"却不是法兰西国族观的全部。在国族建立尤其是建构的实践阶段,共和国的"一个和不可分"原则始终发挥着核心的指导作用,而这一原则本身也随着国族建构的不断推进,从最初的"主权不可分"和"国家统一"(面对"单一制"与"联邦制"的选择)内涵，拓展到人民、国族、国家，甚至语言的"一个和不可分"，其内在要求是法兰西共和国、人民和国族要被严格地视为对等物。

如果用更为简单的方式表达法兰西的国族观，那就是法兰西国族被认为是由文化同质、身份平等的法兰西人构成的公民国族。从本质上讲，这种观念的特点，是将国族建构的价值追求当作了真实情况，将人民的历史文化背景作了"虚无化"处理。这种历史虚无主义的认识论必然导致法国官方在阐释自身实况与价值理念时受到诸多限制。

以平等公民构成的国族为价值追求，具有巨大历史进步性，但不顾社会现实，希望通过国家强力一蹴而就的想法，必然导致强制"同化"的实践，而引发少数民族的不满。

同化主义政策实践，是法兰西资产阶级执政者缺乏现实关照导致的实践错误，是需要多民族国家引以为戒的教训。然而法兰西在国族建构与人民团结方面的价值追求却直到今日仍然具有进步意义。因而立基于这一价值论的社会政治实践是值得肯定和借鉴的。比如，保障公民自由和权利平等，已经得到当今世界各国的普遍认可，并成为各国政府执政的基本立足点。

法国大革命以来，虽然经历数次王朝复辟，但是公民权利保障的进程却没有停歇。当代公民权利通常包含民事权利、政治权利、社会与经济权利（一般简称社会权利）。此三种权利被视为公民身份的"三脚凳"[1]，是得到当今世界普遍承认的公民权利应有之义。在法国的现代化进程中，随着交通与技术手段的不断更新，公民身份（民事权利）的确认、政治权利（选举权）的平等化普遍化、社会权利理念由"慈善"到"团结"的转变和"社会福

---

[1] 〔英〕彼得·德怀尔：《理解社会公民身份》，蒋晓阳译，北京大学出版社，2011，第6页。

利"的越发精细化,几乎以"齐头并进"的方式在19、20世纪共同兑现或落实。

在这三者中,作为公民权利的核心,社会权利尤其体现着国民团结的精神和价值追求。社会权利的"福利化"让个体有了主动向国家确认自身"国民"身份的动力,社会权利的普遍化和平等化则使国家标准渗透进每个"权利人"的私生活中。由此,人们对作为"国民"才产生了一种明显的关注。随着公民与公共机构打交道的行为越发显得习以为常,"国民身份"的建构也在诸如申报信息、填写表格等日常行为中得以逐步巩固。所有成员的相同生活经历逐步催生了一种集体归属感,加强了属于同一世界的印象。对国家的认同感和公民平等团结的氛围正是通过这些微不足道的"常规"逐步培育和养成。

身份平等和共同经历是国民团结的前提和基础。按照这个逻辑,既然法兰西公民国族致力于原子化个体成员的身份一致、权利平等,那么我们就应该能看到一个团结凝聚的法兰西社会。然而,为什么一些有碍团结的"不和谐"现象还是始终存在呢?比如移民被视为"问题"遭到排拒,本土少数民族分离主义运动时隐时现。难道他们作为法国公民的上述权利没有得到保障吗?当然不是。

在法国案例中,我们看到,公民的社会权利可以保障即使最贫穷的成员也能融入并参与公共生活,这是最能体现"团结"原则的一项基本权利。但是当外来者成为法兰西人,移民成为接收国政治社会生活的一部分后,一个奇怪的"平等悖论"却产生了:国家致力于"成员平等"的政策实践,让入籍移民享受"福利"的同时,却让多数人感到"吃亏"和"被剥夺"。更奇怪的是,法兰西不是唯一一个体现这种悖论的国家。平等的公民权利却引发"不公正"感，这是一个值得思考的问题。

产生"不公正"感是由于嫌弃移民的贫困吗？恐怕不是。从反移民思潮的命名——"排外主义"来看，移民之所以遭到排斥和歧视，并不是因为他们的贫穷状态，而是因为他们的"外来者"身份，也就是他们的文化差异。由于法兰西的公民国族观并不包含社会文化考量，差异文化的外来者只要符合条件，便可以成为法兰西公民。然而被国家"接收"，却并不意味着被社会"接纳"。外来者在融入社会时，往往由于自己的差异文化而遭到歧视。这种现象的根本原因，就在于法兰西的公民权利中并不包含"差别文化的发展权利"（简称"差别文化权"）。"差别文化权"是相对主导文化权而言的，指的是发展主导文化以外的文化的权利。具体到法国的情境，就是作为国家主导文化，法语文化由于得到法律上的特殊保障，使其统治性和排他性地位越发凸显，而具有双重文化特点（法语文化和本民族文化）的少数民族与移民的文化权利只有在选择法语文化时才能得到体现和保障，而他们的另一种文化则由于没有得到制度性承认而丧失了文化发展权。由此造成了多数人与少数人文化权利的不平等。

从全社会的角度来看，公民文化权利的不平等表现在三个方面：法语的"统治性"和"排他性"地位的不断巩固以及对少数民族语言使用权发展权的刻意抑制，少数民族集体身份的制度性缺失以及政府对多元文化主义的公开否定。

对本土少数民族而言，公民文化权利的不平等表现为语言使用权和发展权的长期被"禁止"。直到1951年《德克松法》的颁布，让个别地区和少数民族语言才获得"解禁"。然而"不再禁止"与"保障和发展"之间的差距是显而易见的。法语作为国家唯一官方语言的宪法地位与地区或少数民族语言的"遗产"定位形成了鲜明的对比。语言是文化的载体，语言的使用权与发展权得不到保障，文化发展也就失去了根基。

以语言文化为主要特征的民族集体身份，不仅关涉国家对公民文化权利，尤其是差别文化发展权的承认与否，也与法兰西公民国族观强调原子化个体之"底色"以及人民"不可分"原则有密切关系。在现代法治国家中，身份意味着权利，没有民族身份，就意味着丧失了在国家行政－法律体系内的相应位置。所以布列塔尼人首先谋求以区域身份参与国家的经济和政治生活，其语言文化诉求则依托于自身的"大区"身份，在大区内部进行规划设计。而科西嘉人对自身民族身份的诉求则更进一步，他们希望科西嘉人民、科西嘉语得到国家在全国范围内的公开承认。"只要文化认同是人之尊严所不可分割的一部分，它就会被配附以一种公众承认的需要"，而"否认群体的独特性，就是拒绝承认它的尊严。"[1] 因此，可以肯定的是，布列塔尼、科西嘉的民族主义思想还将长期存在下去。

对于公民文化权利的不平等，法国力图用偷换概念的方式予以掩盖。法国官方承认社会文化的多样性，表面上尊重差异文化，但一旦让这种差异文化回归到它的主体——人的身上，它就立刻转变了态度，否认"多元文化主义"政策在承认差别文化权利方面的积极意义。于是，现代法兰西在保障公民民事、政治、社会权利平等，促进人民团结的同时，文化权利的不平等却在扮演着相反的角色。如果只是因为自身文化与主导文化之间存在差异而遭到歧视，那么这显然有悖于公民平等原则。

文化权利的不平等同样影响着群体关系层面的相互认同与团

---

[1] Gérard Ze Mendo, *La citoyenneté différenciée, une approche comparée des modèles d'intégration américain et français*, éditions Connaissances et Savois, Paris, 2011, pp. 30, 31.

结，在这方面，法国无论是世居少数民族与"内陆"法兰西人之间，还是移民群体与主流社会之间的关系都是我们应该引以为戒的"负面教材"。由于历史条件和现实国情的不同，法兰西在促进人民团结方面的经验可能不一定值得借鉴，但是它在处理群体关系方面的负面教训，却一定值得我们警醒。

同少数民族相比，外来移民的文化差异不仅表现在语言上，其文化特殊性还表现为族裔和宗教的不同。第五共和国成立以来，政府反对种族主义的立场始终坚定，但在宗教事务方面的价值观导向却比较特殊，这就使得信教移民与主流社会总是在宗教问题上产生直接冲突。20世纪80年代以来，因穆斯林移民宗教习惯引发的争议接续不断。在这种背景下，法国政府为缓解群体关系作出了很大努力，其中最明显的两个成果分别是"世俗主义观察所"和"法国穆斯林信仰理事会"的创设。这本是法国政府本着务实态度为争取社会团结和谐、引导外来宗教"法国化"的一项创举，但是在宪法明确规定的"世俗共和国"的前提下，"法国穆斯林信仰理事会"的建立却引发了褒贬不一的评价，这是有待继续探索和完善的一项机制。

法兰西是民族国家时代的开创者、国族建构的先行者，国族整合步伐行至今日，不仅积累了丰富的经验，也积聚了深刻的矛盾和问题。当今世界各国面对的内部差异文化问题虽然不尽相同，但是对国族团结统一的追求却具有一致性。正是基于这种一致性，法兰西的经验与教训才值得加以研究和借鉴。现代国际政治单元从"王朝国家"向"民族国家"的转型，反映出了时代的变迁，那么新生的国族共同体是否愿意在时代的继续进步中考虑少数群体（社会经济的或族裔文化的）利益诉求，以及如果愿意的话，对少数群体的关照是否周全，是摆在所有国家面前的"团结"实践主题。

参考文献

一 中文译著与专著

〔英〕安东尼·吉登斯:《民族-国家与暴力》,胡宗泽等译,生活读书新知三联书店,1998。

〔英〕安东尼·史密斯:《民族主义:理论,意识形态,历史》,叶江译,上海世纪出版集团,2006。

〔英〕安德鲁·海伍德:《政治学》,张立鹏译,中国人民大学出版社,2013。

〔英〕爱德华·莫迪默、罗伯特·法恩:《人民、民族、国家》,刘泓、黄海慧译,中央民族大学出版社,2009。

〔英〕厄内斯特·盖尔纳:《民族与民族主义》,韩红译,中央编译出版社,2002。

〔英〕埃里克·霍布斯鲍姆:《民族与民族主义》,李金梅译,上海世纪出版集团,2006。

〔英〕艾瑞克·霍布斯鲍姆:《帝国的年代(1875—1914)》,贾士蘅译、钱进校,江苏人民出版社,1999。

〔英〕休·希顿-沃森:《民族与国家——对民族起源于民族主义政治的探讨》,吴洪英、黄群译,中央民族大学出版社,2009。

〔英〕埃里·凯杜里：《民族主义》，张明明译，中央编译出版社，2002。

〔英〕特里·伊格尔顿：《马克思为什么是对的》，李杨、任文科、郑义译，新星出版社，2011。

〔英〕莫里斯·罗奇：《重新思考公民身份——现代社会中的福利、意识形态和变迁》，郭忠华等译，吉林出版集团有限责任公司，2010。

〔英〕德里克·希特：《公民身份——世界史、政治学与教育学中的公民理想》，郭台辉等译，吉林出版集团有限责任公司，2010。

〔英〕安迪·格林：《教育、全球化与民族国家》，朱旭东等译，教育科学出版社，2004。

〔英〕奥利弗·齐默：《欧洲民族主义，1890–1940》，杨光译，北京大学出版社，2013。

〔英〕詹姆斯·梅奥尔：《民族主义与国际秩序》，王光忠译、石贤泽校，中央编译出版社，2009。

〔英〕彼得·德怀尔：《理解社会公民身份》，蒋晓阳译，北京大学出版社，2011。

〔美〕E. 拉兹洛：《决定命运的选择》，李吟波等译，三联书店，1997。

〔美〕罗伯特·A. 达尔：《多元主义民主的困境——自治与控制》，尤正明译，求实出版社，1989。

〔美〕本尼迪克特·安德森：《想象的共同体：民族主义的起源与散布》，吴叡人译，上海世纪出版集团，2005。

〔美〕海斯：《现代民族主义演进史》，帕米尔等译，华东师范大学出版社，2005。

〔美〕迈克尔·赫克特：《遏制民族主义》，韩召颖等译，中国人民大学出版社，2012。

〔美〕马文·佩里主编《西方文明史（上）》，胡万里、王世民、姜开君、黄英译，商务印书馆，1992。

〔美〕小查尔斯·爱德华·梅里亚姆：《卢梭以来的主权学说史》，毕洪海译，法律出版社，2006。

〔美〕里亚·格林菲尔德：《民族主义：走向现代的五条道路》，王春华等译，上海三联书店，2010。

〔美〕班尼迪克·安德森：《想象的共同体：民族主义的起源与散布》，吴叡人译，台北，时报文化出版企业股份有限公司，1999。

〔美〕杰里米·里夫金：《欧洲梦：21世纪人类发展的新梦想》，杨治宜译，重庆出版社，2006。

〔美〕小阿瑟·戈尔德施密特、劳伦斯·戴维森：《中东史》，哈全安、刘志华译，中国出版集团东方出版中心，2015。

〔德〕诺贝特·埃利亚斯：《文明的进程：文明的社会起源和心理起源的研究》，袁志英译，三联书店，1996。

〔德〕马克斯·韦伯：《经济、诸社会领域及权力》，李强译，三联书店，1998。

〔德〕哈贝马斯：《在事实与规范之间——关于法律和民主法治国的商谈理论》，童世骏译，三联书店，2011。

〔德〕费里德里希·梅尼克：《世界主义与民族国家》，孟钟捷译，上海三联书店，2012。

《马克思恩格斯全集》第3卷，人民出版社，2002。

〔法〕基佐：《欧洲文明史（自罗马帝国败落起到法国革命）》，程洪逵、沅芷译，商务印书馆，1998。

〔法〕基佐:《法国文明史》第1卷,沅芷、伊信译,商务印书馆,1993。

〔法〕基佐:《法国文明史》第2卷,沅芷、伊信译,商务印书馆,1995。

〔法〕基佐:《法国文明史》第4卷,沅芷、伊信译,商务印书馆,1998。

〔法〕达尼埃尔·莫尔内:《法国革命的思想起源(1715—1787)》,黄艳红译,上海三联书店,2011。

〔法〕埃德加·莫林、安娜·布里吉特·凯恩:《地球祖国》,马胜利译,三联书店,1997。

〔法〕吉尔·德拉诺瓦:《民族与民族主义》,郑文彬、洪晖译,三联书店,2005。

〔法〕皮埃尔-安德烈·塔吉耶夫:《种族主义源流》,高凌瀚译,三联书店,2005。

〔法〕米歇尔·索托,让-帕特里斯·布代等:《法国文化史Ⅰ》,杨剑译,华东师范大学出版社,2006。

〔法〕安东尼·德·巴克、佛朗索瓦丝·梅洛尼奥:《法国文化史Ⅲ》,朱静、许光华译,李棣华校,华东师范大学出版社,2006。

〔法〕米歇尔·维诺克:《法国资产阶级大革命——一七八九年风云录》,世界知识出版社,1989。

〔法〕乔治·杜比主编《法国史》上卷,吕一民等译,商务印书馆,2010。

〔法〕雷蒙·阿隆、〔美〕丹尼尔·贝尔等:《托克维尔与民主精神》,陆象淦、金烨译,社会科学文献出版社,2008。

〔法〕米涅:《法国革命史》,北京编译社译,郑福熙校,商务印书馆,2010。

〔法〕孟德斯鸠:《论法的精神》,许明龙译,商务印书馆,2012。

〔法〕卢梭:《社会契约论》,李平沤译,商务印书馆,2011。

〔法〕卢梭:《论人类不平等的起源和基础》,李常山译,商务印书馆,1962。

〔法〕卢梭:《论人类不平等的起源和基础》,高煜译,广西师范大学出版社,2002。

〔法〕卢梭:《论政治经济学》,王运成译,商务印书馆,1962。

〔法〕约瑟夫·德·迈斯特:《论法国》,鲁仁译,上海人民出版社,2005。

〔法〕托克维尔:《旧制度与大革命》,冯棠译,商务印书馆,2012。

〔法〕托克维尔:《论美国的民主》,董果良译,商务印书馆,1995。

〔法〕西耶斯:《论特权 第三等级是什么?》,冯棠译,商务印书馆,1990。

〔法〕乔治·勒费弗尔:《法国革命史》,顾良、孟湄、张慧君译,商务印书馆,2010。

〔法〕弗朗索瓦·傅勒:《思考法国大革命》,孟明译,三联书店,2005。

〔法〕皮埃尔·罗桑瓦龙:《公民的加冕礼:法国普选史》,吕一民译,上海世纪出版集团,2005。

〔法〕阿兰·图海纳:《我们能否共同生存?既彼此平等又互有差异》,狄玉明、李平沤译,《商务印书馆》,2005。

〔法〕埃米尔·迪尔凯姆:《社会学方法的准则》,狄玉明译,商务印书馆,1995。

〔法〕热拉尔·诺瓦里埃尔：《国家、民族与移民》，陈玉瑶译，中国社会科学出版社，2017。

〔爱尔兰〕玛丽亚·巴格拉米安、埃克拉克塔·英格拉姆编《多元论：差异性哲学和政治学》，张峰译，重庆出版社，2010。

〔苏〕斯大林：《马克思主义和民族问题》，《斯大林选集》上卷，人民出版社，1979。

〔西〕胡安·诺格：《民族主义与领土》，徐鹤林、朱伦译，中央民族大学出版社，2009。

〔加〕威尔·金利卡：《多元文化的公民身份——一种自由主义的少数群体权利理论》，马莉、张昌耀译，中央民族大学出版社，2009。

〔比〕亨利·皮朗：《中世纪欧洲经济社会史》，乐文译，上海人民出版社，2001。

〔土耳其〕乌穆特·奥兹基瑞穆里：《当代关于民族主义的争论——批判性参与》，于红译，中国社会科学出版社，2017。

〔荷〕叶普·列尔森：《欧洲民族思想变迁：一部文化史》，骆海辉、周圣明译，上海三联书店，2013。

法国外交部新闻司主编《法国》，陈立春、朱祥英等译，英派尔彩印公司承印，2005。

冯棠、张丽：《〈旧制度与大革命〉导读》，四川教育出版社，2002。

郝时远：《类族辨物："民族"与"族群"概念之中西对话》，中国社会科学出版社，2013。

郝时远：《帝国霸权与巴尔干"火药桶"》，社会科学文献出版社，1999。

郝时远、周竞红主编《民族和民族问题理论》，中央编译出版社，2008。

郝时远、朱伦主编《世界民族（第二卷种族与语言）》，中国社会科学出版社，2013。

李肇忠：《近代西欧民族主义研究》，人民出版社，2011。

李宏图：《西欧近代民族主义思潮研究——从启蒙运动到拿破仑时代》，上海社会科学院出版社，1997。

罗志平：《民族主义：理论、类型与学者》，旺文社，2005。

施正峰编《各国语言政策——多元文化与族群平等》，前卫出版社，2002。

吴式颖、任钟印主编《外国教育思想通史》（第六卷：十八世纪教育思想），湖南教育出版社，2002。

吴式颖主编《外国教育史教程》，人民教育出版社，1999。

杨光斌主编《政治学导论》，中国人民大学出版社，2011。

邢克超、李兴业：《法国教育》，吉林教育出版社，2000。

姚介厚、李鹏程、杨深：《西欧文明》，中国社会科学出版社，2002。

张千帆：《法国与德国的宪政》，法律出版社，2011。

张芝联主编《法国通史》，北京大学出版社，2009。

刘增泉：《法国史》，台北，五南图书出版股份有限公司，2010。

二　外文专著

（一）团结主题

Aimé Rodière, *De la solidarité et de l'indivisibilité*, Paris, CHEZ A. DURAN, 1852.

Alfred Pinel, *Essai de Solidarité sociale*, Bastia, C. PIAGGI, 1911.

Anton Brender, *L'impératif de solidarité: la France face à la mon-

dialisation, Paris, La Découverte, 1996.

Charles Chabot, *Morale théorique et notions historiques*, Paris, Librairie Hachette et Cie, 1904.

Charles Gide, *L'Idée de solidarité en tant que programme économique*, Paris, V. GIARD &E. . BRIERE, 1893.

Charles Maccio, *Solidarité par le partage du travail et des revenus: l'humanité face aux changements*, Lyon, Chronique sociale, 1995.

Christine Brémond, *La solidarité financière intercommunale: partage ou mise en commun de la taxe professionnelle*, Paris, Syros-Alternatives, 1992.

Emile Corra, *Le fondateur du positivisme: Auguste Comte et son oeuvre*, Paris, Revue Positiviste Internationale, 1923.

Emile Durkheim, *De la division du travail social*, Paris, PUF, 1893.

Eugène d'Eichthal, *Solidarité sociale et ses nouvelles formules*, Paris, Alphonse Picard et Fils, 1903.

François Ewald, *Histoire de l'Etat providence: les origines de la solidarité*, Paris, Librairie générale française, 1996.

François Servoin et Robert Duchemin, *Inégalités et solidarités*, Paris, E. S. F. , 1985.

Georges Kurnatowski, *Esquisse d'évolution solidariste*, Paris, Librairie des sciences politiques et sociales, 1907.

Henri Marion, *De la solidarité morale. Essai de psychologie appliquée*, Paris, CERMER BAILLIERE et Cie, 3e édition , 1890.

Hippolyte Renaud, *Solidarité, vue synthétique sur la doctrine de Charles Fourier*, 2e éd. , Paris, Librairie Sociétaire, 1845.

J. Chauvet, *Unir pour la Solidarité, la Justice et la Liberté*, édité par le Secours Populaire de France, 1937.

Léon Bourgeois, *Solidarité*, Paris, ARMAND COLIN ET Cie, 1896.

L. Fleurant, *Sur la solidarité. Le fait et ses principales formes, son exacte valleur morale, la solidarité dans l'éducation de la démocratie*, Paris, SOCIETE FRANÇAISE D'IMPRIMERIE ET DE LIBRAIRIE, 1907.

Laurence Kaufmann, Danny Trom (dir.), *Qu'est-ce qu'un collectif?*, Paris, Editions de l'école des Hautes études en Sciences Sociales, 2010.

Louis Greppo, *Catéchisme social, ou Exposé succinct de la doctrine de la solidarité*, Paris, GUSTAVE SANDRE, 1848.

M. GERARDIN, *Etude sur la solidarité*, Paris, L. LAROSE ET FORCEL, 1885.

Marcel David, *La solidarité comme contrat et comme éthique*, Paris, Berger-Levrault, 1982.

Marie-Claude Blais, *La solidarité. Histoire d'une idée*, Paris, Gallimard, 2007.

Stéphane Becquerelle, *Individualisme et Solidarité*, Amiens, Imprimerie du Progrès de la Somme, 1903.

(二) 国族建构及其他主题

André Burguière et Jacques Revel, *Histoire de la France. L'Etat et les pouvoirs*, Paris, Seuil, 1989.

Anne Goarzin et Jean-Yves Le Disez (dir.), *Bretagne/Cornouailles (britanniques): quelles relations?*, CRBC, 2013.

Alain Croix, *La Bretagne entre histoire et identité*, Gallimard, 2008.

Bernard FORMOSO, *L'Identité reconsidérée : Des mécanismes de base de l'identité à ses formes d'expression les plus actuelles*, Paris, L'Harmattan, 2011.

Daniel ARNAUD, *La Corse et l'idée républicaine*, L'Harmattan, 2006.

Emmanuel Le Roy Ladurie, *Histoire de France des régions*, Paris, Seuil, 2001.

Emmanuel Todd, *Qui est Charlie?*, Seuil, 2015.

Emile Durkheim, *L'évolution pédagogique en France*, Paris, QUADRIGFPUF, 1990 (1re éd. 1938).

Eric Giuily, *Il y a 30 ans, l'Acte I de la décentralisation ou l'histoire d'une révolution tranquille*, Paris, Berger Levrault, 2012.

Ernest Renan, *Qu'est-ce qu'une Nation?*, Marseille, LE MOT ET LE RESTE, 2010.

Fanch Broudic, *L'enseignement du et en breton*, Brest : Emgleo-Breiz, 2011.

François De Smet, *Le mythe de la souveraineté. Du Corps au Contrat social*, Bruxelles-Fernelmont, E. M. E., 2011.

Gabriel Tarde, *Les Transformations du Pouvoir*, Paris, Félix Alcan, 1899.

Gérard Noiriel, *Population, immigration et identité nationale en France XIX e-XX e siècle*, Paris, Hachette, 1992.

Gérard Noiriel, *Etat, Nation et Immigration*, Paris, Gallimard, 2005.

Gérard Ze Mendo, *La citoyenneté différenciée, une approche comparée des modèles d'intégration américain et français*, Paris, Editions

Connaissances et Savoirs, 2011.

Gérard Fritz, *L'Idée de peuple en France du XVIIe au XIXe siècle*, Presses Universitaires de Strasbourg, 1988.

Georges Duby (dir.), *Histoire de la France: Dynasties et révolutions de 1348 à 1852*, Paris, Larousse, 1991.

Georges Corm, *Histoire du Monyen-Orient, De l'Antiquité à nos jours*, La Découverte, 2007.

Georg Kremnitz (dir.), *Histoire sociale des langues de France*, Presses Universitaires de Rennes, 2013.

Gilbert Delagrange, *Le citoyen et le système politique*, Paris, L'Harmattan, 2011.

Guy Hermet, *Histoire des nations et du naitonalisme en Europe*, Paris, Seuil, 1996.

Guy Pervillé, *La guerre d'Algérie*, PUF, 2014.

Hagen Schulze, Traduit de l'allemagne par Denis-Armand Canal, *Etat et Nation dans l'Histoire de l'Europe*, Paris, SEUIL, 1996.

Henri Poisson, Jean-Pierre Le Mat, *Histoire de Bretagne*, COOP BREIZH, 2000.

Isabelle Dumielle, *Ces Textes qui ont marqué l'Histoire de France*, Paris, Editions Bordas, 2006.

Jacques Bainville, *Histoire de France*, Paris, Tallandier, 2007.

Jean-Claude Caron, *La nation, l'Etat et la démocratie en France de 1789 à 1914*, Paris, A. Colin, 1995.

Jean-Jacques Dayries, Michèle Dayries, *La régionalisation*, Presses universitaires de France, 1982.

Jean-Marie Arrighi, Olivier Jehasse, *Histoire de la Corse et des*

Corses, Paris, PERRIN/Colonna Editions, 2008.

Jean-Paul Scot, "*L'Etat chez lui, l'église chez elle*", *Comprendre la loi de* 1905, éditions du Seuil, 2005.

Jean-Pierre Filiu, *Les Arabes, leur destin et le nôtre*, La Découverte, 2015.

Jérôme Valluy etc., *Xénophobie de gouvernement, nationalisme d'État*, Paris, L'Harmattan, 2008.

M. Bluntschli, *Théorie générale de l'État*, traduit en français par Arman De Riedmatten, Paris, Editeurs du Journal des économistes, de la Collections des principaux économistes, etc., 1877.

Max Gallo, *L'Âme de la France. Une histoire de la Nation des origines à nos jours*, Paris, Fayard, 2007.

Marcel David, *Fraternité et Révolution française*, Paris, AUBIER, 1987.

Michealkeating, *Les défis du nationalisme moderne*: Québec, Catalogne, écosse, Sarrebruck, Presses Interuniversitaires Européennes, 1997.

Michel Nicolas, *Histoire du mouvement breton*, Paris, Syros, 1982.

Mathieu Guidère, *Etat du monde arabe*, Belgique: Deboeck, 2015.

Mona Ozouf, De Révolution en République, les chemins de la France, Gallimard, 2015.

Nicolas Seney, *Tocqueville et Guizot, la fondation d'un libéralisme des moeurs*, Sarrebruck, éditions universitaires européennes, 2010.

Patrick Weil, *Qu'est-ce qu'un Français? Histoire de la nationalité française depuis la Révolution*, Paris, GRASSET, 2002.

Pierre Bourdieu et Jean-Claude Passeron, *Les héritiers*: *les étudiants et la culture*, Paris, Les éditions de Minuit, 1985.

Pierre Coulmin, *La décentralisation*, Paris: Syros et ADELS, 1986.

Pierre-Jean Luizard, *Le piège Daech*, La Découverte, 2015.

Pierre Vermeren, *La France en terre d'islam*, Paris: Belin, 2016.

Philippe Poutignat, Jocelyne Streiff-Fénart, *Théories de l'ethnicité*, Paris, Quadrige/PUF, 2008 (1er éd. 1995).

Raoul Girardet, *Le nationalisme français. Anthologie 1871 – 1914*, Paris, Seuil, 1983.

Ralph Schor, *L'opinion française et les étrangers en France: 1919 – 1939*, Paris, Publication de la Sorbonne, 1985.

Roger Caratini, *Histoire du peuple corse*, Paris, EditionsCriterion, 1995.

Suzanne Citron, *Le Mythe national: l'histoire de France revisitée*, Paris, Les Editions de l'Atelier /Editions Ouvrières, 2008.

Vanessa Ratignier, Pierre Péan, *Une France sous influence. Quand le Qatar fait de notre pays son terrain de jeu*, Fayard, 2014.

Xavier Crettier, *La Question corse*, Bruxelles, EDITIONS COMPLEXE, 1999.

Yann Fournis, *Les régionalismes en Bretagne*, Bruxelle: P. I. E. - Peter Lang, 2006.

三 政府报告

Haut Conseil à l'Intégration, "*La France sait-elle encore intégrer les immigrés?*", Rapport au Premier ministre remis le 12 avril 2011.

Haut Conseil à l'Intégration, "*Une culture ouverte dans une République indivisible. Les choix de l'intégration culturelle*", Version 10 octobre 2012.

Haut Conseil à l'Intégration, "L'Islam dans la République", novembre 2000.

Thierry Tuot, "*La grande nation pour une société inclusive*", Rapport au Premier ministre sur la refondation des politiques d'intégration, le 1er février 2013.

Observatoire de la laïcité, *Rapport annuel de l'Observatoire de la laïcité 2014 – 2015*, 2015.

Observatoire de la laïcité, *Rapport annuel de l'Observatoire de la laïcité 2016 – 2017*, 2017.

四 官方网站

法国立法与行政信息局主办"公共生活"网站：http://www.vie-publique.fr/

法国参议院官方网站：http://www.senat.fr/

法国国民议会官方网站，http://www.assemblee-nationale.fr/

法国内务部官方网站：http://www.immigration.interieur.gouv.fr/

法国司法部"司法档案"官方网站：http://www.archives-judiciaires.justice.gouv.fr/

五 学位论文

白帆：《治理理念下的科西嘉地方自治》，硕士学位论文，中央民族大学，2009。

汲淑艳：《论法国移民问题》，硕士学位论文，山东大学，2007。

黎英亮：《普法战争与厄内斯特·勒南的民族主义思想》，博士学位论文，华东师范大学，2008。

刘娜：《从民族认同到国家认同》，硕士学位论文，中央民族大学，2007。

张娜:《法国"移民问题"的形成及其根源（1980 - 2005）》，硕士学位论文，华东师范大学，2008。

郑妍:《巴雷斯与法兰西第三共和国时期的民族主义初探》，硕士学位论文，浙江大学人文学院，2008。

Ernest Planchenault, *De la Solidarité*, Thèse pour le doctorat, Faculté de droit de Paris, 1854.

P. -E. Crequy, *De la solidarité en droit romain et en droit civil français*, Thèse pour le doctorat, Faculté de droit de Paris, 1856.

Jules Ferlet, *Da la solidarité civile en matière de contrat d'après le droit romain et les principes du code Napoléon*, Thèse pour le doctorat, Faculté de droit de Paris, 1864.

Raymond-Camille Lanuss, *Da la solidarité d'après le droit romain et le code civil*, Thèse pour le doctorat, Faculté de droit de Paris, 1865.

J. -V. -L. Lewandowski, *Da la solidarité en droit romain et en code civil français*, Thèse pour le doctorat, Faculté de droit de Paris, 1866.

Norbert-Aristide Galliot, *Da la solidarité dans le droit romain et dans le droit français*, Thèse pour le doctorat, Faculté de droit de Paris, 1872.

后　记

马克思在《1861–1863年经济学手稿》第三章"相对剩余价值"里说过："时间实际上是人的积极存在，它不仅是人的生命的尺度，而且是人的发展的空间。"马克思的这一论断内涵丰富深远，我现在的学识和能力实在难以窥探其深意，只能肤浅地理解为：时间为人的发展进步提供了可能。

摆在读者面前的这本书，是我经过一份博士论文和一项社科基金青年课题的历练，"沉淀"和"蒸馏"的结果，是时间赠予我的回馈。然而没有师长同事们的关怀帮助，时间又怎么舍得给我这样的回馈呢？我是在工作后才蹒跚走入民族学领域的"后进者"，是一个普通平凡却又极其幸运的"实习生"。2007年从首都师范大学法语系毕业后，我便进入中国社会科学院民族学与人类学研究所世界民族研究室工作。郝时远先生和朱伦先生既是我的同事，又是我的导师。在我学术成长的过程中，他们极为慷慨地贡献了自己的时间、精力和智慧，给予我各种指导和帮助。我越是领悟时间的珍贵，越是对他们心怀感激。世界民族研究室和民族理论研究室的同仁们亲切可敬，不仅是我学习工作中的好友，更是我身边的榜样，在此向他们表示衷心的感谢。

《国民团结：法国的理念与实践》能够出版，得益于"中国特色民族团结进步事业丛书"这一项目的实施。在我的同事陈建樾老师的推荐下、我的导师郝时远老师的课题资助下，本书才有幸成为这一系列之一。在此对项目负责人王德强教授的支持、陈老师和郝老师一如既往的关怀帮助一并表示感谢。在出版过程中，本书编辑社会科学文献出版社周志静老师耐心、细致、高效地完成了文本校对工作，在此对她的敬业精神表示钦佩，并向她道一句"辛苦"。

在通览和修改这部书稿时，我发现书中仍然存在一些缺憾和不足，但由于学力有限，感觉难以在短时内克服。这当然是一种遗憾，不过，我相信这些遗憾也将是我今后前进的方向和动力。总之，这是我成长历程中的一枚脚印，它并不完美，却是我追求完美过程中的一步。

陈玉瑶
2019 年 2 月 27 日于北京

图书在版编目(CIP)数据

国民团结:法国的理念与实践/陈玉瑶著. -- 北京:社会科学文献出版社,2019.3
（中国特色民族团结进步事业丛书）
ISBN 978 - 7 - 5097 - 2484 - 2

Ⅰ.①国… Ⅱ.①陈… Ⅲ.①民族团结 - 研究 - 法国 Ⅳ.①D756.562

中国版本图书馆CIP数据核字(2018)第276158号

中国特色民族团结进步事业丛书
国民团结:法国的理念与实践

著　　者 /	陈玉瑶
出 版 人 /	谢寿光
责任编辑 /	周志静
出　　版 /	社会科学文献出版社·人文分社 (010) 59367215 地址:北京市北三环中路甲29号院华龙大厦　邮编:100029 网址:www.ssap.com.cn
发　　行 /	市场营销中心 (010) 59367081　59367083
印　　装 /	三河市龙林印务有限公司
规　　格 /	开　本:787mm × 1092mm　1/16 印　张:16.5　字　数:195千字
版　　次 /	2019年3月第1版　2019年3月第1次印刷
书　　号 /	ISBN 978 - 7 - 5097 - 2484 - 2
定　　价 /	138.00元

本书如有印装质量问题,请与读者服务中心(010-59367028)联系

△ 版权所有 翻印必究